无限主义与
人类知识

王聚◎著

Infinitism
and
Human Knowledge

上海三联书店

目　录

引　言

亚里士多德曾言，求知是人的本性。然而人类不满足于获得一般性的知识，还希望对自身的认知状态进行反思和理解。对知识的反思和理解经常表现为下列问题的提出。我们持有的信念是否为真？我们的信念是否基于充分的证据和理由？我们的信念是否拥有认知辩护？知识的定义是什么？知识的价值是什么？知识是否可能？随着这些问题的提出，我们逐渐对自己的认知状态展开一种客观的、反思的、深入的、抽离的评价，也进而展开了对于知识的哲学研究。

对知识的追求面临两个敌人。第一个敌人是独断论。独断论者在自己尚处于无知阶段就认为自己已经获得了真理，并且以真理占有者自居，以傲慢的方式谈论，并且阻挠或无视异己之见。即使是独断论者碰巧获得了真理，他面对反对意见时所可能展现的独断态度也无助于让尚未获得真理的人敞开心扉，接受真理。这样一来，在分歧越来越多的社会环境中，如果掌握真理的人和被谬误纠缠的人无法展开平等、开放和自由的沟通，我们又如何构建一个良好的认知环境呢？可想而知，当独断论者占据权威的位置时，可谓是贻害无穷。独断论的危害正如密尔（2019，40）所说：

> 凡持有一种强烈意见的人，不论怎样不甘承认其意见有谬误的可能，只要一想，他的意见不论怎样正确，若不时常经受充分的和无所畏惧的讨论，那么它虽得到主张也只是作为死的教条而不是作为活的真理。有一类人（幸而不像从前那样多了）想，有人对于他们所认为正确的意见只要无怀疑地表示赞同，虽然对于它的根据一无所知，也不能替它在最肤浅的反驳面前做一番受得住的辩护，那也就足够了。这样的人，只要一旦能够获得权威方面教给他们的信条，便自然而然会想，若还允许对这信条有所问难，那就没有好处而只有害处。这样的人，当他们的势力得势时，就会使得人们几乎不可能以聪明而有考虑的方式排斥一个公认的意见，虽然公认的意见仍不免被鲁莽而无知地排斥；这是因为，要完全杜绝讨论究竟不大可能，而当讨论来临，未基于确信而形成的信条自然一遇辩论的影子就会退避三舍。根本说来，即使舍弃这个可能性不提——就假定正确意见深踞心中，但系作为一个成见、一个脱离论证的信条、一个反对论证的证据而深踞心中——这也不是一个理性动物持有真理时所应该采取的办法。这不是知道真理。这样持有的真理，毋宁说只是一个迷信，偶然贴在宣告真理的语词上罢了。

　　第二个敌人是怀疑论。虽然怀疑论有不同的形式，比如古希腊学园派怀疑论、皮浪（式）怀疑论、笛卡尔（式）怀疑论、休谟（式）怀疑论，但是哲学怀疑论归根结底认为我们在某个领域无法获得知识。如果怀疑论是正确的，那么知识就是不可能的，因此任何追求知识的努力也就注定以失败告终。在生活之中要保持怀疑论的态度并不容易。从长远来看，怀疑论是令人无法忍受的。人类无法放弃对于获得确定性以及有担保的判断的希望，人类也无法摒弃对真理的追求。康德甚至指出，面对怀疑论攻击却无力回应是"哲学的丑闻"。

　　在双重敌人的夹攻之中，人类所探寻的知识既要避免独断论，又要避免怀疑论。避免独断论既是为了防止陷入谬误的陷阱却不自知，更是为了体现知识的独特价值。避免怀疑论则是为了让知识的可能性得以保留，从而不至于陷入无知满天飞的局面。正如罗素（Russell 1939，8）所说，避免两个极端的求知模式才是具有科学精神的选择：

　　　　有科学精神的人处在彻底的怀疑论与彻底的独断论之间。他既不像怀疑论者那样宣称所有的知识都是不可能的，也不会像独断论者一样宣称自己已经知道了真理。他永远都会处于两者之间，宣称"真理是难以弄清的，甚至不可能完全弄清。但是到某一点来说，从某种程度来看，某些真理却是可以经由持续不懈的努力而获得"。这就是心灵的科学态度。

在思想史的长河中，我们看到了怀疑论与独断论之间的复杂关系。一方面，独断论的缺陷催生了怀疑论的攻击。怀疑论恰恰用系统的怀疑方式揭露了独断论的虚妄，并宣布其破产。本书所要考察的皮浪主义怀疑论的产生根源之一就是斯多亚学派展现出的独断论特质。在怀疑论者眼里，独断论者虽然宣称发现了真理，但是他们并没有满足自己给出的知识标准，因此他们的宣称是不合法的，是应该被无情揭露的。出于这个目的，皮浪主义者以怀疑论的方式揭示出独断论的失败，进而继续敞开追寻真理的道路。

另一方面，怀疑论的泛滥又使得确定性被完全推翻，因此人们又需要重新找回确定性，而独断的方式最容易找回和巩固这样的基础。比如传统基础主义者（如笛卡尔）就宣称存在不可怀疑的基础命题，这些命题就是那些清晰分明的观念，而借由基础命题可以重新奠定人类知识的大厦。

在这样一个独断论与怀疑论的往返运动中，人类对于知识的追求不断曲折前进，不断在怀疑论和独断论两端碰壁。正是在这样的思想史背景中，本书将考察皮浪怀疑论的挑战实质及其当代解答。

皮浪主义者宣称，由于存在广泛的分歧，并且没有中立的方式可以解决分歧，所以他们在相反者同效的心理感受下进入了悬置判断，最后获得了不动心。皮浪主义者进入悬置判断的方式可以归纳为十式和五式。从五式当中取出三式（假设式、循环式与无限倒退式）便产生了当代知识论中的阿格里帕三难问题。阿格里帕三难问题是皮浪式怀疑论的一个核心挑战，该挑战质疑了三种辩护结构的合适性。基础主义与融贯主义对这一问题的回应已经在学界受到了很多关注。然而还有一种出现较晚的理论也对这一问题提出了颇有洞见的回答，这就是无限主义。

无限主义的初衷是在认知活动中追求认知责任。作为理性的认知者，我们希望为自己的认知活动负责，不愿意盲目相信或无理由地接受任何命题。因此，正是为了履行我们的认知责任，我们会在一次又一次的提问下继续寻找新的理由。受三难论证的启发，克莱因认为人类对于理由的追求是无止境的。因此承认拥有无穷的理由链条，正是保持人类追问、反思的理性精神的最好写照。相比来说，接受一个可以停下来的点，或者是一种独断论的想法，或者是放弃我们的追问精神。

无限主义者主张，对于认知者 S 来说，命题 P 是被辩护的当且仅当有一个始于 P 的既不重复又不穷尽的命题序列，且后继的命题为在前的命题提供充分的理性支持，而且该命题序列对 S 来说是可通达的。对于信念辩护来说，S 的信念 P 拥有信念辩护当且仅当 S 顺着无穷的理由之路，在对话情景中为 P 提供了足够的理由。无限主义既认识到独断论的弊病，又意识到怀疑论的错误，那么它是否能成功回应皮浪式怀疑论呢？正是这样一个问题促成了本书的写作。

国内对于无限主义的研究十分稀缺，本书或可促成对这一问题的缓解。在完书之际，就我所知与无限主义密切相关的已发表文献也仅有 5 篇。最早的论文可见王华平教授于 2006 年发表在《自然辩证法研究》的《无限主义：当代知识论的新视点》

一文，然后是本人在 2018 年发表的两篇论文，分别是发表在《厦门大学学报（哲社版）》2018 年第 1 期《无限主义和强推论创造主义的相容性研究》和发表在《自然辩证法研究》2018 年第 2 期的《无限主义与阿格里帕三难问题》。这两篇文章被整合进全书之中。除此之外，本人发表于《厦门大学学报（哲社版）》2019 年第 1 期的《当代德性知识论视域中的理智美德——以理智谦逊为例》以及《社会科学》杂志 2022 年第 6 期的《理解独断》这两篇论文也被整合进本书。对于上述期刊的授权使用，表示衷心感谢。最后是 2020 年吉林大学张源同学的硕士论文《无限主义》。14 年间仅有数篇论文对无限主义进行了严肃的哲学探讨，真正彰显了这一理论的冷门之处。不过理论的冷门不代表理论的错误，希望本书的写作能促成国内学界对无限主义的关注，并继续针对这一理论展开深入的考察。

我首次接触无限主义是 2017 年为复旦大学哲学学院本科生开设《知识论》这门课。同学们对这一理论表现出了高度的兴趣，特别是李琛、杨欣蓉和苏思齐三位同学，她们分别围绕这一题目展开了学年论文和曦源项目的研究。正是与三位同学的探讨促使我对该理论有了更深入的研究，并促使我围绕该理论申请课题，继而在研究生课《当代知识论经典选读》中进一步讲述相关内容。在此对于相关同学表示感谢。

在本书的写作过程中，我遭遇了许多理论上的困难，有幸多次通过邮件的方式与克莱因（Peter Klein）和艾金（Scott Aikin）两位无限主义者展开深入探讨，受益匪浅。衷心感谢两位教授的指导。

　　本书的研究受到上海市哲学社会科学规划项目青年课题《知识论视域下的无限主义"消解"与"重塑"》（项目号：2018EZX002）的支持。同时，复旦大学哲学学院对青年教师给予了大力的出版资助，没有上述资助便无法让该研究顺利进行，也无法将成果最终出版。在此致以衷心感谢。

2022 年 6 月 14 日

潮云凝滞，封城一隅

第一章　皮浪主义怀疑论

皮浪主义怀疑论（Pyrrhonian Scepticism）是西方怀疑论思想的重要起源。[1]对这一思想进行思想史的考察无疑是具有深刻价值的。不过本书是以哲学问题为导向，所以对思想史的考察工作力争简明扼要，筛选出必要的背景即可，而不是旨在给出巨细靡遗的文本诠释工作。从历史的角度考察皮浪主义怀疑论有助于我们更好地理解当代知识论对皮浪主义怀疑论的讨论。

第一节　皮浪主义怀疑论的思想史背景

在介绍皮浪主义怀疑论之前，我们不妨短暂回顾当时的思想背景。古希腊怀疑论主要有两个组成部分。一个是学园派怀疑论（Academic scepticism），另一个是皮浪主义怀疑论（Pyrrhonian scepticism）。学园派怀疑论的主要代表人物包括阿尔克西拉乌斯（Arcesilaus）、卡涅阿德斯（Carneades）、菲洛

---

[1] 古希腊怀疑论的名字有几种叫法。被称为皮浪派是因为皮浪看起来比前人更加彻底、公开地主张怀疑论。如果从研究者在研究后的心境出发，也可以称作"悬而不决派"。参见恩披里克（2017，4）。

（Philo）、安提库斯（Antiochus）和西塞罗（Cicero）。[1] 皮浪式怀疑论的主要代表人物包括皮浪（Pyrrho）、提蒙（Timon）、埃奈西德穆（Aenesidemus）、阿格里帕（Agrippa）、恩披里克（Sextus Empiricus）。两派人物按照（大约的）生卒时间先后顺序可以整理如下表：

学园派怀疑论	皮浪式怀疑论
阿尔克西拉乌斯（公元前318—前243）	皮浪（公元前365—前270）
卡涅阿德斯（公元前214—前129）	提蒙（公元前320—前230）
菲洛（公元前154—前83）	埃奈西德穆（公元前100—前40）
安提库斯（公元前130—前68）	阿格里帕（约1—2世纪）
西塞罗（公元前106—前43）	恩披里克（160—210）

1. 斯多亚主义与学园派怀疑论

斯多亚主义（Stoicism）的代表人物包括早期的芝诺（Zeno）、克莱安西斯（Cleanthes）和克利西波斯（Chrysippus），以及处于罗马帝国时期的塞涅卡（Seneca）、恩比克泰德（Epictetus）和马可·奥勒留（Marcus Aurelius）。后面三位哲学家的著作留存较完整，但是更多是关于伦理学的。早期三位哲

---

[1] 这里列出的学园派怀疑论代表人物中前三位都担任过雅典学园的校长（scholarch）。雅典学园是由柏拉图在公元前4世纪创立的。拉斐尔的名画《雅典学院》就是刻画这个学院里的哲学家、科学家以及艺术家们进行学术探讨的盛景。

学家的著作散轶很多，因此我们只能从别人的转述中了解斯多亚学派的思想。斯多亚学派关于逻辑（*logikê*，knowledge of the functions of *logos* or reason）的思想与我们的讨论最为相关。值得注意的是，斯多亚学派对逻辑的看法比现在的理解要广，它包括我们理解的逻辑、语言哲学和知识论。此处我们简要回顾斯多亚学派逻辑学中的知识论思想。

根据克利西波斯的观点，真理的标准是认知的印象（*phantasia katalêptikê/cognitive impression*）。（D. L. 40A）[1]印象包括认知的印象和非认知的印象。认知的印象有三个关键特征：（1）产生于存在之物；（2）是按照存在之物的特征印刻（stamped）而成；（3）不能由不存在之物引起。非认知的印象或者不是由存在之物产生，或者歪曲地反映了存在之物的特征，因此不是清晰分明的（clear and distinct）。（D. L. 40C；Sextus Empiricus. 40E）

按照斯多亚学派的看法，认知者拥有理解的官能（*hêgemonikon/commanding faculty*），因此认知者可以对印象进行赞同或者不赞同。（D. L. 47O；Philo 47P）赞同时认知者把印象的内容当作是真的，而不赞同时认知者对印象的内容是否为真悬置判断。可以发现，正是因为存在认知的印象，认知者才有可能获得知识。但是这里的困难在于，并不是只要认知者对认知的印象给予赞同，他就能获得知识。

---

[1] 此处"D. L."指的是 Diogenes Laertius，引自 Long and Sedley（1987，241）。

斯多亚学派区分了科学知识（*epistêmê*/knowledge）、意见（doxa/opinion）与认知（*katalêpsis*/cognition）。科学知识与意见位于两端，而认知处于两者之间。科学知识被认为是经由理性管控的牢固的和不变的认知。意见是错误或较弱的赞同。认知则是对一个认知印象的赞同。斯多亚学派认为只有智慧之人拥有科学知识，而愚笨的人只拥有意见。（Sextus Empiricus. 41C）在斯多亚学派的眼中，智慧之人既不犯错也不会受骗，他们把诸事做好并且过着有意义的生活。他们拥有不鲁莽（*aproptôsia*/non-precipitancy）的美德，因此智慧的人不在拥有认知印象之前就表示赞同，他们不做假定，因此也不受意见的影响。（41D）[1]

现在我们已经对斯多亚学派在知识论领域的观点有了大致了解。接下来，学园派怀疑论就以挑战者的身份登场了。如果说斯多亚学派认为自己拥有知识，自己的学说毫无疑问是正确的，那么学园派则是认为虽然存在很多有说服力的观点，但是却不对任何其一表示赞同。学园派探究的目的是接近真理（approximate truth）（Ac. II 7），他们只是认真且充满激情地寻找真理，但不持有论点，因为学园派怀疑论反对一切立场。当然，由于事物本身的模糊性和认知者判断能力的缺陷，同时代许多哲学家都丧失了追求知识的信心，但学园派并不会出于疲惫就丧失研究的热情。

在学园派看来，他们的探究是自由的。通过不断的探究，认知者可以免于最初的立场的限制，获得足够的思考空间，并

---

[1] 这一条为匿名的评论，所以没有作者名。

做出自由的判断。可以设想，认知者最初或者是从朋友、父辈或者某些精彩的演说那里听到一些言论，但是此时认知者知之甚少。他们的智力和判断力还未发展成熟，他们接受到的观点就好像是在风暴中抓住的救命稻草一般，只是一种迫于生计的不可避免的选择，但他们还不足以判断这些言论是否正确，也就容易受到实践的因素从而匆忙地、不经深思熟虑就下判断。也许认知者们认为，他们信赖那些年长的有智慧、有经验的人是一种好的选择，但是学园派仍然认为，如果认知者本身还没有经过深思熟虑、还没有积累足够的知识且获得相当的智慧，他们何以判断哪些人是真正有智慧的呢？因此，一种更加明智的选择是，认知者必须经过不断的探究积累，了解他们听说过的观点以及相反的观点以后，才能对观点的正确与否做出好的判断。这样一来，认知者才不会迷惘地屈服于一个思想的权威之下，也才能做出真正自由的判断。（Ac. II 7 - 9）。[1]

接下来，学园派与斯多亚学派在知识论领域展开了长久的、广泛的和深入的争论。我们可以把学园派反对斯多亚学派的论证总结为不可辨别论证和相似性论证。首先我们看不可辨别论证：

不可辨别论证（the indiscriminability argument）

（1）有些印象是真的，有些是假的。

（2）虚假的印象不能被理解。

---

[1] 此处的 "Ac" 指的是西塞罗的学园派（Academy）一书，该书分为 I 和 II 卷，I 卷为瓦罗篇，II 卷为鲁库鲁斯篇，英文版引自 Cicero（2006），中文版可见西塞罗（2017）。

（3）每一个真实的印象都有与之完全相同的虚假印象。

（4）如果两个印象完全没有区别，那么两者或者都能被理解，或者都无法被理解。

（5）因此，没有可被理解的印象。（Ac. II 40）

该论证旨在表明没有可被理解的印象。其中前提（1）和前提（2）是斯多亚学派所接受的。但是学园派认为，由于存在不可辨别的印象，并且不可辨别的印象应该共享知识论上的性质（理解或无法理解），那么既然虚假的印象不能被理解，真实的印象也不能被理解。

这里值得讨论的是前提（3）和（4）。对于"完全没有区别"一词，可以采取强弱两种解读。强解读是形而上学层面的，即两个印象在任何方面都一样，没有不同的属性。弱解读是知识论层面的，即两个印象虽然有性质的差别，但不能被认知者分辨出来。为了避免混淆，我们可以区分不同意义的前提（3）：

（3a）每一个真实的印象都有与之完全相同的虚假印象。

（3b）每一个真实的印象都有与之不可辨别的虚假印象。

（3a）是形而上学层面的，（3b）是知识论层面的。那么学园派是否能够论证（3a）和（3b）呢？我们来考察学园派的支持理由。

学园派此时诉诸了思想的异常状态。首先，他们认为存在有说服力的印象，但是这些印象来自不存在的事物，此时认知者的思想受到空洞的影响（vacuously moved），比如梦、天启、占卜和祭祀所得的印象就是来自不存在的事物。其次，对于在想象、睡梦中的人或疯子来说，此时印象的真假难辨，或者没有区别。我们还可以看一个现实的例子。斯法埃鲁斯（Sphaerus）是芝诺的学生，有一次国王托勃密费罗帕德（Ptolemy Philopator）问他有智慧的人是否会持有意见，他表示不可能。为了反驳斯法埃鲁斯，国王在他面前摆了一个蜡制作的石榴。斯法埃鲁斯成功被骗并表示赞同，国王指出他竟然对虚假的印象表示赞同。斯法埃鲁斯没有否认自己是智慧的人，而是做了一个精巧的回答，即他不是同意〈眼前的东西是石榴〉，而是同意〈眼前的东西是石榴是合理的〉。[1] 并且斯法埃鲁斯补充说，认知的印象和合理的印象有区别，前者不可能带来欺骗，而后者可能。（D. L. 40F）

　　鲁库鲁斯对此的反驳有两点。[2] 首先，他指出学园派的立

[1] 为了帮助阅读和避免混淆，本书中用〈〉表示命题或信念的内容。

[2] 鲁库鲁斯还指出学园派在论证时用了连锁论证，即谷堆悖论式（Sorites）的论证方法，但他不承认这种论证方式的有效性。（Ac. II 49 - 50）举例来看，学园派做了以下的连锁论证：
（1）神可以制造虚假且有说服力的印象；
（2）因此，神可以制造十分接近真实事物的有说服力的印象；
（3）因此，神可以制造十分接近真实事物，和真实事物有区别但很难区分的，有说服力的印象；
（4）因此，神可以制造和真实印象没有区别的、有说服力的虚假印象。（Ac. II 47）
由于在不可辨别论证中我并没有展现连锁论证的形式，故不展开鲁库鲁斯的反驳。

场是不一致的。因为他们既承认（1）真实与虚假印象之间的区分，又相信（3）每一个真实的印象都有与之完全相同的虚假印象。前者承认在真实与虚假之间有差别，而后者否认任何差别，这是明显不一致的立场。（Ac. II 44）[1] 不过，该批评仅仅能驳斥学园派对于（3a）的论证。即使真实的印象和虚假印象存在本体论上的差别，但只要在知识论层面这样的差别是无法被识别的，那么两者就是不可辨别的。

其次，鲁库鲁斯对学园派关注的做梦、酒醉或精神失常的例子不屑一顾。他认为醒过来的人知道自己刚才在做梦，清醒的人知道自己酒醉了，而精神正常的人也不会相信自己失常时候感知到的印象。鲁库鲁斯指出，斯多亚学派用的是严肃的、有智慧的且精神强大的人的标准，而学园派用的却是做梦、酗酒且精神异常的人的标准。先不论为何学园派要使用这样一些上不了台面的标准，只是如果两种印象之间没有区别，那么就没有人可以确定自己是清醒的人，也没有人可以确定自己是精神正常的吗？（Ac. II 54）

西塞罗对此提出了反驳意见。在他看来，斯多亚学派想捍卫理解的可能性，但是从感官来看理解是不可能的。原因在于，斯多亚学派需要的是一个权威的、不可错的基础，但是依赖于感官却是危险的。正如伊壁鸠鲁所言：

---

[1]（在 AC. II 111）西塞罗回应说，学园派只是认可这种区分，但是却没有任何理解的特征。

在一生中，但凡有一个感官有一次给予我们错误的证据，我们就不应该再相信任何感官。（Ac. II. 80）

危险表现在，如果感官提供过一次错误的证据，那么基于它的判断就是可错的。虽然从我们的感官是可错的不能推出我们基于感官的任何判断都是可错的，但对于追求不可错的基础的斯多亚派学者来说，为了绝对的安全，必不能信任感官。西塞罗补充说，鲁库鲁斯用梦醒的人（清醒的/精神正常的人）的标准来判断睡梦中的人（喝醉的/精神异常的人）的印象。但是问题在于，处在前面一些情景中的人的印象是怎样的呢？当人们处在前面的情景中，他们仍然会赞同。西塞罗给出了丰富的实例来展示这一点。[1] 这正是因为人们无法分辨前一类情景和后一类情景，因此在两种情景中会做出同样的思想层面的赞同。

按照现在的视角来看，鲁库鲁斯的反驳有两个弱点。一方面，即使一个人在清醒的时候认为刚才自己在做梦或喝醉了，但是此时这个人也找不到自己清醒的标志。鲁库鲁斯默认了这两种状态的统一，即从梦中醒来的人以及知道自己不在做梦的人。另一方面，学园派可以仿照上一段的策略承认即使清醒的印象和梦中的印象有（形而上学层面的）差别，但是这种差别（在知识论层面）并不是可辨认的，因此在知识论层面还是可以捍卫不可辨别论证。

接下来我们看学园派反对斯多亚主义的相似性论证（the

----

[1]　具体实例可参见（Ac. II 88 - 90）。

similarity arguments）：

相似性论证 A

（1）存在许多相似的对象，比如双胞胎。

（2）因此，存在完全相同的（同类）对象。（Ac. II 54）

相似性论证 B

（1）根据德谟克利特的理论，原子是构成世界的万物之基，且存在无数个其他世界。

（2）有些世界之间是完美契合，完全没有差别的。

（3）因此，很可能我们的世界当中存在两个由原子组成的一模一样的对象。（Ac. II 55）

相似性论证 A 诉诸一些常见的相似的对象（比如两个双胞胎）或者同类事物当中的两个个体（比如两个鸡蛋或两只蜜蜂），从而论证存在完全相同的（同类）对象。相似性论证 B 则是诉诸据德谟克利特的原子论来论证在我们的世界之中可能存在着两个一模一样的对象。

鲁库鲁斯从斯多亚学派的理论出发，认为每个个体都有独特的性质，因此在外人看来难以分辨的双胞胎在家人看来却是可分辨的。也就是说，任何个体都与别的个体有差别，是否能识别两个极其相似对象之间的差别需要依靠训练或天赋。

鲁库鲁斯坚持说，即使我们无法分辨相似的对象，但是这并不意味着相似的对象之间没有区别。（Ac. II 58）这里有趣的地方在于，他认为有智慧的人具有高度发达的认知能力，因此对于那些十分相似但仍有差别的对象，有智慧的人或者能识别出它们之间细微的差别，或者在未能识别之时不会表示赞同，而是悬置同意。而那些无法分辨相似对象的"我们"只是愚蠢的人或下等的人。西塞罗认为，如果感官识别物体还需要加以高超技艺，那么一般的民众也就无法获得斯多亚学派眼中的知识了。这一结论也许西塞罗无法接受，但是斯多亚学派可以欣然接受。

最后，我们回顾西塞罗对学园派怀疑论立场的阐述。学园派和斯多亚派共享一个前提，即感觉可能出现错误。（Ac. II 102）学园派认为印象可以被认可（approval），但不能被理解（apprehension）。可以被认可的印象也是有说服力的（persuasive）印象，它们貌似真实，但是仍然存在与其没有区别的错误印象，因此不能被理解或同意。通过西塞罗自己的例子，我们可以清晰地找到两者的区别：

> 假如一个明智的人上了艘船，根据他思想中的理解，他一定会到达彼岸吗？怎么可能？然而，如果他从这里出发去坡提奥利，共有30斯塔德的路程，轮船百经考验，舵手也很优秀，并且天气晴朗，那么他就会有一个有说服力的印象，觉得他会安全到达。（Ac. II 100）[1]

简而言之，可以被理解的印象是不可错的，其内容肯定为

---

[1] 1斯塔德约合180米。

真；而被认可的或有说服力的印象虽然是可错的，却是有很大机会成真的。但是由于有说服力的印象可以是虚假的，而虚假的印象与真实的印象之间是没有差别的，并且虚假的印象不能被理解，因此学园派认为，他们的论敌斯多亚学派缺乏足够的理由宣称有些印象能够被理解，而另外一些不能。[1]

虽然前面的简要回顾远未完整呈现斯多亚主义与学园派的争论，不过我们已经发现，双方的争论实质可以概括为这样一个要点。斯多亚学派想寻找科学知识的不可错的基础——认知印象，但是学园派怀疑论主张存在与真实印象不可辨别的虚假印象。因此，给定任何印象，由于我们无法判断它是真实印象还是与之不可辨别的虚假印象，只能悬置同意。我们顶多停留在对印象的认可，但不能对任何一个印象表示赞同，也不能认为任何印象可被理解。[2]

简要回顾完斯多亚主义与学园派的争论后，我们把目光转到皮浪式怀疑论。

2. 皮浪式怀疑论

皮浪式怀疑论与伊壁鸠鲁学派、斯多亚学派共同构成"希腊晚期哲学"。皮浪主义的主要思想记载于赛克斯图恩披里克

---

[1] Ac. II 103 - 104.
[2] 虽然讨论的双方在当时语境下没有明确区分形而上学与知识论层面的不可辨别，但是本段只是要回顾双方争论，并不是评判对错或选择立场，所以不再讨论引入这一区分对双方争论的意义。

（Sextus Empiricus）的《怀疑论概要》一书。[1]

　　皮浪主义的思想的核心是对下面三个问题的回答：万物的本性是什么？我们应该对它采取什么态度？这一态度将给我们带来什么影响？皮浪主义的答案是：（1）由于分歧的普遍存在，并且没有中立的标准来判断分歧双方谁对谁错，我们无法认识事物的本性；（2）我们应该悬搁判断（suspend judgment）；（3）由于悬搁判断，带来了不动心的状态，这种心灵的宁静（tranquillity）免去了不必要的烦恼，是一种幸福的生活。

　　我们按照怀疑论者的思路继续展开。首先，怀疑论者并非是天生的。最开始的时候怀疑论者也和常人一样，企图通过研究和解决冲突来获得心灵宁静。但由于发现冲突和分歧无法解决，只能采取悬搁判断的方法。我们可以发现，怀疑论产生的前提是分歧和冲突的普遍存在。这里的分歧和冲突是指对事物本性的判断上的冲突和分歧。比如，A认为面前的咖啡是苦的，但B认为不苦。A认为恋爱是痛苦的，但B认为恋爱是幸福的。面对分歧和冲突，皮浪主义者受到理智的驱使开始探究。但他们发现，正反意见达到了相反者同效（equipollence），冲突中的判断没有一个在可能性上优先于对方，因此在原则上无法判断冲突双方孰优孰劣，谁对谁错。

　　因此，对于任何探究的结果，我们可以设想三种：或者是认为发现了真理，或者是认为真理不可知或不可理解，或者是继续

---

　　[1]　英文翻译参见 Empiricus（2000），该书的中文版翻译可见恩披里克（2017）。

从事探究。认为发现了真理的一方是独断论者（Dogmatists），认为真理不可知或不可理解的是学园派，而怀疑论者则是继续探究。[1] 恩披里克将亚里士多德、伊壁鸠鲁、斯多亚学派当作是独断论者的代表。（PH I. 3）[2] 我们可以发现，根据恩披里克的叙述来看，独断论与学园派有一个共同点，即两者都停止了探究。独断论由于认为自己发现了真理停止了探究，而学园派认为事物不可理解，不可能有任何发现，也停止了探究。只有皮浪式怀疑论仍然在进行探究。

其次，皮浪怀疑论带有强烈的伦理目的，即达到心灵的宁静（*ataraxia*/tranquillity, freedom from disturbance）。这一立场与近代笛卡尔的怀疑论有着鲜明的区别，后者只是方法论层面的，不具有实践的指导意义。《怀疑论概要》一书中写道：

> 怀疑论的起因在我们看来是希望获得心灵的宁静。有才能的人受到事物中的矛盾的困扰，怀疑自己应该接受哪种选择，就去研究事物中何真何假，希望能够通过解决这些问题而获得宁静。怀疑论体系主要的基本原则是：每一个命题都有一个相等的命题与之对立，因为我们相信这一原则带来的结果就是停止独断。（恩披里克 2017，5）

---

[1] 这里有趣的点在于，怀疑论者并不宣称事物不可知或不可理解，而是继续探究。这与本书后面提到的彻底怀疑论者的想法不同，彻底怀疑论者认为知识是不可能的，这样的表述更接近于这里的学园派。读者在阅读到后面的章节时切不可混淆两者之间的差别。

[2] 这里的"PH"指的是 Outline of Scepticism，也即《怀疑论概要》一书。

　　怀疑论者补充道，他们的生活也并非完全不受扰乱，因为他们也要受到必然发生的事情的扰乱，这些事情是呈现（appearance）所强迫带来的感觉，比如感到寒冷或饥饿。所以，怀疑论者并不否认自己所不可避免受到的感性印象（呈现），而只是否认对于呈现的判断具有客观性。但是相比于普通人，他们却少了一层困扰。普通人一般来说需要面临两重困扰，一种是自己的感受，另一种是对其遭遇的"本性"的判断。正是后者对于"本性"的判断为普通人增加了额外的烦恼。所以，对于意见之争保持灵魂的平静状态，不为"本性"所烦恼，对于不可避免的事情则以平和的情绪去感受，这就是怀疑论的终极目的。[1]

　　最后，实现心灵宁静的手段是悬搁判断（*epochê*/suspension of judgement）。怀疑论者曾给了一个有趣的类比：

　　　　事实上，怀疑论曾有过画家阿派勒斯曾经的经历。有一次，阿派勒斯画马，想画出马的唾沫，但他失败了，气得他用来擦洗画笔上油彩的海绵扔向画面。未曾料到，海绵留下的痕迹却产生了马的唾沫的效果。同样地，怀疑论曾希望通过在感性及思想的对象的种种分歧之中做出是非判断来获取宁静。由于做不到，他们悬搁判断。这时他们却发现平静好像是偶然似的随着悬搁判断出现了。（恩披里克 2017，9）。

─────────

[1] 参见恩披里克（2017，9）。

正如前面所说，想要通过解决分歧和冲突来获得心灵宁静是一条注定失败的道路，而偶然的悬搁判断却带来了怀疑论者一直追求的心灵宁静。既然悬搁判断这么有效，它又是怎么实现的呢？导向悬搁判断的途径是怀疑论的式（mode）。值得注意的是，怀疑论是一种能力和心态，一种能够把事情对立起来的能力，而当我们把事情对立起来的结果就是悬搁判断。

总结看来，皮浪式怀疑论的顺序是：冲突——不可决定——相反者同效——悬置判断——心灵宁静。[1]

第二节　悬置判断：十式与五式

在《怀疑论概要》一书中，悬搁判断的主要方法有埃奈西德穆的十式和阿格里帕的五式。[2] 怀疑论者指出，不同的式之间并非是取代关系，而是合作与补充关系，其目的是要更好地揭露出独断论者的轻率。下面我们分别来看十式与五式。

1. 十式

十式之中的前八式是有关知觉的相对性的，最后两式则是有关价值的。根据文本的顺序，我们可以将十式概括为：

（1）由于动物种类之间的不同，同样的对象对不同的动物会产生不同的印象。既然我们是争论的一方，我们无法中立地

---

[1] Burnyeat（1980，25）也持有这种观点。

[2] 参见恩披里克（2017，11—29）。恩披里克（2017，33）还提到二式，即或者直接地认识某物，或是间接地认识某物，但没有任何东西能够以这两种方式认识。

判断人的印象与动物的印象孰优孰劣，所以我们应该悬置对于外部对象本性的判断。(PH I. 40)

（2）不同的人会对同一个对象有不同的印象。我们无法中立地判断两个人的印象孰优孰劣，所以我们应该悬置对于外部对象本性的判断。(PH I. 79)

（3）一个人的不同感官会对同一个对象有不同的印象。我们无法中立地判断来自两个感官的印象孰优孰劣，所以我们应该悬置对于外部对象本性的判断。(PH I. 91)

（4）环境情况以及感觉主体当下的心理或生理状态带来的差异。一个人在不同的情境中会对同一个对象有不同的印象，但是无法表明其中哪个印象是更好的，所以我们应该悬置对于外部对象本性的判断。(PH I. 100)

（5）由于位置、距离和处所的不同，同一个对象的呈现会有差异。无法表明其中哪个印象是更好的，所以我们应该悬置对于外部对象本性的判断。(PH I. 118)

（6）对象总是与媒介以混合的方式作用于我们的感官。改变媒介也会改变印象，无法表明其中哪个印象是更好的，所以我们应该悬置对于外部对象本性的判断。(PH I. 124)

（7）对象的数量和结构会影响我们对事物的印象。无法表明其中哪个印象是更好的，所以我们应该悬置对于外部对象本性的判断。(PH I. 129)

（8）事物处于关系之中，是相对的，所以我们应该悬置对于外部对象本性的判断；(PH I. 135)

（9）事物出现的频率会影响我们对事物价值的判断，无法表明其中哪个判断是更好的，所以我们无法判断事物的本性。
（PH I. 141）

（10）不同的行为规则、法律、行为的价值之间有分歧。无法表明其中哪个判断是更好的，所以我们无法判断事物的本性。
（PH I. 145）

十式的表述略显繁琐，稍后的思想家将怀疑论者导向心灵宁静的方法表述得更加精简，于是就产生了五式。由于五式与后面我们将要讨论的三难问题关系更加密切，因此我们将围绕五式展开更深入的讨论。

五式包括分歧（disagreement）、无穷倒退（infinite regression）、相对性（relativity）、假设（hypothesis）与循环（reciprocity）。下面我们追随巴恩斯（Barnes 1990）与辛凯维奇（Sienkiewicz 2019）的文本分析工作，简要梳理这五式的内涵。

2. 意见分歧

什么是分歧呢（disagreement/diaphōnia）？分歧由两个或两个以上的相冲突（conflicting）的观点构成。针对一个命题 P，例如复旦大学在上海，我们可以持有肯定、否定或者悬置判断的认知态度，而这三种态度之间是冲突的。[1] 分歧并非只是

---

[1] 巴恩斯（Barnes 1990，13 - 15）区分了三种分歧。一种是积极分歧（positive disagreement），这是对同一问题给出冲突的回答，比如古希腊众多探究世界本原的学说。一种是看法分歧（disagreement in opinion），这是对同一问题给出冲突的回答或者一方拒绝另一方的答案。最后一种是态度分歧（disagreement in attitude），这是在接受某个答案为真、悬置判断、否认某个答案为真这三个态度之间形成的分歧。

命题之间的关系，而是观点（opinion）之间的关系。观点是认知者持有或表达的看法。

其次，冲突的一方与另一方意见相左。冲突的观点在逻辑上是不一致的（inconsistent），也就是说冲突的观点不能同时为真。但是不能同时为真并非观点冲突的充分条件，而只是必要条件。因为一个必然为假的命题与任何命题都不能同时为真，但不能说该命题与另外一个命题是冲突的。比如，考虑命题 P〈单身汉是已婚的〉与命题 Q〈服用连花清瘟胶囊有助于抑制新型冠状肺炎〉。P 与 Q 不能同真，但两者不是冲突的命题。要使得冲突的命题构成分歧，还必须加上两者断定内容重叠的限制。

仅仅有分歧并不能促成悬置判断。皮浪主义者进行了一个重要的补充：

> 根据意见分歧的式来看，我们发现在日常生活和哲学家之间都会产生对事物的不可决定的分歧，我们无法选择或排除任何东西，只能悬而不决。（PH I. 165）

这里的关键概念是"不可解决的分歧"（undecidable dissension/anepikritos diaphōnia）。对于这一概念，辛凯维奇（Sienkiewicz 2019，23）给出了三种解读：[1]

（A）一个不可解决的分歧是在原则上不可被解决的

---

[1] 同样的解读可见 Hankinson（1995，164）。

分歧。

（B）一个不可解决的分歧是在当下情形中不可被解决的分歧。

（C）一个不可解决的分歧是未被解决的分歧。

（A）说的是，无论情况如何，有些分歧在原则上是不可解决的。（B）说的是在当下的给定情况中，有些分歧是不可解决的。但是如果换了一个情形，这些分歧不一定会保持不可解决的状态。（C）说的是有些还未被解决的分歧（undecided disagreement），但是并未断定这些分歧是否有解决的可能。通过比较可以发现，（A）的解读最强，而（B）和（C）较弱。

从皮浪主义者的立场来看，解读（A）太强。这是因为如果宣称我们广泛面对的分歧是在原则上不可被解决的，那么皮浪主义者至少需要承诺不存在任何理由可以帮助我们解决一个分歧。这进一步等于宣称有理由认为知识不存在，也就很接近他们眼中的学园派怀疑论了。对于主张持续探究的皮浪主义者来说，这么强的立场会与皮浪主义一贯的反独断论的立场不一致，因此皮浪主义者既不该，也不能按照（A）来理解不可解决的分歧。由于在（B）和（C）之间要做出进一步的选择缺乏足够的文本证据，我们不妨把这两种解读都当作可行的解读。（C）里面提到的未被解决的分歧是什么意思呢？

辛凯维奇（Sienkiewicz 2019，25）做出的两种区分很有助益，即人际上未被解决（interpersonally undecided）与证据上未被解决（evidentially undecided）。

　　一个人际上未被解决的分歧是指分歧双方（或多方）仍然处于意见分歧之中。此时双方（多方）或者仍然处于激烈辩论之中，或者处于冷战，又或者不欢而散，但最为核心的是双方（多方）针对同一个问题还没有形成一致的（不冲突的）态度。要消弭一个人际上未被解决的分歧，可以设想两类方法。一类是通过理性的论辩从而让双方就观点达成一致。另一种则是诉诸非理性的方法消弭分歧，比如通过暴力、威胁、下毒、宣传洗脑等方式让对方被迫同意己方观点。或者更极端一点，通过铲除异己，从而消灭持有异见的一方。

　　一个证据上未被解决的分歧是指不存在决定性的理由支持或反对 P。针对此类分歧，我们有理由认为无论是支持或反对 P 都在知识论的层面上存在缺陷，而只有悬置判断才是一种正确的选择。

　　需要注意的是，一个人际上未被解决的分歧不一定是一个证据上未被解决的分歧。可以设想，假如论辩一方 B 太过固执或愚蠢，不肯接受对方 A 的证据或者无法理解对方的证据，那么该分歧在人际层面就还未被解决，但是完全可能存在决定性的理由支持 A 的观点。反之亦然，一个证据上未被解决的分歧不一定是人际上未被解决的分歧。即使没有任何决定性的理由可以支持或反对 P，但如果分歧一方采用暴力的手段镇压了持有异见之人并且强迫其就范，那么该分歧在人际层面就获得了解决。

　　那么如何从分歧过渡到悬置判断呢？巴恩斯认为，借助下面的分歧原则（the principle of disagreement），我们可以实现过渡：

（PD）如果 S 意识到有一个针对 P 的不可解决的分歧，那么 S 就应该对 P 悬置判断。[1]

并且由于辛凯维奇进一步区分了两种不可解决的分歧，因此上面的原则可以拆分为两种情况：

（IPD）如果 S 意识到自己与别人对 P 产生分歧，那么 S 就应该对 P 悬置判断。

（EPD）如果 S 意识到没有决定性的证据支持 P 或反对 P，那么 S 就应该对 P 悬置判断。

（EPD）是一个很合理的原则，但是（IPD）却不是。这是因为（IPD）没有考虑到分歧双方的认知地位差别。要使得悬置判断成为面对分歧的合理回应，除了意识到分歧，还要加上对分歧双方的认知地位限制，即分歧双方属于认知同辈（epistemic peers）。一般来说，成为认知同辈需要满足以下两个条件：

证据条件：在产生争论的领域或话题上，对方与自己拥有大致持平的相关证据。例如支持自己观点的可靠证据与背景知识。

———————

[1] 参见 Barnes（1990，21）。

能力条件：在产生争论的领域或话题上，对方与自己拥有大致持平的理智美德。例如对该领域内理论及材料的优秀思考能力和处理能力，同样地缺乏偏见。[1]

考虑到认知同辈的限制，对（IPD）的一个完善表述应该修改为：

（IPD＊）如果 S 意识到他与自己的认知同辈对 P 产生了分歧，那么 S 就应该对 P 悬置判断。

此时，我们可以把上面的讨论综合成两个论证，其中一个可以被称为基于证据不可决定引起的悬置判断，另一个可以被称为基于认知同辈分歧引起的悬置判断。需要注意的是，在下面两个论证中，我们并没有加上 S 的意识条件，但是在表述（IPD＊）或（EPD）时这一条件却是被明确表述的。之所以略去这一点，是因为当怀疑论者使用分歧式的时候，他会使用下面的推理走向悬置判断，而对这些模式的使用就已经暗含了怀疑论者对相应前提的意识。

论证 1

（1）没有决定性的理由支持或反对 P。

---

[1] 对认知同辈的定义可参见 Kelly（2006，175）和 Carter and Pritchard（2016，50 - 52）。

（2）如果没有决定性的理由支持或反对 P，那么 S 应该对 P 悬置判断。

（3）因此，S 应该对 P 悬置判断。

论证 2

（4）存在一个针对 P 的同辈分歧。

（5）如果存在针对 P 的同辈分歧，那么 S 应该对 P 悬置判断。

（6）因此，S 应该对 P 悬置判断。

上面两个论证之中哪一个能促成怀疑论者悬置判断的目标呢？这是一个需要花费大篇幅回答的问题，此处无法继续深入。就我们的目的来看，有一点需要明确的是，在面对不可解决的分歧时，怀疑论者是借助相反者同效（equipollence/ἰσοσθένεια）来实现悬置判断的。那么什么是相反者同效呢？且看两段密切相关的论述：

怀疑论是一种能力或心态，它使用一切方式把呈现和判断对立起来，结果由于对立的对象和理性的同等有效性，我们首先产生心灵的悬而不决状态，接着产生"不被扰乱"或"宁静"的状态。[PH I. 8][1]

"同等有效性"是指在具有说服力和缺乏说服力上的相

---

[1] 参见恩披里克（2017，4）。

等：冲突中的判断没有一个比其他更有说服力。[PH I. 10]

　　相反者同效的关键是相同的说服力（equal convincingness）。在遇上相反者同效时，为什么怀疑论者一定要悬置判断呢？这里有何种意义上的必然性呢？根据学界的看法，这里牵涉的必然性有两种解读方式。第一种是合理性（rationality）意义上的必然性。这种解读意味着悬置判断是符合认知理性的，但是也暗含怀疑论者可以不这么做。第二种解读是心理层面的强制性，即一个心理状态因果地引起另一个心理状态。这种解读意味着在心理层面相反者同效的感觉强迫怀疑论者悬置判断，他无法以别的方式行事。第二种解读受到学界的更多认可，因为采取该解读有一个突出的好处。[1] 皮浪主义者的立场更多是描述自己在考察正反双方论述后的感受，而不是对双方就证据本性上的强度下判断。因此，皮浪主义者更希望给出的是心理上感到正反论述有同等说服力，而不会倾向于判断说正反论述具有同等证据支持力度。

　　到此，对于分歧式的讨论已经足够，下面我们转向无穷倒退式。

3. 无穷倒退

　　由于"无穷倒退"的式是：我们用来作为证据解决争

---

　　[1] 这一解读的代表性支持者参见 Burnyeat（1980，40），Williams（1988，572）和 Sienkiewicz（2019，44）。

端的东西，自身还需要别的证据，而别的证据又需要另外
的证据，如此无穷后推下去，找不到论证的出发点，所以
只能悬置判断。（PH I. 166）

在哲学史上，许多评论者认为无穷倒退论证或者是一种应
该被禁止的论证方式，或者是坏的论证。在恩披里克这里，他
并没有明确表示无穷倒退是坏的论证，但是他指出倒退论证不
可接受的两个核心理由。第一，无穷链条中没有一个起始点
（no starting point）。第二，无穷链条是不可完成的。

恩披里克在文本中谈到许多无穷倒退序列。第一类是认知
的无穷倒退，它发生在命题之间，并且命题与命题之间呈现理
由关系。也就是说，这里是辩护关系的无穷后退。从上述引文
中，我们已经看到了认知的无穷倒退。第二类是非认知的无穷
倒退，恩披里克识别出一些非命题的对象，并且这些对象之间
的关系也不是认知上的辩护关系。[1] 汉金森有一个十分贴切
的非认知的无穷倒退类比。假设有一辆无限长的火车，其中每
一节车厢的运动都是由于前一节的牵引。此时我们可以针对每
一节车厢的运动给出解释。但是，如果不存在火车头，那么我
们如何解释整辆车的运动呢？[2]

无论是认知的还是非认知的无穷倒退，无起点批评都意在
指出一个无穷的序列是不存在起点的。当然，我们需要思考的

---

[1] 相关文本可见 PH III. 44，67，76，162。

[2] 参见 Hankinson（1995，189）。汉金森基于这一案例来类比认知
辩护的无穷倒退，但是这一类比本身的合适性值得商榷。

是，没有什么意义上的起点？毫无疑问，一个开始于 P 的无穷的命题序列当然有一个开始点，那就是 P。质疑这一点显然是不明智的。无起点批评只能质疑无穷的命题序列没有一个终结点，也即没有最后的一个命题。那么为什么没有最后的一个命题会是一种缺陷呢？对这一问题的回答引向了恩披里克的第二个批评理由。[1]

恩披里克在文中多处谈及无穷链条的不可完成。

　　任何试图认为某种印象更为可靠的人，都是徒劳无益的。因为如果他不拿证据就这么讲，没有人会相信他；如果他拿出证据，他如果说证据是假的，那当然是毁了自己；而如果他说证据是真实的，那么他又必须有别的证据来证明这一点，而对于后面的证据又得再拿出证据，因为它也必须是真实的，这样会导致无穷后退。但是，提出无限倒退的论证是不可能的。(PH I. 122)[2]

　　因此，如果征象是不明白的，那么它需要另外一个不明白的征象——因为根据我们现在的假设，没有明白的征象——而这个又需要第三个，如此以至无穷。但是掌握一个无限的征象序列是不可能的，因此对于征象来说，当它

---

　　[1]　抛开恩披里克的文本，基础主义者会基于辩护的传递性来解释为什么一定需要一个起点。这一想法也发展成为对无限主义的一个关键批评，对此问题的进一步讨论可见本书第三章第三节。
　　[2]　恩披里克（2017，25）。

是不明白的时候，它被理解是不可能的。(PH II. 124)[1]

此外，既然我们正在探问原因的实在性，他当然必须寻找出一个作为原因存在之理据的原因，进而还有必要再寻找进一步的原因，依次类推，以至无穷。可是，寻找在数量上无限多的原因是不可能的。(PH III. 24)[2]

上面的引文中，恩披里克分别指出做出无穷多的证明、掌握无穷多的征象、寻找无限多的理由的不可能。就引文来看，无论是哪一个任务都要求有限的认知者完成无限多数量的工作，而这似乎是不可能完成的任务。如果是借助无穷的不可完成来解释其不可接受，那么下面这个论证无疑表达了怀疑论者对独断论者的批评：

（1）如果 S 针对 P 的唯一论证是一个无法完成的论证，那么 S 就不应该接受 P。

（2）无穷倒退的论证是无法完成的论证。

（3）S 针对 P 的唯一论证是一个无法完成的论证。

（4）因此，S 不应该接受 P。

巴恩斯（Barnes 1990，48-53）区分了两种可完成。一种是认知者可以给出无穷序列上的每一个理由（every reason）；一

[1] 恩披里克（2017，77）。
[2] 恩披里克（2017，117）。

种是认知者可以给出无穷序列上的任何一个（any reason）理由。巴恩斯的区分是有意义的，因为两个条件并不等同。如果一个人给不出无穷序列其中的某个理由，那么他就不能给出无穷序列中的每一个理由。但是如果一个人不能给出无穷序列其中的每一个理由，并不意味着他不能给出无穷序列其中的某一个理由。根据巴恩斯的看法，如果无穷序列上的每一个成员都符合一个简单的算法，那么一个人是可以给出无穷序列上的任何一个成员的。比如，自然数序列是无穷的，给定 $R_0 = 1$，$R_n = n + 1$，我们可以写出任何一个自然数。但是我们无法写出所有的自然数。所以，巴恩斯指出，区分无穷序列中的两种可完成，我们有理由认为前一种任务无法完成，而后一种任务是可完成的。虽然表面上看起来合理，但是巴恩斯的想法有两个关键漏洞。第一，并非每一个无穷序列中的每一个成员都是根据同一算法产生的。他的回答只适用于某些特殊的无穷序列。第二，即使限定为自然数的无穷序列，其中的某些成员也不是有限的认知者可以理解的。如果构成该命题的概念超出认知者的理解，那么我们就不能说认知者仍然无意识地相信这些命题。当一个数字极其大，一个字符串极其长，或者一个表达式极其复杂时，它们所表达的概念都会超出认知者的理解能力。针对这一问题，本书第三章第一节会继续深入讨论，此处暂且止步于此。

　　此处的关键问题是，即使退一步认为 S 可以给出一个支持 P 的无穷步骤的论证，S 也无法基于此相信 P。因为怀疑论者可以借助相反者同效方法，对立起一个支持与 P 不相容的 P^* 的论证，并且此论证也具有无穷的理由序列。此时，如果 S 能基于第一个论证相信 P，那么基于推理的平等原则（the parity principle），S 有同样强度的理由支持 P*。然而 P 与 P* 不相容，所以 S 并不能基于无穷倒退的推理相信 P。这正是支持（1）的重要理由。

有一个值得注意的情况，在恩披里克的文本中，基于无穷倒退所引出的结论并非总是同样的。有的时候他从无穷倒退引出某物是不可理解的（PH II. 124），有的时候他引出某物是不可知的（II. 85），有的时候引向悬置判断（PH I. 166）。文本中从无穷倒退出发，似乎引出了不同的答案。除了悬置判断的答案，其余的答案被辛凯维奇归纳为这样一个模板，即 S 不可能 φP。[1] 那么如何从这样一个一般化的态度过渡到悬置判断呢？或者说得更具体一点，如何从（4）S 不应该接受 P 过渡到 S 应该对 P 悬置判断呢？需要注意的是，不接受 P 不等于悬置判断，因为不接受 P 还可以接受非 P。

辛凯维奇提出了一个关键性的过渡方法。首先，让我们构造出让独断论者不相信 P 的论证，其关键就是在上一个论证中补充一个前提。

（INF）

（1）如果 S 针对 P 的唯一论证是一个无穷倒退的论证，

---

[1] 这里的 φ 可以理解为 S 针对某个命题的认知态度，比如"知道"、"理解"、"赞同"。参见 Sienkiewicz（2019，95）。

那么 S 就不应该接受 P。

（2）无穷倒退的论证是无法完成的论证。

（3）S 针对 P 的唯一论证是一个无穷倒退的论证。

（4）因此，S 不应该接受 P。[1]

假设独断论者意识到无穷倒退的问题，经由上面论证意识到不应该接受 P，那么他选择接受非 P 就能避免问题了吗？当然不能。假设此时独断论者接受非 P，并且独断论者针对非 P 的唯一论证也是一个无穷倒退的论证。那么一个新的论证就出现了：

（INF*）

（1*）如果 S 针对非 P 的唯一论证是一个无穷倒退的论证，那么 S 就不应该接受非 P。

（2*）无穷倒退的论证是无法完成的论证。

（3*）S 针对非 P 的唯一论证是一个无穷倒退的论证。

（4*）因此，S 不应该接受非 P。

在（INF）和（INF*）的作用下，怀疑论者就可以引向他们所需要的结论：S 既不应该接受 P，也不应该接受非 P，那么 S 只能对 P 悬置判断。更进一步来看，对于怀疑论者来说，从无穷倒退式走向悬置判断需要借助怀疑论者自身的相反者同效

---

[1] Sienkiewicz（2019，96）。

方法。也就是说，当一个独断论者被迫要为命题 P 给出一个无穷倒退的论证 A 时，怀疑论者对立一个支持 P* 的无穷倒退的论证 A*。此时 P 和 P* 不兼容，但是 A 和 A* 结构一致。下面的论证刻画了此处的核心想法：

（1）如果 A 给了 S 一个相信 P 的认知理由，那么 A* 也给了 S 一个相信 P* 的同等强度的认知理由。

（2）理性认知者 S 意识到 P 与 P* 冲突，因此 S 不会同时相信 P 和 P*。

（3）S 也不能择其一而信。

（4）S 应该两者都不信，悬置判断。[1]

至此，我们结束了对于无穷倒退式的讨论，也理解了如何从这一式走向怀疑论者所需的悬置判断。

4. 相对性

"由于相对性"的式我们已经讲过了：即对象总是在与判断者和伴随感觉的关联中呈现出诸如此类的现象，所以我们对其真实性质只能悬而不决。（PH I. 167）

---

[1] 原论证参见 Sienkiewicz（2019，100）。此处我进行了弱化处理，没有采用原作者"决定性理由"（conclusive reason）的表述，而是仅仅表述为认知理由。在我看来，关键并不是无穷倒退的序列提供的理由是否是决定性的，而是被怀疑论者所对立的论证也能提供同等强度的理由。

这一段引文主要是回指的，所提到的已经讲过的东西是埃奈西德穆十式当中的第八式：

> 第八式依据的是相对性［或"关系"。］这一式说的是：既然一切事物都是相对的［处于关系之中］，我们对其独立的、本真的性质只有悬而不决。不过，我们应当注意这一点：在此，我们也像在别的地方一样，尽管我们用"是"而非"显得"的说话方式，我们真实的意思是："一切事物都显得是相对的"。这句话的含义有两个方面。第一是指相对于进行判断者（因为被判断的事物相对于他而显现），第二是指伴随的感觉，比如左边相对于右边。(PH I. 135)[1]

结合两段引文，我们可以将基于相对性引出悬置判断的大概思路表达如下：

（1）万物都显得是相对的。

（2）如果万物都显得是相对的，那么我们应该对万物的本性悬置判断。

（3）我们应该对万物的本性悬置判断。

那么，恩披里克有什么理由支持前提（1）呢？在讨论第八式时，恩披里克给出了下面三个理由：

> 事实上，我们已经论证了所有的事物都是相对的；比

---

[1]　恩披里克（2017，27）。

如就判断者而言，对象总是要相对于某个确定的动物或人或感官而显现，并且相对于如此这般的环境；就伴随的感觉而言，每个物体都在与某种特定的混合物或方式或结合或数量或位置的关联中显现。(PH I. 136)[1]

还有其他的专门论证可以证明万物的相对性：独自存在的东西与相对的东西有无不同？如果没有不同，则它们也都是相对的；如果它们不同，那么，既然一切不同的东西都是相对于别的东西（因为"不同"之名来自它和那个与之不同的东西的关联），独自存在的东西也是相对的。(PH I. 137)[2]

甚至肯定万物并非都是相对的人，也断定了万物的相对性，因为通过他反对我们的论证，他表明了"并非万物都是相对的"这句话本身是相对于我们而言的，而不是普遍有意义的。(PH I. 139)[3]

我们可以把第一个理由称作基于呈现方式的相对性。根据恩披里克的思想来看，呈现可以展现出两个层面的相对性。第一种是相对于判断主体，第二种是相对于一起被观察的东西。第一种相对性可以被表达为，对于 S1 来说 A 是 F 的，而对于 S2 来说 A 是 F* 的。第二种相对性可以被表达为，在位置 B 的 A 对于 S1 来说是 F 的，在位置 B* 的 A 对于 S1 来说是

---

[1] 恩披里克（2017，27）。

[2] 恩披里克（2017，28）。

[3] 恩披里克（2017，28）。

F*的。[1] 当然，这两个层面是可以同时满足的，因此我们不能把它们理解为是互相排斥的相对性。[2] 此处，我们可以把第一个理由归纳为如下论证。每个事物的呈现都是或者相对于判断者，或者相对于伴随的感觉的方式。相对于判断者的东西是相对的，而相对于伴随的感觉也是相对的。因此，万物的呈现都是相对的。

第二个理由理解起来稍微困难。我们可以将其中的思想表达如下。每个事物或者是相对的，或者不是相对的（也即独自存在的）。而（独自存在的事物）并非相对的事物或者与相对的事物不同，或者与之相同。如果并非相对的事物与相对的事物相同，那么两者应该共享同样的性质，则那些并非相对的事物也是相对的。如果并非相对的事物与相对的事物不同，那么由于任何东西之不同都是相对于某个东西的不同，因此非相对的事物获得的不同这一性质也是相对的，而非相对的事物因此也成为相对的。

第三个理由并非从正面论证万物皆是相对的，而是意图采用自我驳斥的论证（self-refuting argument）。有趣的是，恩披里克借用这类论证来支持相对性，但这种论证方法也被别的哲学家用来反对相对主义。这种反对相对主义策略至少可以追溯到柏拉图《泰阿泰德篇》和亚里士多德的《形而上学》。那么什么

---

[1] 苏轼《题西林壁》中的"横看成岭侧成峰，远近高低各不同"正是对第二类相对性的一个绝佳展现。

[2] 文本证据可见 PH（I. 38）。

是自我驳斥呢？大概说来，如果一个主张（claim）是自我驳斥的，那就意味着这个主张在某种意义上反对其自身。借鉴麦克斯·科博尔（Max Kölbel 2011，12 - 14）的讨论，我们可以区分几种不同意义的自我驳斥。[1]

第一种是内容自我驳斥。如果一个主张 L 的内容是自我驳斥的，那就意味着从假设 L 为真可以推论出 L 为假。在内容自我驳斥的大类中，我们还能进一步作出区分。如果假设 L 为真就直接蕴含 L 为假，那就是直接的内容自我驳斥。如果需要进一步加上别的理论假设，那就是间接的内容自我驳斥。句子"我现在所说的话是假的"就是直接的内容自我驳斥，因为从假设这句话为真可以直接推论出我所说的话是假的。对于一个想要塑造自己谦逊形象的人来说，句子"我知道自己一无所知"是内容间接自我驳斥的。因为当他说出这一句子时，他表达的是自己知道自己一无所知。此时，加上一个额外的理论假设（知识的事实条件），我们可以推出说话者一无所知，而这个结论进一步蕴含说话者并不知道自己一无所知。

第二种是语用自我驳斥。如果一个主张 L 是语用自我驳斥的，那就意味着 L 在语用层面的某种使用方式蕴含着这句话为假。在语用自我驳斥的大类里面，我们还能进一步作出区分。如果说出 L 的某种方式会导致 L 自我驳斥，那么 L 是偶然的语用自我驳斥。如果任何说出 L 的方式都会导致 L 自我驳斥，那

---

[1] 自我驳斥的分类，可见 Mackie（1964）。对于古代哲学中自我驳斥论证的相关研究，参见 Barnes（1976）和 Castagnoli（2010）。

么 L 是必然的语用自我驳斥。考虑句子"我没有在咆哮",当小马以咆哮的方式说出"我没有在咆哮",那么他在咆哮这一事实就驳斥了他咆哮说出的内容,即他的语用方式驳斥了他表达的内容。但是要注意,他咆哮的内容并不蕴含其自身为假,小马完全可以和颜悦色、轻声细语地说出这句话,此时〈小马没有在咆哮〉是真的,并且没有产生语用自我驳斥的现象。所以,这句话是偶然的语用自我驳斥。

偶然的语用自我驳斥可以避免,但有些语用自我驳斥是必然的。考虑句子"我现在处于沉默状态"。是否有人可以断言句子 S 并且使其为真呢?一旦张三做出这个断言,那么张三断言这个行为本身就会驳斥所断言的内容,即事实上张三说自己现在保持沉默状态就表明他并没有处于这一状态,而是处于说话状态,因此张三的任何语用方式都是自我驳斥的。但是,即使这一语句是必然的语用自我驳斥,它也不是内容自我驳斥。当张三默默不语,或者把这句话写在一张白纸上的时候,这句话的内容可以为真,并且不会驳斥自身。由此可见,内容自我驳斥和语用自我驳斥是有着很大差别的。

第三种是对话意义上的自我驳斥。如果一个主张 L 在对话意义上是自我驳斥的,那就意味着在对话语境中说出 L 会违背断言的规则。不同的哲学家主张不同的断言规范性条件(norms of assertion)时,常见的规范有断言的知道规范、断言的信念规范和断言的确定性规范。以断言的信念规范为例,当我遵循规范地断言摩尔的悖论式语句"2020 年奥运会在东京举办,但我不相信",我实际上表达的内容是〈我相信 2020 年奥运会在东京举办但是我不相信 2020 年奥运会在东京举办〉。此时，这一合取语句的前半部分内容就与后半部分内容产生了冲突。因此，这一句子在对话意义上是自我驳斥的。不过我们仍然可以发现这一句子的内容可以为真，当它为真时它刻画的是 2020 年奥运会在东京举办以及某个认知者不相信这一情况的两个状态的合取事实，这对于一个不问世事的深山隐居者来说并非不可能。

那么恩披里克认为的自我驳斥是发生在什么层面上呢？假设有两个对话者，A 主张万物都是相对的，但是 B 主张并非万物都是相对的。此时，恩披里克认为，B 的主张恰恰反映了〈万物都是相对的〉不是对于所有人来说都为真，而是对于 A 来说是真的。首先，这里不是内容驳斥，因为假设〈并非万物都是相对的〉为真，我们不能推出来该命题为假。其次，在语用层面上，无论 B 以哪种方式说出〈并非万物都是相对的〉，他的言说都不会驳斥语句的内容。最后，在对话意义上，无论是根据断言的知识规范、信念规范还是确定性规范，做出断言的 B 也不会产生类似摩尔命题的矛盾。[1] 那么恩披里克认为的自我驳斥到底来自哪个层面呢？就文中表述来看，恩披里克认为 A 和 B 的断言表明〈万物都是相对的〉不被 B 接受，但是被 A 接受。因此〈万物都是相对的〉对于 A 是真的（is true for A），但是对于 B 是错的，因此恰巧是支持相对主义的。辛凯维奇认为，此处的自我驳斥表现在，没有一种融贯的方法可以表达反

---

[1] 分别代入这三个条件得到的断言内容是：〈我知道并非万物都是相对的〉，〈我相信并非万物都是相对的〉，〈我确定并非万物都是相对的〉。

对相对主义的想法，因为任何的表达都转而支持了万物都是相对的这一想法。

上面的三个理由是否有说服力值得商榷，但我们可以注意到三个子论证中所谈论的相对性并非完全相同。第一个子论证谈论的是基于万物显现的相对性。第二个子论证谈论的相对性是基于某物是否能适用于相对谓词。[1] 第三个子论证谈论的相对性是基于不同认知者对同一命题的不同认知态度。因此，留待进一步回答的问题就是，从不同的相对性如何过渡到悬置判断呢？接下来，让我们看一种可能的过渡。

很明显，一切感性事物都是相对的——它们相对于拥有感觉的人。因此很明显，对于任何提出来的感性对象，都可以很容易地启用五式中的一式。（PH I. 175）

进一步讲，思想对象是相对的，因为它们之所以被如此命名，就是因为他们相对于思想的人。况且，如果它们当真拥有据说它们所拥有的属性，那么人们就不会为之争论不休了。所以思想对象也逃不出五式，因此，在所有情况之下，我们都不得不对呈现的对象悬而不决。　（PH

---

[1]　参见 Empiricus（2005）中 M 8. 161 - 162。一个相对谓词与一个非相对谓词的区别在于，前者是一个三元谓词，例如"X 比 Y 甜"，因此在断定 X 的时候总是需要涉及另外一个对象。后者是一个二元谓词，比如"X 是甜的"，此处的断定只涉及 X 本身，不需要 X 以外的对象。恩披里克潜在的想法是，如果一个对象适用于一个相对谓词，那么它就是相对之物。此时"X 与 Y 不同"也成为了一个相对谓词，因此当说非相对物与相对物不同时，非相对物也根据上述标准变成了相对物。

I. 177）

恩披里克在这里指出，无论是感性对象还是思想对象都具有相对性，而这种相对性结合五式都能产生悬而不决。也就是说，相对性本身不足以产生悬而不决。一种自然的想法是，既然针对一个对象有不同的看法，那就表明存在有关该对象的分歧，如果要解决这一分歧，那论证或者陷入无穷倒退，或者陷入循环论证，或者陷入假设之中。但是此时引人深思的问题是，此处到底是相对式在发挥作用还是分歧式在发挥作用？如果是相对式在发挥作用，那么当 A 说"蜂蜜是甜的"，B 说"蜂蜜是辣的"时，这两个人并不一定产生分歧。因为按照相对主义的想法，这类表述都是缩写式的，即 A 实际上说的是蜂蜜在条件 C_1 下是甜的，而 B 说的是蜂蜜在条件 C_2 下是辣的，但是这两个命题是可以同真的，它们断定的内容并不冲突。如果不产生冲突也就没有分歧，那么阿格里帕的其余四式就无法被引入发挥作用。

要使得其余四式有用武之地，一个关键是要让分歧产生，并进而可以使用分歧式。那么有什么办法让 A 和 B 的断言构成分歧呢？当 A 的断言被理解为"蜂蜜的本性是甜的"，而 B 的断言被理解为"蜂蜜的本性是苦的"时候，两者就可以产生分歧。不过辛凯维奇注意到此时产生了另外一个问题，即如果此时的 A 与 B 对于同一命题持有不同的认知态度，那么是否怀疑论者认为出现了相对真（relative truth）？如果基于分歧引向相对真，那么这与恩披里克在其他四式中所引出的悬置判断结论是很不一致的。倘若承认相对真，那么怀疑论者就做出了一个非日常的理论陈述，而这一结论根据怀疑论者一贯的实践却是不能接受的。[1] 此时我们发现，相对式与其余几式的融合并不顺畅，这也成为了恩披里克文本解读的难点之一。[2] 我们不再继续深入讨论这一问题，而是转向更为重要的假设式。

5. 假设

这一小节我们讨论引起悬置判断的假设式（the mode of hypothesis）。

> 当独断论者被逼进"无穷倒退"论证时，不是通过论证确立自己的立场，而是简单地由于意见一致便宣布某个东西作为出发点。（PH I. 168）

————————

[1] 因为怀疑论者同时意识到相对真与非相对真是处于分歧之中的。至少苏格拉底对普罗泰戈拉的攻讦就表明了这一争论的存在，参见柏拉图（2015，65—66）。苏格拉底认为普罗泰戈拉的理论是自我驳斥的。正如苏格拉底所说，如果坚持普罗泰戈拉的相对主义，那么他必须承认那些认为相对主义是错的人的观点也是对的。因此，相对主义是错。但是这一论证的说服力不够，相对主义者完全可以解释说，即使别人是对的，也不具有绝对主义意义上的真。这意味着不能从某人的信念为真推出信念的内容为真。这一推论本身依赖绝对主义的真理观。相对主义者会说，即使普罗泰戈拉的反对者认为普罗泰戈拉的理论是错的，并且普罗泰戈拉愿意承认这一事实，那也只意味着对于他的反对者来说，〈普罗泰戈拉的理论是错的〉是真的。

[2] Sienkiewicz（2019，153）认为相对式在五式之中没有作用。一个关于融合相对式与其余式的尝试性讨论可见 Brennan and Lee（2014）。

根据引文来看，独断论者为了避免陷入无穷理由，他尝试用做出假设的方式跳出这种情况。这里恩披里克区分了"确立（establish）"与"由于意见一致便宣布某个东西作为出发点"（claim to assume simply and without proof in virtue of aconcession）。那么什么是确立呢？这里有一段相关引文：

> 当我们说"对于一切论证都可以找到同样有效的对立论证"时，我们的意思是指我们已经研究过的"一切论证"，并且我们不是在简单意义上运用"论证"这个词，而是特指独断地确立论点（也就是说对于不明显的事情论述），而且是通过任何可能的方法确立论点，不过不一定借助于前提和结论的方法。（PH I. 202）

被确立的是命题，而能发挥确立功能的则是论说（account/λóγος）。当然，我们可以确立不同的论说方式。一种最典型的方式是借助证明（proof），即从一个不受争议的前提加上有效推理来揭示不明白事物的论证。

> 他们宣称：证明是"通过公认的前提和演绎的方式来揭示不明白的推论的论证。"……"论证是由前提和推论组成的一个系统。它的前提（据说）是为了确立推论而被一直采纳的判断，推论是通过前提而确立起来的判断。"（PH II. 135）

当然，证明并不是使用论说的唯一方式。另外一种论说并不包含有效的推理，但是它的前提为结论提供了证据式的支持。[1]

与上面两种论说的方式相区别的就是假设。当一个陈述仅仅是作为假设被提出，那么它的提出缺乏论证。这样的论证既包括对 P 的证明，也包括支持 P 的理由。简要来说，假设 P 就是仅仅断言 P 但是不为之提供支持。[2] 但是需要注意的是，仅仅做出断言当然是没有证明的，但是没有证明不代表仅仅做出断言。因为证明只是论证的一种方式，还有别的方式可以为断言提供支持，比如诉诸标准（criterion）。[3] 举例来看，根据伊壁鸠鲁的观点，感觉经验是真理的标准。当我们在远处推测对面之人是柏拉图时，判断的标准是等到接近该对象后看是否是柏拉图。如果在近处可以清晰看到面前之人是柏拉图，那么早先的推测就是真的。如果看到仅是一个人型雕塑，那么早先的推断就是错的。

---

[1] 恩披里克自己给出了一个例子，参见 PH1. 33。

[2] 参见 Sienkiewicz（2019，64）。

[3] 标准是用来判断一个陈述是否为真的衡量准则，这一专业词汇大致在公元前 300 年才开始出现。伊壁鸠鲁学派就认为真理的标准是感知，赫拉克利特认为理性是真理的标准，而斯多亚学派认为真理的标准是认知的印象。恩披里克（M 7. 36 - 37）区分了标准的三类，一类指明判断工具的标准（criterion through which），一类是指明判断主体的标准（criterion by which），最后一类是指明判断根据的标准（criterion in virtue of which）。相似的讨论也可见 PH II. 16。举例来看，当一个人借助一把尺子来测量桌子的长度，此时人是判断主体的标准，尺子是判断工具的标准，而测量的结果是判断根据的标准。当代的讨论可见 Hankinson（1995，193 - 200）以及 Striker（1996，150 - 168）。

当一个人假设 P，那么他只是简单地断言 P，但是并未给出任何支持 P 的理由。那么这种行为有什么缺陷呢？在恩披里克的文本中，我们可以发现对假设式批评的三个理由。

> 如果我们的对手为了逃避这一结论，擅自宣称一个命题为论证出发点，不对之加以论证，那么，他就陷入"任意假设"之式而无法逃避。因为，如果提出假设的人所做之事是有说服力的，我们在任何时候提出相反的假设，也一样有说服力。进一步来说，提出假设的人只是设定真实的东西，那么他这种不证明而假设的方式会引起人们对他的说法的怀疑；如果提假设的人设定的是虚假的东西，他论证的基础就崩溃了。再者，如果假设能帮助证明，那还不如直接就把要讨论的观点给设定了，为何还要去设定用来证明观点的中介手段呢？但是，如果你认为不经证明就可设定观点，乃是荒谬之举，那么设定用以建立观点的东西，一样也是荒谬之举。（PH I. 173 - 174）

文中的第一个批评尤为重要，我们可以把该论证概述如下：

（1）如果仅仅假设 P 给了 S 一个相信 P 的理由，那么仅仅假设与 P 相冲突的 P* 也给 S 一个相信 P* 的同等强度的理由。

（2）理性认知者 S 意识到 P 与 P* 冲突，因此 S 不会同时相信 P 和 P*。

（3）S也不能择其一而信。

（4）S应该两者都不信，悬置判断。[1]

　　对于（1），我们需要做几个必要的补充。第一，针对任何命题我们都能对立一个与之冲突的命题。无论是偶然命题还是必然命题，我们都能设定一个与之相冲突的命题。不过在实践上，怀疑论者主要是针对独断论者所假设的命题来设立与之相冲突的命题。这里借用巴恩斯的一个区分。巴恩斯区分了启发的假设（heuristic hypothesizing）与证明的假设（demonstrative hypothesizing）。[2] 两者的主要区别在于假设的目的以及性质。针对启发性假设来说，做出假设之人并不承诺假设的命题为真，他仅仅是为了检验问题做出这一假设。此外，假设的命题虽然在假设之时是作为推论的前提而非结论出现，因此缺乏论证的支持。但是在这个论证之外，该假设却是有可能被论证支持的，所以缺乏论证支持并不是被假设的命题的根本属性。但是对于证明的假设来说，做出假设之人需要承诺假设的命题为真，否则他用以推出其他命题的基础是不稳固的。此外，假设的命题不仅在假设之时缺乏论证的支持，它本质上就是不可获得论证支持的。在这个意义上，给出这种假设的人一般会把它看作是证明或推理的第一原则。借助这个区分，我们发现，当怀疑论者用一个假设来反对做出假设的独断论者时，他只是为了论证的目的如

---

[1] 这一论证参见 Sienkiewicz（2019，71）。

[2] 参见 Barnes（1990，94-95）。

此设立，并不需要承诺自己的假设为真，也不需要承诺该假设是否本质上不可被论证支持。他只是以同样的方式揭露独断论者的推理缺陷。第二，这里我们需要悬置 P 和 P* 从别的方式可能获得的认知支持，只考虑它们以假设的方式被给出。第三，由于两个冲突的命题给出理由的方式都是仅仅被假设，所以两者应该获得同等强度的支持。这里一个预设是，一个命题得到的支持强度取决于它被给出的方式。如果是基于推理的方式给出，那么我们还需要考察推理的形式和用到的前提。但是如果是以假设的方式给出，那么既没有推理前提，也没有推理形式。

文中的第二个批评可以归纳为这样一个想法。一个假设或者为真，或者为假。如果假设为假，那么它就不是一个可靠的基础。如果假设为真，那么由于它是以不证明而被假设的方式给出的，因此变得可疑。因此，假设总是有缺陷的。

文中的第三个批评可以归纳为这样一个想法。如果在探究 O 的过程中假设 P，并且表明由于 P 蕴含 O，所以 O 是可信的，那么假设 O 也能让 O 变得可信。但是假设 O 并不能让 O 变得可信，这是一种荒谬之举。所以假设 P 既不能让 P 变得可信，也不能让 O 变得可信。

至此，假设式的梳理告一段落，我们已经清楚如何从假设式过渡到悬置判断。下面我们转向循环式。

6. 循环论证

"互换论证"的式是：用于证明处于探究中的对象的证

据本身需要由被探究中的对象证明，此时，由于我们无法
确立二者之中的任何一方，我们只能对二者都悬而不决。
(PH I. 169)

在上文中，互换论证出现时，证明需要被探究的对象 O 时
诉诸证据 E，但是 E 又被 O 给出证明。此时我们也许会把互换
论证等同于循环论证（circular argument），但两者之间是有差别
的。在别的一些地方，恩披里克是这样刻画互换论证的：[1]

　　在"苏格拉底是人，但是没有人是四足的，因此苏格
　　拉底不是四足的"这样的论证中也是如此，他们先试图通
　　过对特例的归纳来确立"没有人是四足的"这个前提，然
　　后又希望从"没有人是四足的"这个前提中演绎出每一个
　　具体命题，于是陷入了循环推理的错误之中。(PH II. 197)

上面的引文中，恩披里克所讨论的是下面两个论证。其中
一个论证采用演绎的方式，从〈没有人是四足的〉加上别的前
提推出〈苏格拉底不是四足的〉，而另一个论证从众多与〈苏格
拉底不是四足的〉类似的个例加上别的前提归纳得出〈没有人
是四足的〉。此时，前一个论证的结论成为了后一个论证的前提
之一，而后一个论证的结论成为前一个论证的前提之一，于是
这两个论证构成了互换论证。但是，互换论证只是循环论证的

---

[1]　其余例子可见 PH II. 9，199，202。

一种表现，比如下面这个论证：

（1）因为 P，所以 Q。

（2）因为 R，所以 P。

（3）因为 Q，所以 R。

上面的论证可以被看作是三个论证的合取，也可以被看作是一个论证的三步。无论采取哪种看法，我们都很容易发现其循环的地方。因为 Q 在第一步（或第一个论证）中是作为结论，但是在第三步（或第三个论证）中是作为前提。此时，有一个命题既作为被证明的对象，又充当证明的前提。或者用皮浪主义者的话来说，一个不明白的被探究的对象自身充当了用来证明的证据。如果说互换论证由两个论证组成，那么循环论证既可以存在于一个论证之中，又可以由多个论证组成。因此，我们可以把互换论证看作是循环论证的一个子集。

上面所讨论的互换论证或循环论证都是形式上的循环。[1]那么从循环论证如何过渡到悬置判断呢？根据巴恩斯看来，循

---

[1] 除了这种循环，辛凯维奇（Sienkiewicz 2019，108 - 111）还提到另外两种循环。第一种是倒退的循环（regressive reciprocity），第三种是概念的循环（conceptual reciprocity）。倒退的循环可见 PH I. 116 - 117，根据文本来看，恩披里克虽然也谈到互换，但是却更像无穷倒退式。所以不妨把倒退的互换看作是无穷倒退的一种特殊情况。概念的循环可见 PH III. 22。在概念的循环中，理解一个概念（比如原因）需要先理解另外一个概念（比如结果），反之异同，所以造成了概念的循环。由于阿格里帕的五式是用于攻击支持独断论者信念的论证，所以形式上的循环是最相关的。

环式与无穷倒退式可以按照平行的方式来理解。[1] 因此，可以构造如下一个类似的论证：

（AFR）

（1）如果 S 针对 P 的唯一论证是一个不可接受的论证，那么 S 就不应该接受 P。

（2）循环的论证是不可接受的论证。

（3）S 针对 P 的唯一论证是一个循环的论证。

（4）因此，S 不应该接受 P。[2]

就文本来看，恩披里克并没有明确支持（1）和（3）两个论题，只是为了论证生效，我们才补充了这两个论题。那么这两个论题是否合理呢？（1）是比较合理的，它所说的仅仅是如果我们要基于理由接受一个命题，但是针对该命题的论证是有明显缺陷的，那么我们就不应该接受 P。论题（3）乍看起来是不合理的，为什么 S 针对 P 的唯一论证是一个循环的论证呢？也许我们会认为 S 还有可能给出别的论证，但是考虑到运用别的推理模式时，怀疑论者已经诉诸无穷倒退式与假设式展开了攻击，那么独断论者就只能被迫陷入循环的论证模式中。此时比较关键的前提就是（2），那么为什么循环的论证是不可接受的论证呢？

---

[1] 参见 Barnes（1990，65）。

[2] 这一表述参见 Sienkiewicz（2019，104）。

首先，我们可以在文本中发掘恩披里克反对循环论证的两个想法。第一个是无起点批评，第二个是优先性批评。

> 如此一来，为了理解原因，我们得先理解结果，而为了理解结果，我们又得预先具备原因的知识，这种循环论证的虚妄性，说明了原因和结果二者都是不可理喻的：既无法理解作为结果之原因的原因，又无法理解作为原因之结果的结果。不论原因和结果，其中的每一个都需要借助对方获得说服力，因此我们无从知道从哪一个开始形成概念。（PH III. 22）

无起点批评是由巴恩斯提出来的，不过显然在这段引文中并不是在讨论论证，而是在讨论理解两个概念时存在的相互依赖关系。[1] 此时，一个自然的疑问是，如果这里的批评说的是我们不知道从哪里开始形成概念，而不是说没有一个起点。那么是否可以任选一处开始呢？正是这个问题将我们引向了更关键的第二个批评，且看下面一段引文：

> 那么，他如何能在准确地理解对象之前就进行研究，而且不违反我们目前的假设呢？因为研究需要以对研究主题的正确理解为先决条件，然而对研究主题的理解反过来又要求在此之前对该主题的完整的研究。由于这一循环论

---

[1] 参见 Barnes（1990，73）。

证过程，他们就不可能研究那些不明白的事物，或对它们进行独断。(PH II. 9)

在这段引文中，恩披里克谈到理解要先于（is prior to）探究，探究又要先于理解，所以出现了优先意义层面的循环。此时，区分两种意义上的优先是有助益的。第一种是时间优先（temporal priority），另外一种是认知优先（epistemic priority）。[1]

让我们先看时间优先。回想恩披里克的两个论证，一个是从〈没有人是四足的〉加上别的前提推出〈苏格拉底不是四足的〉的演绎论证，另一个是从众多与〈苏格拉底不是四足的〉类似的个例加上别的前提得出〈没有人是四足的〉的归纳论证。如果此处我们讨论的是一个认知者 S 如何借助推理活动获得新信念，那么前一个演绎论证说的是，在相信〈苏格拉底不是四足的〉之前 S 已经先相信了〈没有人是四足的〉；后一个归纳论证说的是在相信〈没有人是四足的〉之前 S 已经先相信了〈苏格拉底不是四足的〉。此处的问题在于，我们要解释为什么 S 获得了一个新信念〈苏格拉底不是四足的〉，并且赋予这个信念的形成一个时间 T1，而演绎论证的前提信念〈没有人是四足的〉形成的时间 T2 必须早于 T1。但是根据归纳论证来看，作为结论的〈没有人是四足的〉形成时间 T2 又要晚于其前提之一〈苏格拉底不是四足的〉的形成时间。也就是说，T1 又要早于 T2。因此，T1 既要早于又要晚于 T2，这就出现了一个矛盾之

----

[1]　这一区分可参见 Sienkiewicz（2019，114 - 116）。

处。或者说，如果演绎论证中给出了一个信念形成的因果解释，那么归纳论证中所给出的解释违反了因果解释的一个根本条件，即只有时间在前的事件能引起时间在后的事件并为之提供因果解释，反之则不行。所以，基于时间优先可以解释为何循环论证是不可接受的。

但是并非任何的论证都是为了解释信念是如何形成的，有时我们用论证来辩护信念。当 S 基于 P 来辩护 Q，那么 P 可以被看作是在认知上先于 Q，因为拥有这个被辩护的信念部分解释了为何 S 持有 Q 获得基于推理的辩护。[1] 我们会发现，时间上在先的信念不一定是认知上在先的信念。如果持有时间上在先的信念是缺乏辩护的，或者推理过程是有漏洞的，那么它就无法成为认知上在先的信念。反过来看，认知上在先的信念也不一定是时间上在先的，因为认知主体完全可以先获得针对结论信念的非推理的辩护。比如，我如果诉诸〈每个人都有母亲〉为〈张三有母亲〉辩护，那么〈每个人都有母亲〉是在认知上优先的。但是，通过朋友张三的证词，我却可以在相信〈每个人都有母亲〉之前先相信〈张三有母亲〉。

如果我们预设认知优先关系具有非对称性和传递性，那么我们就可以清楚看出为何循环论证是不可接受的。这两个性质

---

[1] 在这一点的表述上我不同意辛凯维奇的想法。他把认知优先表述为"因为拥有这个信念部分解释了为何 S 持有 Q 获得基于推理的辩护"，但是我表述为"因为拥有这个被辩护的信念部分解释了为何 S 持有 Q 获得基于推理的辩护"。加上前提的辩护限定是有必要的，因为如果前提的持有是缺乏辩护的，那么结论无法因此获得辩护。基础主义者更倾向于同意这一点，但是无限主义者对此会有所质疑。

可以分别被刻画如下：

认知优先的传递性

如果 P 在认知上优先于 Q，并且 Q 在认知上优先于 R，那么 P 在认知上优先于 R。

认知优先的非对称性

如果 P 在认知上优先于 Q，那么 Q 在认知上不会优先于 P。

此时，对于互换论证来说，P 和 Q 分别优于对方，因此是违反了非对称性。而对循环论证来说，如果我们同时使用传递性与非对称性，同样可以轻易表明这种论证违反了非对称性。不过，认知优先关系是否具有非对称性和传递性还值得商榷。传统的基础主义者会同意这两个性质，但是融贯主义者则会拒斥这一点。[1] 因此，此处只能做出一个条件式的结论，即如果认知优先关系具有非对称性和传递性，那么循环论证是不可接受的。

其次，如果抛开恩披里克的文本，我们一般会把循环论证当作是窃题论证（question-begging argument）。值得注意的是，窃题论证本身是对话意义上的谬误。考察一个从 P 推出 P 的论证，如果 P 为真，那么这样的论证既是有效的，又是可靠的，

---

[1] 关于融贯主义的想法，更多参见本书第一章第三节。

但是这样的论证却是窃题的。这是因为当论辩对手怀疑 P 时，使用这种论证的人无法打消论辩对手的怀疑，也无法通过这样的论证使得对方相信 P 为真。究其原因，正如恩披里克所说，P 是一个正在探究的东西，是不明白的。然而循环论证用同等不明白的东西来证明它自身，这一证明无法为 P 提供任何说服力。为何如此呢？我们可以说前提必须是更清楚明白的，才能让事先不明白的结论的可接受度得到提升。不过这一解释方式预设了基础主义的想法，还不是最根本的。一个更进一步的想法是，如果一个命题本身能为它自身提供证明，那么基于同样的推理模式，与其冲突的命题也能辩护自身。因此，循环论证在对话的语境中是具有显著缺陷的。

既然我们已经表明了支持前提（1）的理由，此时我们便能经由上面的论证不接受 P。但是不接受 P 不等于对 P 悬置判断，因为相信非 P 为真也是不接受 P。假设独断论者意识到循环论证的问题，经由上面论证意识到不应该接受 P，那么他选择接受非 P 就能避免问题了吗？当然不能。假设此时独断论者接受非 P，并且独断论者针对非 P 的唯一论证也是一个循环的论证。那么一个新的怀疑论论证就出现了：

（AFR*）

（1*）如果 S 针对非 P 的唯一论证是一个不可接受的论证，那么 S 就不应该接受非 P。

（2*）循环的论证是不可接受的论证。

（3*）S 针对非 P 的唯一论证是一个循环的论证。

（4*）因此，S 不应该接受非 P。

在（AFR）和（AFR*）的双重作用下，怀疑论者就可以引向他们所需要的结论：S 既不应该接受 P，也不应该接受非 P，S 只能对 P 悬置判断。不过这一论证模式本身是针对独断论者的，而对怀疑论者来说，从循环式走向悬置判断需要借助怀疑论者自身的相反者同效方法。也就是说，当一个独断论者被迫要为命题 P 给出一个循环论证 A 时，怀疑论者对立一个支持 P* 的循环论证 A*。此时 P 和 P* 不兼容，但是 A 和 A* 结构一致。下面的论证刻画了此处的核心想法：

（1）如果 A 给了 S 一个相信 P 的认知理由，那么 A* 也给了 S 一个相信 P* 的同等强度的认知理由。

（2）理性认知者 S 意识到 P 与 P* 冲突，因此 S 不会同时相信 P 和 P*。

（3）S 也不能择其一而信。

（4）S 应该两者都不信，悬置判断。

至此，我们结束了对于循环式的讨论，也理解了如何从这一式走向怀疑论者所需的悬置判断。

第三节 阿格里帕三难问题及其当代解答

把五式中的假设、无穷倒退、循环单独拿出来后就可以组合成阿格里帕三难问题，而这个问题就成为了在当代知识论语境中的核心困难之一。为了更好地展现阿格里帕三难问题的棘手，我们对常识进行反思。按照常识来看，日常认知者不仅仅可以持有一些信念，他们还可以在面对质疑和询问时为自己所持有的信念提供理由，从而提高信念的可信度并展现自己在认知活动中的负责态度，而给出支持信念的理由当然也是为信念提供辩护的方式之一。但是，阿格里帕三难问题就要挑战这一日常图景。

出于论证的目的，让我们假设 S 能对其相信的命题 P 给出一个基于推论的辩护（inferential justification），那么 S 所给理由的结构只有三种形式：

阿格里帕三难问题

1. 给出理由 R1 支持 P，给出理由 R2 支持 R1，给出理由 R3 支持 R2，以此直到无穷。（无穷倒退）

2. 给出理由 R1 支持 P，给出理由 R2 支持 R1，给出理由 R3 支持 R2，给出理由 P 支持 R3。（循环辩护）

3. 给出理由 R1 支持 P，给出理由 R2 支持 R1，对于某个理由 Rn，不再继续提供理由。（任意假设）

对于阿格里帕三难问题，我们需要注意两点。首先，这里关注的是基于推论的辩护，也即基于理由 Rn 为 Rn-1 提供的逻辑的支持关系。这种支持关系可以是演绎的、归纳的或解释性的。我们当然可以承认有些辩护是不基于推论的，但是不可否认基于推论的辩护在我们的认知活动中所占据的重要位置。其次，这里关注的是理由的结构（the structure of reason），而非理由的内容。也就是说，阿格里帕提出的问题是，当我们的理由以什么样的结构排列时被理由所支持的信念的可信度会增加？理由的结构是一个形式化的特征，所以我们暂且不必对理由的内容加以限制。

　　这里给出的三种辩护结构看起来都有缺陷。第一种方式宣称有无穷的理由链条，而我们倾向于认为一个人无法完成无穷的辩护步骤，所以这种导致无穷倒退的辩护方式是难以接受的。第二种方式中，由于某个理由 P 既在先前推论的结论中出现，又在其后的某个推论中作为前提出现。这实质上是说，一个命题 P 可以辩护自身，但这样岂不是意味着什么命题都能受到辩护？所以循环辩护也是我们所不能接受的。第三种方式中，理由追问的活动到某个点戛然而止，乃是因为对于某个理由 Rn 我们只是假定它为真，却并不继续提供理由支持。针对这样的假定，我们担心其任意性（arbitrariness），即是否假定这样一个前提是合理的。所以，为了避免假定的任意性，第三种方式也应该被排除。但是问题在于，如果我们不接受上述任何一种方式，并且我们又无法提供除这三种方式以外的新的方式，那么一个归谬论证就摆在面前。该论证显而易见地指出，我们无法对自己所相信的命题提供任何基于推论的辩护，或者说没有一个命题能够被我们辩护地持有。这是一个十分有破坏力的结论。如果我们进一步把辩护当成是知识的必要条件，那么结论就是任何（推论的）知识是不可能的。

对于阿格里帕三难问题，学界有四种回应思路，它们分别是基础主义、融贯主义、无限主义、语境主义。由于无限主义会在第二章中详细展开，所以接下来我们只会涉及其余的三种回应思路。

1. 基础主义概述

基础主义认为阿格里帕难题里的第三种辩护方式是可取的。为了避免理由的无穷倒退，我们必须寻找一个让倒退停止下来的点（regress stopper），而这个点正是我们得以奠基整个知识大厦的稳固起点。

基础主义的想法可以追溯到古希腊，哲学家亚里士多德已经表达出用不动的推动者（unmoved mover）来避免无穷倒退问题的想法。我们可以把基础主义的辩护结构类比为金字塔的结构。金字塔底部是基本信念（basic belief），而金字塔的上层则是非基本信念，并且基本信念为非基本信念提供辩护。对于哪些信念可以充当基本信念，不同的基础主义者会有不同的方案。根据麦克·德保罗（Michael DePaul）看来，基础主义有以下核心思想：

> A. 信念系统中存在基本信念，它们不是由于受其他信念支持而获得辩护；（基础论题）
>
> B. 需要依靠其他信念的支持获得辩护的信念是非基本信念；（依靠论题）
>
> C. 所有的非基本信念都是由于受到一个或多个基本信

念的支持获得辩护的。（闭合论题）[1]

　　基础论题刻画了基本信念的核心特点，即它们不是由于受其他信念支持而获得辩护。给定了信念系统中的基本信念，别的信念就都是非基本信念，它们获得辩护都是依靠基本信念或非基本信念的。基础主义的核心思想已经明了，下面我们进一步展开基础主义的细节。

　　基础主义在本质上有两个要素，一方面是要设定基本信念。那么哪些信念可以充当基本信念，这些基本信念又有什么知识论上的特性呢？另一方面基本信念又是如何把辩护的属性传递给非基本信念的呢？这是关乎基本信念与非基本信念之间关系的问题。这两个问题是一个具体的基础主义方案必须回答的问题，而不同的回答就构成了不同的基础主义方案。可以设想，要给出统一的答案是十分困难的，我们可以参照两个核心问题的不同回答来列出基础主义理论的图谱。[2]

　　I. 基本信念的本质特征

　　A. 基本信念的内容

　　　　1. 心理的基础主义

　　　　2. 外部世界基础主义

　　B. 基本信念的认知地位

---

　　[1]　参见 DePaul（2011，236）。

　　[2]　如果读者想更深入了解不同种类的基础主义，可以参见 Triplett（1990，97）的细致分类。此处仅挑选了部分分类。

1. 优越的基础主义

2. 弱基础主义

II. 基本信念与非基本信念关系

A. 逻辑关系

1. 演绎的基础主义

2. 枚举归纳基础主义

3. 解释性归纳基础主义

4. 认知原则基础主义

首先我们看基本信念的本质特征。心理的基础主义认为，只有关于一个认知者当下心灵状态的命题能充当该认知者的基本信念，比如认知者当下的知觉、疼痛、记忆和推理等。这类基本信念是私人的，是不能被公共观察的。[1] 与之相对，外部世界基础主义把关于外部世界的日常命题当作是基本的。摩尔被认作是这一派的代表人物，他列举了下面这些常识命题：

（1）我是一个人。

（2）地球已经存在了很久远的时间。

（3）现在有一个活着的身体，也就是我的身体。[2]

---

[1] 该理论的代表人物可见笛卡尔、齐硕姆（Chisholm 1977，16 - 22）和刘易斯（Lewis 1946，172 - 175）。

[2] 命题 1 - 3 见 Moore（1959，33）。

　　摩尔认为，不仅他本人，还有许多人都确切知道这些命题。可以发现，这类命题对于心理基础主义者来说并非基本的，而是要被认知者的感觉经验所辩护的。但对于外部世界基础主义者来说，这类命题却是被自我辩护的，因为其确定度最高。在摩尔之后，这一理论还得到了进一步的发展。[1]

　　除了不依赖别的信念获得辩护这一属性，基础主义者还会赋予基本信念不同的知识论属性。优越的基础主义进一步认为基本信念拥有最高程度的辩护，被基本信念辩护的非基本信念则无法拥有同等程度的辩护，最高程度的辩护可以被进一步细化成是确定的、不可错的或不可置疑的等等。弱基础主义则未把优越的认识论属性赋予基本信念。该理论认为基本信念当然需要拥有一定程度的辩护，但是却不一定要比其辩护的信念拥有更高程度的辩护。[2]

　　下面我们看基本信念与非基本信念之间的关系。A1 是演绎关系，即基本信念必须通过演绎的方式辩护非基本信念，笛卡尔被认为是倡导 A1 的哲学家。A2 是枚举归纳关系，即基本信念通过枚举归纳的方式辩护非基本信念。比如，通过一系列经验观察为一个命题提供归纳的辩护。A3 是解释性归纳，即基本信念通过为非基本信念提供最佳解释推理从而辩护非基本信

---

　　[1]　代表人物可见 Kekes（1977，89 - 91），Foley（1987，73 - 76）与 Quinton（1973）。
　　[2]　这一理论的代表认为可见 Almeder（1983；1987）、Audi（1983）和 Cornman（1980）。

念。[1] A4 是认知原则基础主义，该进路承认有一些特别的知识论原则，这些原则规定了在什么条件下基本信念可以辩护非基本信念。[2]

经过上面的大致介绍，下面我们以备受讨论的经典基础主义（classical foundationalism）为切入点来尝试回答上面两个问题。

经典基础主义认为基本信念是自我辩护的（self-justifying）或非推论的辩护的（non-inferentially justified），它们不需要依赖于别的信念来获得辩护状态。笛卡尔是经典基础主义的代表人物。[3] 他认为作为整个知识大厦基础的信念必须是不可怀疑的，并且是确定的（certain）和自明的（self-evident）。他著名的哲学命题"我思故我在"就是这样的一个基本信念。这样一个信念是不可怀疑的，因为一旦我们怀疑该命题，我们的怀疑活动本身就证明了一个思想主体的存在，所以该命题是自我辩护的。我们会发现，如果基本信念需要满足不可怀疑与确定的条件，那么必然真理（如 a = a）与分析真理（单身汉是未婚的）也可以充当基本信念。[4]

经典基础主义者认为，关于自己当下感觉经验的信念是基

---

[1] 这一进路代表人物可见 Cornman（1980）和 Goldman（1988）。

[2] 这一进路代表人物可见 Chisholm（1977）。

[3] 在 20 世纪上半叶支持基础主义的学者可见罗素、石里克、艾耶尔还有刘易斯。刘易斯（Lewis 1946）是这一时期的代表。

[4] 必然真理指的是该命题在每个可能世界都为真，其出错在逻辑上是不可能的。分析真理根据康德来说，是指一个命题的谓词已经包含在主词之中，因此在对主词的谓述中并没有增加什么新内容。

本信念，因为这类信念是不可能出错的（infallible）。[1] 让我们
结合下面的案例进行分析：

> 喝咖啡的红衣女孩
>
> 深夜，我和朋友在咖啡馆聚会。我看到朋友身后的人
> 群中有一个身穿红色连衣裙的女孩在喝咖啡。
>
> 我：你身后有一个身穿红色连衣裙的女孩在喝咖啡。
>
> 朋友：你怎么知道？
>
> 我：因为我看到了。
>
> 朋友：为什么你认为自己看到了？
>
> 我：因为我有类似一个身穿红色连衣裙的女孩在喝咖
> 啡的经验。
>
> 朋友：你当真有这样的感觉经验？

在这个对话案例中，我的信念不断地受到朋友的质疑，他
在追问我的信念的理由。我首先相信〈一个身穿红色连衣裙的
女孩在喝咖啡〉，该信念的真假依赖于世界上的事实，面对朋友
的追问，我给出支持的理由是〈我看到一个身穿红色连衣裙的

---

[1] 不可错的性质可以这样理解：如果 S 相信 P 就蕴含 P 为真，那
么 S 在时刻 t 的信念 P 就是不可错的。该定义参见 Lehrer（1974，81）。需
要注意的是，我们不能混淆不可错的信念与不可错的理由。前者并不对信
念的理由做限定，这与基础主义的想法是一致的，即充当基础的不可错信
念从本质上就不能被别的信念所辩护。当 S 基于不可错的理由 R 相信 P，
此时 P 为真不是因为 S 相信 R，而是因为 R 蕴含被理由支持的信念，一般
来说 S 相信 P 并不能作为 P 为真的不可错的理由。

女孩在喝咖啡〉。第二个信念为第一个信念的真提供了支持，但朋友仍然可以质疑该信念的真假。因此，我给出进一步的理由，即我相信〈我有类似一个身穿红色连衣裙的女孩在喝咖啡的经验〉。第三个信念为我的第二个信念提供了可错的证据支持。[1] 那么当朋友继续对第三个信念追问时，我该怎么办？经典基础主义者认为，第三个信念是自我辩护的，不再需要进一步的理由支持。

一些哲学家们认为，关于自我当下感觉的经验有一些特性，例如不可改（incorrigible），确定（certain）和不可置疑（indubitable）。[2] 这进一步地是因为认知主体关于自己的感觉状态拥有特殊的通达（privileged access）。认知主体只需要反思即可意识到自己当下的感觉经验，所以认知主体不可能对自己当下拥有什么感觉经验犯错。通过对比我们可以发现，关于自己当下的感觉经验的信念所判断的是自己的意识内容，而关于外部世界的信念是断定世界的情况。我们对于前者拥有特殊的通达，但却没有对后者的特殊通达。对于外部世界的情况，我们一般是基于知觉证据的基础去做出判断，而这种判断是可错的，也就是说即使我们有某些知觉证据，世界也可以不像经验所揭示的那样。但是对于自我的感觉经验，我们有可能判断出

---

[1] 考虑到当我拥有幻觉的时候，我也会拥有类似一个身穿红色连衣裙的女孩在喝咖啡的经验，但此时我并未看到一个身穿红色连衣裙的女孩在喝咖啡。

[2] "不可改"是指信念不可能被进一步的信息所推翻，"确定"刻画的是主体内心的坚信，"不可置疑"指的是该信念不会被怀疑。

错吗？自我的感觉经验是由自我之内的因素决定的，而对于自我意识内发生的事情，自我难道不是拥有直接的通达与最高的权威吗？如果对于自己当下感觉经验的信念不可能出错，那么也就是自我辩护的，毕竟辩护的目的就是为了避免信念出错，以达到确定的真。

　　但是有反对理由认为，关于自我当下感觉经验的信念是可能出错的。阿姆斯特朗曾经给出一个论证。[1] 他的大致思路如下，当 X 是一个心灵状态（比如疼痛或有红色的视觉），那么意识到 X 和 X 就是两个不同的状态，比如处于疼痛状态和意识到自己处于疼痛状态就是不同的。而只要意识到 X 和 X 是不同的状态，那么就有可能出现前者为真而后者为假的情况。比如，随着剧痛的减轻，到某一时刻认知者可能会错误地意识到自己仍然处于疼痛状态。或者当我们闭着眼睛触摸到很冷的水管时，我们会误以为自己触摸到很热的水管。此外，在白色表面的阴影通常看起来是灰色的，所以许多人会以为雪上的阴影是灰色的。但科学发现，白雪上的阴影是蓝色的，因此人们会在判断雪上阴影如何向其显现时做出错误的判断。这些反对意见虽然不是决定性的，但却对关于自我当下感觉经验的基本信念是否不可错提出了一定的挑战。在接下来的讨论中，我们会发现，基本信念是否可错并不是基础主义面临的最核心的挑战，因为即使承认这类信念是不可错的，它们也难以充当经验知识的基础。

---

　　[1]　参见 Armstrong（1968，106-107）。

正如基础主义所宣称的那样，非基本信念是被基本信念辩护的。这大概说的是，从基本信念出发，我们可以衍生出非基本信念，但是这又是如何实现的呢？一种路径是采取演绎（deduction）的方法，即从那些确定的、不可置疑的、不可错的基本信念开始，通过逻辑演绎的方法获得非基本信念。此时逻辑演绎的方法就充当了联结基本信念与非基本信念之间合适的推理方式。比如，在笛卡尔那里，从我思故我在这个不可怀疑的前提（也即关于自我当下观念的信念）开始可以演绎出善良的上帝存在。由于善良的上帝存在，上帝不可能灌输给我错误的观念，那么又可以进一步演绎出我心中的观念是与实在相一致的。这样一来，关于外部世界的知识就成为了演绎的结果。

总结来看，基础主义者对阿格里帕三难问题的回应包括了两个核心部分。首先，基础主义者认为某些信念作为辩护链条的终点并非是任意的，而是具有相当的合理性的。其次，基础主义者解释了辩护如何从基本信念传递到非基本信念，从而使得认知者可以持有被辩护的信念。

2. 融贯主义概述

这一节我们看融贯主义（Coherentism）。[1] 融贯主义认为阿格里帕难题里的第二种辩护方式是可取的，但是我们需要注

---

[1] 请注意这里讨论的是关于辩护的融贯主义，在别的哲学领域还有真理融贯主义（一个命题是真的，当且仅当该命题与一系列命题相融贯），还有概念/意义的融贯主义（掌握一个概念的含义需要掌握一系列相关的概念）。

意区分两种融贯主义，它们分别是线性（linear）融贯主义与整体（holistic）融贯主义。前者允许在一个理由链条上出现重复的理由，而这恰恰表明一个命题可以辩护其自身，是没有任何说服力的。因此，整体的融贯主义者放弃了这样一条有巨大缺陷的道路，转而寻求更加精致化的融贯主义。我们后面所提到的融贯主义都只表示整体融贯主义。

对于融贯主义者来说，阿格里帕难题里有一个很重要的前提，即基于推论获得辩护的对象是单独的信念。但是为什么获得辩护的对象要是一个单独的信念呢？在融贯主义者看来，辩护的顺序应该是颠倒的。首先被辩护的是作为信念集合的信念系统，其次被辩护的才是作为信念系统成员的单独信念。

邦久（Laurence BonJour 1985）是当代知识论中融贯主义的一个代表人物，我们围绕他的理论来展开分析。关于融贯主义，有两个核心问题。首先，什么是信念系统？其次，什么是一个融贯的信念系统？第一个问题比较容易回答，信念系统是由一些单独的信念所组成的并且有内在联系的集合。根据不同的划分标准可以产生不同的信念系统。我们可以按照信念的主题来划分，比如关于外部世界的信念系统或关于自我的信念系统等等。我们也可以根据产生信念的来源来划分，得到视觉信念系统、听觉信念系统、记忆信念系统、证言信念系统、推理信念系统等。

那么如何理解信念之间的融贯呢？大致来说，融贯是一个程度性概念，它刻画的是信念之间相互联系的紧密程度。邦久从下面几个维度来刻画融贯：

1. 一个融贯的信念系统必须是逻辑一致的。

2. 一个信念系统的融贯程度与其概率一致性的程度成正比。

3. 一个信念系统的融贯程度与信念之间的推理联结的数量与强度成正比。

4. 一个信念系统中的子系统如果缺乏推理联结，那么信念系统的融贯程度会降低。

5. 一个信念系统中存在未受解释的异常越多，系统融贯程度越低。[1]

首先我们看 1。融贯的信念系统首先要求信念之间是逻辑一致的（logically consistent），也就是说逻辑不一致的信念之间肯定是不融贯的。逻辑一致的信念可以同时为真。试看下面两个信念系统：S1 {B1〈上海在北京的南方〉，B2〈上海在北京的北方〉，B3〈北京的人口数量很多〉} 与 S2 {B1〈上海是一个城市〉，B2〈北京是一个城市〉，B3〈昆明是一个城市〉}。信念系统 S1 中 B1 与 B2 是逻辑不一致的，因为两者不可能同时为真，因此信念系统 1 是不融贯的。信念系统 S2 中的三个信念可以同时为真，因此该信念系统是逻辑一致的，满足融贯的必要条件。需要注意的是，逻辑一致并不是信念融贯的充分条件，这是一些批评者所犯的错误。

接下来看 2。假设一个人的信念系统中包含两个信念：B1

---

[1] 参见 BonJour（1985，97‑99）。

〈飞机失事了〉，B2〈飞机失事的概率特别小〉。这两个信念之间是逻辑一致的，但在概率上却是不一致。因为如果相信 B2，我就不应该相信 B1 为真。如果信念系统中缺乏这样概率不一致的信念，那么整个信念系统的融贯程度将会提高。需要注意的是，概率一致性是程度性的，这与逻辑一致有着本质不同。

继续看 3 和 4。即使一个信念系统满足了逻辑与概率一致性，但可能该系统的成员之间缺乏任何有意义的联结关系。试比较下面两个信念系统：

S3〔B1〈上海有樱花〉，B2〈日本有樱花〉，B3〈武汉有樱花〉〕

S4〔B1〈北京人口多〉，B2〈北京空气质量差〉，B3〈北京人均拥有车辆多〉〕

两个信念系统都满足逻辑一致与概率一致，但是很明显系统 S3 之中的成员是相互独立的，而 S4 之中的成员却有推理的联结（inferential connection）。这时成员之间存在的推理联结使得系统之中的成员被有意义地关联了起来。推理的联结可以是演绎的、归纳的或解释性的。在 S4 中，〈北京人口多〉与〈北京人均拥有车辆多〉解释了为什么〈北京空气质量差〉。无论是哪种推理的形式，邦久都认为作为推理联结需要在一定程度上是保真的（truth-preserving），也正是在这个意义上，作为推理前提的信念为作为结论的信念提供了认知辩护。信念系统中的推理联结数量越多，强度越大，那么整体的融贯程度也就越高。融贯主义者有一个理想的融贯程度，即整个信念系统形成一个统一的结构，不仅信念系统中的子系统内部有推理联结，还有一些一般性的定律和规则可以把子系统之间关联起来。这样一来，整个信念系统就类比地实现了"科学大一统"的局面。

最后是 5。既然信念系统中的解释性推理是提升系统融贯程度的方式之一，那么如果存在未被解释的反常情况，就会降低整个信念系统的融贯程度。反常（anomaly）是反复出现却不能被信念系统中的其他信念所解释的情况。既然反常的出现无法被解释，也就意味着我们缺乏一个在其他信念与反常情况之间的推理联结，因此反常情况与系统其他成员之间的联系就会很薄弱。所以，一个高度融贯的信念系统应该包括较少的未被解释的异常情况。

总结来说，融贯的信念系统的最低要求是内部逻辑一致并且存在相互的推论联结。这里的"相互"是指每个信念既作为推论的前提为系统中别的信念提供理性支持，又作为某些推理联结的结论获得别的信念的支持。通过识别出融贯的信念系统，融贯主义者避免了线性循环的弊端，并为信念的辩护找到了新的来源。

3. 语境主义概述

上面我们介绍了阿格里帕三难问题的两种出路，它们都共享了这样一个前提，即阿格里帕三难问题中至少有一条出路不像初看起来那么糟糕，而且也比另外两者好，因此相比于怀疑论的结果来说不是最差的选择。

这三条出路都是对于阿格里帕难题的直接回应。与这三条进路不同，迈克·威廉姆斯（Michael Williams）的进路是诊断式回应，他的方案旨在揭示阿格里帕三难问题中隐藏的错误理论预设，从而逃出怀疑论的结局。

威廉姆斯认为，阿格里帕三难问题预设了"在先奠基要求"（the prior grounding requirement）。这一要求可以进一步被分解为下面四个想法：

（PG1）无免费午餐原则。个人辩护（认知资格）不会凭空而来，必须通过认知上负责的行为才能获取。

（PG2）优先原则。如果 S 相信命题 P 的根据不充分，那么 S 相信 P 为真就绝不会是认知上负责的。

（PG3）证据主义。认识上的根据是证据，即那些偏好所信命题为真的命题。

（PG4）拥有原则。如果 S 的信念 P 要拥有充分的根据，那么 S 仅仅拥有支持 P 的合适的证据 E 还不够，S 还必须合理地使用这些证据 E。[1]

回想阿格里帕难题，认知者 S 仅仅持有一个信念是不够的，他还必须在被询问和质疑的时候提供证据或理由，来获取个人辩护（认知资格）。如果 S 最开始就拒绝提供理由，或是在某一点不再继续提供理由，或是提供循环的理由，那么他相信命题 P 的根据就不充分，也就没有展现出在认知上负责的行为，而他的信念就因此是缺乏个人辩护的，是应该遭受批评的。在这

[1] 参见 Williams（2001，147）。

样一幅图景中，认知责任、个人辩护与提供理由密切地结合在了一起。威廉姆斯并不拒绝知识与辩护的密切联系，但是他认为怀疑论者对于（PG1）和（PG2）的解读是有问题的。

首先，个人辩护的确不是凭空而来，而是需要通过社会化的训练和教育获得，但怀疑论者所施加的限制过强，认为个人辩护只能通过每次在宣称知识时通过主动地提供证据才能获得。其次，个人辩护的确不能独立于一个认知者为自己的信念提供辩护的能力，但是我们不能把这种提供辩护的想法不加限制地扩张。也就是说，作为一个负责任的认知者在做出断言时，我们虽然承诺要为自己的信念给出理由，但这只限于面对合理的挑战或者是在不能有效地捍卫自己的陈述时撤回自己的断言，而并非面对任何的挑战。

根据在先奠基要求，断言者身上担负了持续提供证据的责任，而挑战者则拥有要求断言者提供证据支持的永久许可。因此，挑战者不需要做任何事就能获得提出挑战的资格，他们可以轻而易举地提出一个毫无根据的挑战（naked challenge），并且这一挑战自动就获得了合法性。这样一来，在阿格里帕难题中就出现了一个不对称性。当断言者 S 断言 P 时，他把自己表征为自己知道 P 或自己有被辩护的信念 P。此时他的对话者可以提问"你如何知道？"，而断言者则需要用理由来赢得自己的个人辩护。挑战者可以轻松地继续提问，而一旦断言者无法继续援引合适的理由，他断言的资格就失去了。于是，我们发现一个在断言者和挑战者之间对话的不对称性（claimant challenger asymmetry）：

　　断言者-挑战者不对称

　　如果断言者把自己表现为知道 P，那么挑战者可以什么都不用做就能拥有提出挑战（即问断言者如何知道）的权利。[1]

　　如果上述想法是对的，那么挑战者就可以给出毫无根据的挑战。毫无根据的挑战是指挑战者的提问不受任何辩护上的限制，只要一提出就是合法的问题，就应该被回答。因此即使挑战者并不清楚断言者具体在哪里可能出错，也缺乏理由认为断言者可能出错，他们所提出的毫无根据的挑战也会被认为是合法的。

　　因为在先奠基的辩护观造成了断言者与挑战者之间的不对称，威廉姆斯提出一个与之相对的辩护观，他称之为默认挑战（default and challenge）辩护观。[2] 该想法可以表述如下：

　　　　在许多语境中，针对很广的一系列信念，主体拥有并且被合适地赋予了默认的信念辩护。默认的辩护是不依赖于认知主体所做的任何证据的工作，并且也不要求认知主体拥有或寻找支持他的信念的可援引的证据。一般来说，

──────────

　　[1]　参见 Williams（2013，60）。
　　[2]　两种不同的辩护观可以类比为两个法律体系，在先奠基辩护观把被告当作有罪的，除非他能自证其清白，因此举证责任方是在被告。默认挑战模型则把被告假定是无罪的，除非原告方能证明被告有罪，此时举证责任是在原告。参见 Williams（2001，149）。

在认知上负责地相信某事并不要求某人的信念要奠基于理由之上。虽然认知责任并不要求一个人要持续不断地捍卫自己的信念，但无论是默认的还是争取的信念辩护都可以被一个情境合适的挑战所暂时搁置。当面临这样一个挑战时，认知主体需要给出足够的理由来支持自己的信念以削弱挑战的合适性或使得该挑战被中立化。如果无法合理应对挑战但仍旧坚持自己的信念，那么认知者就是在认知上不负责的，也就失去了信念辩护。[1]

根据这个模型来看，如果没有合适的挫败者，那么一个人是默认有资格去相信和断言的。这里的资格指的是个人辩护，也就是说一个人的信念和断言是默认拥有个人辩护的。挫败者是合理且相关的错误可能性。这里的挫败者主要包括两种，一种是显示断言者所说为假的证据或者是支持与所断言陈述不相容的陈述为真的证据，一种是指出断言者的信念并非是以可靠或负责的方式形成的证据。[2]通过合适的挫败者的出现，我们就有理由相信一个人失去了默认的资格。

---

[1] Williams（2014，232）。这里威廉姆斯的表述用到了信念辩护，而他早期的用语是个人辩护（认知资格）。在威廉姆斯这里，信念辩护和个人辩护的联系极其紧密，因为两者都反映了认知责任这一概念。在缺乏合理挫败者时，认知者是默认拥有个人辩护和信念辩护的，但如果不能以负责任的方式处理合理的挑战，那么认知者的行为就是不负责的，也就因此失去了个人辩护（认知资格），也进一步失去了信念辩护。

[2] 这里的挫败者并非在知识的可挫败理论中谈到的事实型挫败者，而是信念挫败者或规范挫败者。

引入默认挑战模型的一个关键点在于，该模型不仅赋予断言者辩护的责任，同样赋予挑战者辩护的责任。这样一来，挑战者就不能提出无根据的挑战，而挑战者必须要有挑战的资格。这样一来，当断言者面对挑战时，合理的回应方式就不仅仅限于给出理由，而是可以根据语境去对挑战进行提问（比如说"你认为我哪里错了？"）或直接无视挑战（比如说"这简直是个荒唐的问题"）。

威廉姆斯指出，由于怀疑论者所刻画的断言者与挑战者不对称局面并非我们日常真实的认知评价活动，所以应该拒绝这一局面，并转而支持默认挑战的辩护观。[1] 那么日常真实的认知评价活动是如何的呢？约翰·奥斯汀（John Austin）在这方面的工作是很有启发性的。奥斯汀指出，哲学家在评价我们的知识时，并没有对日常情况给予足够重视。哲学家们并不清楚，当问"你如何知道"时，到底实际上发生了什么。举例来说，当蓉蓉仔细观察皇家花园，发现树上有一只金翅雀（goldfinch）时，她对身旁友人说，"花园里有一只金翅雀"。此时，她也许会被反问道，"你如何知道花园里有一只金翅雀？"。她可以用下面的方式来回答：

1. 自己以前是如何获得有关金翅雀的知识的。
2. 自己所知道的有关英国的小鸟的一般知识。
3. 自己在当下场景是如何知道花园里有一只金翅雀。

[1]　对于如何准确刻画日常认知评价活动，参看本书第一章第四节。

回答 2 对于问题来说是不充分的。如果她说因为那只鸟的羽毛是黄色的，所以它是一只金翅雀，她会面临如下的质疑，即这个证据不够，很多鸟都有黄色的羽毛。所以即使这只鸟有黄色的羽毛，这只鸟很有可能是金丝雀（canary）或黄鹂（oriolus）。这里蓉蓉面对的质疑其实是一个相关候选项，但是奥斯汀继续指出，我们平常断言和质疑的程序和哲学家的知识探究是有差别的。在平常生活中，当我们由于某人证据不足反对某个陈述是知识的时候，我们接受下面两点：

首先，证据的缺乏一定是某种明确的缺乏。质疑者会提出某些我们明确需要排除的候选项，比如上面对话中的金丝雀或黄鹂。因此，如果质疑者并未提出任何明确的相关候选项，即使蓉蓉的证据不足，也不应该无限制地要求她提供更多的证据，因为这样的要求是令人无法容忍的。

其次，足够的证据并不意味着一切，奥斯汀说道：

> 足够就是足够：它并不意味着所有。足够意味着足够证明这样一个事实，即它不可能是另外的样子，那些有关它的替代的、竞争的描述在这里无立足之处。举例来说，足够并不意味着足够证明它不是一只被填充的金翅雀。[1]

也就是说，当蓉蓉要知道花园里有一只金翅雀，她根本不需要排除它是一只被填充的金翅雀这样一个候选项。在奥斯汀

---

[1] Austin (1961，84)。

看来，除非有特别的原因，否则类似被填充的金翅雀这样的可能性是不相关的。这里的特别原因应该理解为，质疑者不仅要指明知识在这里缺失的可能性，而且他还需要理由认为这个缺失的可能性在这个场景是会出现的，否则我们就还是在正常情况中。

所以，根据奥斯汀所给出的思路，日常的挑战并非是毫无根据的，而是需要基于具体的错误可能性，并且认为该可能性在对话场景有出现的可能性。显而易见，在阿格里帕三难问题中，质疑者的询问并未满足这些特征，因此怀疑论者所刻画的断言者与挑战者不对称局面并非我们日常真实的认知评价活动。

总而言之，阿格里帕三难问题的起始点在于我们意识到最有价值的人类知识或被辩护的信念是需要在认知上负责的，而这进一步要求认知者给出理由来支持自己的信念。但是皮浪式怀疑论者错误地预设了断言者与挑战者之间不对称的认知义务，使得毫无根据的挑战得以随时合法地进入到理由的索取与给予活动之中。挑战者的怀疑缺乏理由的支持，展现为一种相当普遍的质疑，对任何断言者所给出的理由的质疑，这样一来挑战者就沾染了怀疑论者的气息，也导致了无穷倒退难题。一旦我们采取了默认挑战的辩护观，那么使得怀疑论攻击得以产生的必要前提就被消解了，无穷倒退问题也就随之消散。

第四节　皮浪主义怀疑论与当代怀疑论

1. 如何理解怀疑论的策略？

在近代哲学或当代哲学语境中，怀疑论常被看作是一个论题（thesis），即认知者不可能在某些领域（或任何领域）获得知识。并且怀疑论者会提出支持这一论题的怀疑论论证，而怀疑论者会被看作是怀疑论结论的支持者。这样一来，似乎怀疑论与别的哲学理论一样包括了三要素：论题，论证与支持者。按照这样的理解方式，怀疑论采取了一个哲学立场（taking a position）。

但是在古代怀疑论中，上述的理解框架有一定的缺陷，因为这一立场把两种怀疑论等同了起来，它们分别是独断的怀疑论（dogmatic scepticism）与古典的怀疑论（classical scepticism）。这一区分可以追溯到麦克·弗雷德（Michael Frede 1987，201）。根据弗雷德的看法，古典怀疑论拥有无物可知的印象（impression），而独断的怀疑论采取无物可知的立场。

为了更好地刻画这一区分，我们需要重新理解怀疑论论证的作用。如果怀疑论被当作是独断的怀疑论，那么怀疑论论证是用来表明自己的结论是对的，是怀疑论者对自己立场的辩护和捍卫，而且做出该论证的人也会接受论证的前提和结论。但是，并非所有的怀疑论的论证都是为怀疑论者的立场做辩护的，怀疑论论证的另外一种用法主要是论辩式的，是用来揭示独断论者的谬误。

对于古典怀疑论来说，从表面来看怀疑论者一直与独断论者进行争论，并且给出了很多反对独断论者的论证。如果说独断论者认为某物可知，那么似乎与独断论者相反的怀疑论立场一定要承诺无物可知的结论。但是这样一来，我们会误解古典怀疑论的立场。

古典怀疑论者并不尝试为一个立场做论证，他虽然反对独断论者的结论，但是他不是为了建立一个与之相冲突的结论，也不是为了表明原结论的谬误。他把自己当作是苏格拉底的追随者，把别人的陈述放置于苏格拉底曾经做过的测试之中。让我们回想苏格拉底做的事。苏格拉底自视无知，并且意欲向那些在某些话题上有资格、有权威之人求学。但是由于自己的无知，苏格拉底无法分辨到底谁在具体的话题上具有真正的谈论资格。所以，苏格拉底采取了一种测试方法。首先，他向对方提出一些问题，如果对方真是该领域的专家，就必须懂这些问题。对方当然会给出一个初步的答案。然后，苏格拉底通过论证表明对手必须承诺一个和先前回答相冲突的结论。最后，如果苏格拉底成功实现第二步，那么在合理性标准的限制下，对手必须放弃承认自己有资格。因为如果对方真有这样的知识，那么他应该拥有足够的理由拒斥其中一个陈述。但是，此时对手支持自己先前回答的理由却被中立了，他无法基于自己的理论判决冲突的想法。

苏格拉底所使用的论证有两个显著特点。一方面，他所使用的论证前提是对手承认的前提，因此苏格拉底不需要知道其为真。论证的结论是对手需要接受的结论，因此苏格拉底也不需要知道结论的真假。另一方面，通过苏格拉底的论证可以表明，不仅他的对手根据自己的标准来看是缺乏知识的，而且对手也无法直接承认缺乏知识，因为对话者已然陷入承认知识与否认知识的无法解决的冲突之中。

古典怀疑论者继承了苏格拉底论证的用法。不过他们不仅模仿了苏格拉底，还超越了苏格拉底。恰如弗雷德所准确概括的那样：

> ［怀疑论者］不仅不承诺论证的前提与结论为真，他们同时也不想承诺论证的有效性。更一般说来，他们认为自己的对手认可了一些特定的观点，例如什么算作知识、什么算作好的理由、什么算作充足的理由、什么是辩护、以及他们的对手还发展出'逻辑学'来系统表述论证与辩护的原则与标准。这些原则和标准的严格运用被认为是可以保证结论为真。因为怀疑论者想看清楚是否根据对手自己给出的标准和原则来说他们会拥有知识，所以怀疑论者在自己的论证中遵循了这些标准。但是这并不意味着怀疑论者自己要接受这些东西。他清楚地意识到这样一个事实，即在日常情况中我们并不运用这些标准，但是因为他的对手们所追求的东西超出日常所有，所以他们受制于更加严格的原则。这些对手想要'真正的'知识，确定的知识。（Frede 1987，204）

在我看来，怀疑论者所要做的恰恰是指出独断论者自己的立场存在的困难。用略带讽刺的言语总结，怀疑论者的论证目标是要借独断论者的口吻说出怀疑论的宿命。既然怀疑论者只是想要指出独断论者的立场存在的问题，怀疑论者可以完全不承诺怀疑论论证的前提和结论为真。在怀疑论的文本中可以轻易发现，怀疑论者清楚地意识到其论证的结论依赖于独断论的理性标准和规则。虽然怀疑论者不支持这些标准和规则，但他们也不拒绝。他们只是借助这些标准和规则来进行假设性的研究。下面是一些文本的证据：

> 其他人［指斯多亚派和逍遥派］曾经说："人是有生有死的、理性的动物，能接受理智和科学。"然而，悬而不决的第一式已经表明，没有动物是非理性的，所有动物都可以接受理智和科学，那么，就他们所说的这一命题而言，我们无法理解他们的意思是什么。［PH II. 26］[1]

> 根据独断论者关于征象所说的那些命题来判断，征象是不可思议的。［PH II. 104］[2]

> 进一步讲，如果我们考察一下独断论者的那些话，我们就会明白，即使神是可设想的，我们也必须悬置关于神是否存在的判断。因为神的存在并不是自明的。这是因为，假若神能自动地把自己的形象嵌印于人的心中，那么，对于神的本质、神的特征以及神的居所，独断论者应能达成完全一致的看法。然而遗憾的是，独断论者毫无休止的意见纷争，使得神在我们看来是并非自明的、尚有待证明的。［PH III. 6］

> 由于独断论者失去了正确驳斥我们的能力，他们极有可能把我们诽谤成无神论者，为防范他们的这种企图，我

---

[1]　恩披里克（2017，56）。
[2]　恩披里克（2017，73）。

们将先对原因的概念做适当的关注，然后，我们将就动力因问题作更为详尽的探讨。就独断论者对原因的概念所作的种种论述而言，彼此间的看法可谓是相距甚远甚至于互为矛盾，因此，我们有理由把原因之实质看成是无法发现的，所以，对原因的理解是不可能的。[PH III. 13][1]

据上所述，我们最终可以得出这样的结论：如果原因存在的那些观点看起来是颇为合理的，而且旨在说明原因存在之说不恰当的那些论证也具有与之相当的合理性，并且，正如我们前面所表明的那样，在这些互为对立却又不相上下的论证之间，我们又无法做出取舍——因为，我们既没有征象，又没有标准，也没有证据——那么，对原因是否实存的问题我们将被迫悬搁判断，如果非要我们根据独断论者所作的论述做一决断，我们只能宣称：原因的存在一点也不比不存在更能证明！[PH III. 29][2]

在上面的引言中可以发现，当怀疑论者说某物不可理解时，他都指明了这一结论对独断论者来说的不可回避。换言之，给定独断论者所做的结论以及他们的合理性标准和规则，某些东西是不可理解的，应该悬置判断。此时的怀疑论问题是基于独断论者所接受的前提和推理规则所推出的怀疑论结论。这样一种挑战的形式是寄生在独断论的框架之上的。

---

[1] 恩披里克（2017，115）。
[2] 恩披里克（2017，118）。

有一种反对意见指出，怀疑论者难道在谈论这些问题时不是也拥有某种观点吗？特别是在独断论者攻击怀疑论结论时，怀疑论者不也站出来继续反驳了吗？难道某人拥有一个观点不意味着他认为这一观点为真吗？这里我们需要追随弗雷德，区分两种意义上的赞同（assent）。这一想法已经由皮浪主义者表述出来。

> 当我们说怀疑论者不持有信念，我们并不和某些人一样在广义的"同意一件事"的意义上使用"信念"一词，因为怀疑者赞同表象所强制引发的感受。比如，他在感受到热或冷的时候，他不会说："我觉得我不热或我不冷。"当我们说"他没有信念时"，"信念"的意思只是有人所用的那个意思，即"赞同科学研究中的不明对象"，因为皮浪派哲学家不赞同任何不明白的事物。[PH I. 13]

这里我们可以发现两种赞同的区别。第一种赞同是针对被迫强加的印象（impressions）。这种赞同经常表现为一种默认，不抵抗和不拒绝。给出此种赞同的人愿意展开进一步考虑或改变想法，并且他对于印象没有依恋。印象并非他通过努力寻找而来，因此他也不用为拥有这些印象而负责。

第二种赞同是针对探究中不明白的，认识者主动选择的对象。这是出于理由而做的直截了当的认同和赞许。斯多亚派就认为赞同是同意的行为（act of approval），是一个人出于合适的理由所做之事。赞同一个印象就是认为其为真，并且自己有理由认为其为真。给出此种赞同的人完成了一个受意志支配的行动，因此需要为自己的行为负责，也产生了要辩护和证明的需要。正是因为这种赞同有风险，赞同之人就不会过多考虑其他替代可能性，或者接受反对意见的重要性，因此其态度也变得独断。怀疑论者的下述论断印证了这里我们所要刻画的区分：

> 虽然学园派与怀疑论者都说他们相信某些事情，他们在这里的差别还是一目了然的。因为"相信"一词有不同的含义，它可以意味着不抵抗而仅仅毫无积极性地跟随着，就像说一个孩子相信他的老师一样。但是有的时候它意味着认可一件仔细选择过的事情，伴以出自强烈欲望的同情感，比如不知节制的人相信主张奢侈的生活方式的人。既然卡尔尼亚德和克莱多马库斯的信众宣称他们的信念和对象的可信性伴随着强烈的认同，而我们说我们的信念不过是简单的顺从，不带有任何认同，那么，在此我们和他们必然也存在着分歧。（恩披里克2017，47）

基于两种不同的赞同，我们就可以理解弗雷德在拥有一个观点（having a view）和采纳一个立场（take a position）之间做出的区分。[1]拥有一个观点是发现自己在考虑事情之后所获得的印象。这里的考虑可以是短时间的，也可以是长久的、认真的、孜孜不倦的考虑。但是考虑的时间长短和仔细与否并不保证印象为真，也不保证认知者会信以为真。采纳一个立场则

---

[1] 这一区分见 Frede（1987，206）。

是让自己服从于某些特定的标准和预设。它要求人们认为自己的印象是真的，并且要有好的理由相信其为真。

那么古典怀疑论者为何只拥有一个观点，但是不采取一个立场呢？这里的主要原因在于，怀疑论者通过检查独断论者的诸多陈述后，发现根据独断论者的标准来看，许多陈述都无法成为知识。怀疑论者此时获得了较强的怀疑论的印象，但是他们倾向于不做出无物可知的陈述，因为有很多因素让他们意识到做出这一陈述本身具有的缺陷。比如他们只是考察了有限的独断论陈述，他们或许选错了对手，选错了对手所做的陈述，选错了知识的标准等等。正是由于他们对独断论者的标准缺乏归属和认同，因此他们不倾向于做出否定知识可能性的陈述。反过来说，如果怀疑论者超出了对印象的被动赞同，对事物本性开始赞同（无论是赞同印象是或然的，还是赞同印象为真），开始支持和认可独断论的框架，那么古典怀疑论就开始转变为独断怀疑论。

把皮浪式怀疑论理解为古典怀疑论有一个明显的优势。皮浪主义者要与独断论者和学园派区分开来。通过怀疑论论证，皮浪主义者揭示出独断论者内部存在的矛盾，但是他们并不是为了让独断论者否认万物可理解，而是让他们处于可理解与不可理解的无法解决的冲突之中。在皮浪主义者眼中，学园派怀疑论是独断的怀疑论，即采取无物可以被理解的立场。要使得皮浪怀疑论与学园派怀疑论相区分，那么皮浪怀疑论一定得采取古典怀疑论的姿态，避免赞同无物可知，而只是通过论证表达他们考察诸多论证后所获得的带有怀疑论色彩的印象。也只有这

样，皮浪式怀疑论者才能避免对万物是否可知下一个独断论的判
断，因为一旦下了否定的判断，他们就失去了继续探究的动机，
这明显与他们的定位是不相符的。而且皮浪主义者在解释怀疑论
短语时，反复强调这些短语仅仅是报道怀疑论者自己的感觉和印
象，而非断定事物的本性。所以作为古典怀疑论核心的赞同，即
对被迫强加的印象的赞同，正好符合了皮浪主义者的这一旨趣。

2. 作为悖论的彻底怀疑论

有趣的是，把怀疑论挑战作为一种寄生在独断论者框架上
的悖论式挑战不仅适用于理解皮浪式怀疑论，还适用于理解当
代怀疑论。接下来，我们把目光短暂转向当代怀疑论。当代彻
底怀疑论（radical scepticism）主张，关于外部世界的命题知识
是不可能的。[1] 在笛卡尔的《第一哲学沉思集》中，已经藏
着这种怀疑论的身影。在此书中，笛卡尔让读者想象一个我们
陷入广泛欺骗的场景：

> 因此我要假定有某一个妖怪，而不是一个真正的上帝
> （他是至上的真理源泉），这个妖怪的狡诈的欺骗手段不亚
> 于他本领的强大，他用尽了他的机智来骗我。我要认为天、
> 空气、地、颜色、形状、声音以及我们所看到的一切外界
> 事物都不过是他用来欺骗我轻信的一些假象和骗局。（笛卡

---

[1] 命题知识（know that）是与能力知识（know how）相区别的。
前者的对象是一个命题，后者的对象是一个行动。

尔 1986，22—23）

毫无疑问，如果身处笛卡尔所描述的情景之中，我们将会陷入广泛的无知。笛卡尔式怀疑论在当代知识论语境下也被称为彻底怀疑论（radicals cepticism），而怀疑论悖论是当代理解彻底怀疑论的一个新框架。[1] 根据邓肯·普理查德（Duncan Pritchard 2009，13）的看法，怀疑论悖论与别的悖论一样，包含了一些陈述。这些陈述分别看来都是十分合理的，但是放在一起却是不相容的。因此，怀疑论者通过展现一个悖论揭露了一个在知识论系统中的深层次的困境。值得注意的是，这样一个悖论仅仅依赖于我们（非怀疑论者）认为合理的原则和概念，所以即使事实上没有一个支持怀疑论结论的怀疑论者，我们仍然面临植根于我们知识论理论深处的怀疑论挑战。那么为什么要把彻底怀疑论当作一个悖论。如果用 SH 代表怀疑论情景，S 代表一个认知主体，E 代表一个日常命题，那么我们可以把怀疑论悖论表述如下：

怀疑论悖论

（1）S 不知道 - SH。

（2）如果 S 知道 E，那么 S 一定可以知道 - SH。

（3）S 知道 E。[2]

---

　　[1] 这一解读思路可参见 Stroud（1984）、Cohen（1988）以及 DeRose（1995）。

　　[2] 这一表述可见 Pritchard（2015b）。其他学者更倾向于把怀疑论悖论表述为论证的形式，我们后文将看到。

上述悖论包含三个陈述。那么为何这三个陈述分开来看都是十分合理，但是放在一起却是不相容的？

陈述（1）的合理性依赖于怀疑论情景。怀疑论情景是一些思想实验，这些场景与我们的日常生活所处的情景有着彻底的不同。如果我们身处怀疑论情境中，那么根据怀疑论场景的定义，我们所获得的感觉经验将会和真实生活的感觉经验是内在地不可区分的。这里需要注意两点。

首先，这种区分是从内在的角度来说的。也就是说，我们作为经验的接受者，无法区分开哪一个是真实的感觉经验，哪一个是怀疑论情景中的感觉经验。内在的不可区分并不蕴含外在的不可区分，因为我们从内在的视角无法区分的感觉经验，可以拥有完全不同的因果历史。

其次，这里的区分是基于感觉经验现象特征的区分。比如，关于一个苹果和一根香蕉的感觉经验有不同的现象特征，至少两者在形状和颜色上有显著差别，所以我们可以通过现象特征上的差别来区分二者。当然，这里有这样一个预设，即从内在的视角来看，我们只能通过现象特征来区分物体。那么是否有内在的但非现象特征的支持证据呢？虽然有这种证据，但此处我们可以暂时预设不存在除了现象特征以外的证据，并且继续我们的讨论。典型的怀疑论情景包括笛卡尔的梦境、强大的恶魔，以及希拉里·普特南（Hilary Putnam）的缸中之脑（Brain in a Vat）。缸中之脑描述的情景是这样的，想象自己只是漂浮在一个充满营养液的培养器皿里面的脑子，然后被一台超级计算机连接着，并且输送信号刺激大脑皮层。[1] 也就是说，缸中之脑所获得的感觉经验都是电脑信号的刺激，并非来自客观的外部世界，但它却无法得知该经验的来源。

看来我们的确无法排除我们身处怀疑论情景这样一种可能性，这也就意味着我们无法知道怀疑论假设是错的。追随凯斯·德罗斯（Keith DeRose 1995，1），我们可以把这一想法称为无知论题：

无知论题（The Ignorance Thesis）
任何人无法知道怀疑论假设是错的。[2]

现在我们来看怀疑论悖论中的陈述（2）。陈述（2）是由一个一般性的原则所支持的，我们可以称之为闭合原则。[3] 闭合原则的主要想法是，知识是闭合在已知的蕴含之中的。当一个人知道某个命题，并且他也知道该命题蕴含另外一个命题，而且他有能力做出这样的逻辑演绎，那么他就可以知道另外一个命题。这样一个想法，可以更精确地表示如下：

闭合原则（The Closure Principle）

———————————

[1] 读者也可以观赏电影《黑客帝国》来获得类比性理解。

[2] 值得注意的是，DeRose（1995，1）并没有直接把这个原则称为无知原则，但他把以此原则为前提的论证称为无知论证（The Argument From Ignorance）。

[3] 对于支持闭合原则的代表性学者，可见 Stroud（1984）、Feldman（1995）、Williamson（2000）以及 Pritchard（2015b）。

(CK) 对于所有的 S，P，Q，如果 S 知道 P，并且 S 可以力所能及地从 P 演绎出 Q，那么 S 就可以知道 Q。[1]

根据这个原则，我们可以通过命题之间已知的蕴含关系来拓展自己的知识。这种情形看起来是十分合理的。比如，我知道复旦大学在上海，并且我从此命题演绎出复旦大学在中国，那么我难道不能基于此知道复旦大学在中国吗？读者们也许会发现陈述（2）（如果 S 知道 E，那么 S 一定可以知道 - SH）看起来并不是闭合原则的一个直接应用。不过（2）所说的主要思想是，如果我们知道任何的日常命题 E，并且由于闭合原则的帮助，我们就应该可以知道那些被 E 所蕴含的命题。而且当我们意识到两者之间的蕴含关系时，这个想法就显得更加合理了。由于一个日常命题 E 是与怀疑论假设 SH 不相容的，那么可知

---

[1] 闭合原则有别的表述方法，但合理性会降低。试比较下面两种不同的表述：
（1）对于所有的 S，P，Q，如果 S 知道 P，并且 P 蕴含 Q，那么 S 知道 Q。
（2）对于所有的 S，P，Q，如果 S 知道 P，并且 S 知道 P 蕴含 Q，那么 S 知道 Q。
相比于我在正文中给出的版本，这两个闭合原则各有缺陷。（1）的主要问题是，即使 S 知道 P，如果 P 和 Q 之间的蕴含关系不为 S 所知，那么 S 并不能直接知道 Q。思考数学里面公理和定理之间的关系就可展示这一点。虽然 S 知道公理，并且公理与定理之间是可证明的，但 S 并不因此知道公理所蕴含的每一个定理。关键是 S 需要知道两者之间的演绎关系。（2）没有（1）的这个问题，但还忽略了一种情况，即虽然 S 知道 P 以及 P 和 Q 之间的逻辑关系，但如果 S 并未考虑 Q，也没有形成有关 Q 真值的信念，那么 S 仍然缺乏对 Q 的知识。

E 蕴含 - SH。[1] 也就是说，基于闭合原则，如果我们拥有日常知识，并且我们意识到日常命题与怀疑论命题之间的不相容，我们就应该能知道怀疑论假设是错的。但是如果我们不能排除怀疑论假设的话，那么根据条件句推理的否定后件式，我们就无法知道任何日常命题。

现在我们来看陈述（3）。该陈述说的是我们知道许多日常命题，比如我知道我有一双手或我知道我正在用电脑输入文字。在正常情况下，我们认为自己是拥有很多关于日常对象的知识的，这些日常对象比如树木、书、石头、自己的随身物品等等。可以预见，与日常知识相对应的是依赖专业知识和精密设备的科学知识，后者的获得往往比日常知识更困难，也存在更多争议。一般的认知者也许缺乏科学知识，但几乎没人会否认自己拥有日常知识。当日常认知者被问起自己知识的证据时，他们也会自然地诉诸自己的知觉证据。在日常生活中，我们同样也赋予别的认知者这一类日常知识。显而易见的是，陈述（3）其实是刻画了我们常识的一部分。

既然怀疑论植根于我们的理论基础之中，我们应该怎么办？意识到这一点之后，哲学对话的情况会变得完全不同，我们至少应该意识到下面三点。

首先，怀疑论者并不需要论证自己的陈述。他们所需要的仅仅是反怀疑论者已经认为理所当然的陈述。怀特（Wright

---

[1] 这里的理解就是基于怀疑论情景是一种错误可能性，因此日常命题与怀疑论情景不能同时为真。

1991，89）指出，怀疑论论证由一些看起来合理的前提以及有效的论证组成，并最后引出令人难以接受的结论 B。因此可以把怀疑论论证形式化为（A1 ∧ A2 ∧ A3）→B。由于我们拒绝结论 B，就意味着我们要拒绝（A1 ∧ A2 ∧ A3）。但拒绝（A1 ∧ A2 ∧ A3）并不等同于拒绝 A1，A2 或者 A3。也就是说，如果缺乏进一步的哲学诊断，我们只知道（A1 ∧ A2 ∧ A3）是有问题的，但并不知道具体是哪一个陈述引起的问题。因此，除非我们发现某一个陈述是可疑的，怀疑论者不需要提供额外的论证支持。

其次，一个令人满意的反怀疑论方案不仅要阻挡怀疑论论证。正因为怀疑论论证以一种看似悖论的方式被提出，因此怀疑论挑战就是来源于我们也接受的理论前提。那么为了给出一个具有理智安慰效用的回应，我们不能仅仅阻挡住怀疑论论证。如果怀疑论被理解为一个理论的姿态，那么这个方法也许是有效的。因为按照这种方式把握怀疑论，怀疑论必须需要一个支持其结论的论证。而如果经过细致检查该论证的前提是有问题的，我们就不会为该论证所说服，并且此理论也会被证明是站不住脚的。但是根据前面的讨论，怀疑论只依赖于我们的常识看法，因此它所揭示的问题恰恰是我们自身立场的问题。因此，除了堵住怀疑论论证，我们还必须指出哪些我们曾经毫不怀疑的前提是有问题的，而这些前提又如何引发了怀疑论结果。正如怀特（Wright 1991，89）所言：

我们不能满足于用以下的方式回应怀疑论论证：攻击

怀疑论结论的稳定性，或是攻击怀疑论前提之间的融贯性……消解一个悖论要求我们给出一个相当细致的诊断，并且该诊断揭示出悖论的诱惑力所在。

第三，仅仅指出怀疑论论证自我驳斥是不起作用的。如果该论证的某个前提与其结论是不相容的，那么该论证就是自我驳斥的。也就是说，当我们指出怀疑论论证是自我驳斥的，我们所说的是怀疑论的某个前提与其结论是不相容的。因此怀疑论的立场是缺乏一致性的。比如，有哲学家会论证说怀疑论者必须承认我们拥有富有意义的语言，我们拥有思想和信念，否则怀疑论攻击无从入手。如果那些预设（或者它们的必要条件）与怀疑论结论不相容，那么彻底怀疑论就是自我驳斥的。这种反驳怀疑论的方式受到了广泛的讨论。[1]但是这一方法在对话意义上是无效的。因为怀疑论者仅仅依赖我们也接受的理论前提，那么当我们指出怀疑论结论是自我驳斥的，我们不是同时也把自己的立场标示为自我驳斥了吗？因此，仅仅宣称怀疑论结论是无意义的或不可理解的并不能带来任何的理智安慰，反而增加了理智上的担忧。我们担忧的是，为什么我们会支持一些分而合理，合则不相容的陈述呢？因此，如果我们要消除怀疑论所引起的理智上的不安，我们就得谨慎使用这种反怀疑论策略。当然，这并不意味着该策略是完全无用的，如果增加

---

[1]　这一进路一般包括使用先验论证（transcendental arguments）的方法来反驳怀疑论者。相关的讨论可见 Strawson（1985）、Stroud（1984）和 Wang（2017）。

哲学诊断的成分，我们还是可以期待一个令人满意的反怀疑论方案的。

一个悖论并不直接就是一个论证，但是我们可以稍加修改把怀疑论悖论转换成一个论证。当代怀疑论主要有两种攻击形式，它们分别是基于闭合原则的怀疑论攻击和基于非充分决定原则的怀疑论攻击：

基于闭合原则的怀疑论论证

（CK1）S不可能知道自己不在怀疑论情景之中。

（CK2）如果S知道一个日常命题，并且S也知道该日常命题蕴含自己不在怀疑论情景之中，那么S可以知道自己不在怀疑论情景之中。

（CK3）因此，S不知道任何日常命题。

基于非充分决定原则的怀疑论论证

（UP1）S的证据E并不支持日常假说超过怀疑论假说，并且S知道两者的不相容。

（UP2）如果S的证据E并不支持日常假说超过怀疑论假说，并且S知道两者的不相容，那么S的证据不足以为S相信日常假说提供辩护。

（UP3）所以，S的证据E不足以为S相信日常假说提供辩护。

面对上面的怀疑论论证，不同的反怀疑论方案采取了不同的策略。一个真正的悖论会包含一些理论上的障碍（obstacle），一种进路是推翻障碍型（obstacle-overriding）进路。这一进路会将怀疑论背后的障碍当成是真实存在的障碍，并且基于独立的理论资源去推翻该障碍。[1]这一进路对于理论困难采取直接面对的方式。对于这一进路的支持者来说，虽然障碍是不可逾越的，但是我们仍然可以巧妙地修改我们的理论预设以至于这些障碍不再阻挡我们追寻知识的道路。

另一种进路则是消解障碍型（obstacle-dissolving）。与推翻障碍型进路相比，消解障碍型进路的目标则更加远大。细致说来，这一进路不仅要以某种方式将障碍挪开，而且还要把识别出的障碍标识为哲学的幻觉，一种产生于坏的理论或可疑的理论前提的哲学幻觉。正是由于给出了一个理论的诊断，我们就可以期待对当下所讨论的主题获得更透彻的理解。

大致勾勒了两种克服障碍的方式后，我们需要思考的是，哪一种方式拥有哲学对话意义上的优势呢？我们不妨预设每一个进路都成功地突破了怀疑论造成的困境，也就是说每一种进路都给出了如何避免怀疑论悖论的细致的分析。就这一点来看，它们是同处于一个水平线的，并无优劣之分。不过，只有消解障碍型包含了一个诊断的部分，该诊断告诉我们为什么某些障碍看起来是真实存在的，但其实是虚幻的。这一诊断可以帮助缓解我们的理智焦虑，因此是有重要意义的。

---

[1] 这一进路被卡萨姆（Cassam 2007，2）称为克服障碍（obstacle-overcoming）的进路，被普理查德（Pritchard 2015b）称为推翻进路。

　　通过本章的研究，我们已经大致理解了皮浪怀疑论产生的思想史背景，怀疑论的主要论证形式，论证的目的以及怀疑论攻击的本质。有此背景作为铺垫，我们将进入下一章对于无限主义的讨论。

第二章 无限主义面面观

虽然无限主义并非当代知识论领域的主流理论，但是我们在这一领域仍然能找到一些代表性的学者支持该理论。本书第二章会分别考察三个无限主义的代表人物，他们分别是杰瑞米·范特尔（Jeremy Fantl），司各特·艾金（Scott Aikin）和彼得·克莱因（Peter Klein）。由于克莱因的方案受到关注和讨论最多，所以本章的最后立足点也会在克莱因的无限主义之上。

第一节 范特尔的无限主义

范特尔（Jeremy Fantl 2003）对无限主义的论证策略是基于辩护这一概念的两个特性。首先，辩护是有程度的。在日常的认知评价中，我们可以谈论认知者信念辩护的相对高低。其次，辩护可以达到完全的状态。如果一个信念得到了完全辩护（complete justification），那么它的辩护程度就达到了最高的程度，无法更进一步。我们不能混淆充足的辩护（adequate justification）与完全的辩护。对于可错主义的知识观来说，前者提供了一个最低限度的要求，而完全辩护是比充足辩护还要高的要求。既然辩护有这两种特性，一个令人满意的辩护理论就应该同时对这两种特性加以解释。那么已有的理论是否可以满足这两个条件呢？

范特尔认为，无论是传统的基础主义还是元辩护的基础主义都无法同时满足两个条件，因此无限主义作为可以说明辩护这一概念两重特性的唯一理论，在理论竞争的层面是占优的。根据范特尔的理解，传统的基础主义（traditional foundationalism）认为基础的理由不再需要进一步的理由支持，因为它本身的内容为真就足够提供自我辩护。比如，我有红色的感觉经验，或者 a = a 这类命题。元辩护的基础主义（meta-justificatory foundationalism）则是认为基础理由通过拥有某些性质，从而不需要进一步的理由支持就是获得辩护，比如基础理由是由可靠的信念过程形成的，是认知机制发挥恰当功能的结果。按照这种理解，整体融贯主义也可以被看作是一种伪装的元辩护基础主义。[1]

首先我们看传统的基础主义是否能满足辩护的两个条件。按照传统基础主义的观点来看，一个命题的辩护强度取决于基础命题的辩护强度以及命题之间的推理联结保存了多少辩护。这样看来，基础命题可以实现完全辩护。范特尔评论道：

> 对于 S 来说，P 是被完全辩护的当且仅当 S 拥有一系列不重复的理由支持 P，并且这一理由链条止步于拥有完全

<hr />

[1]　参见 Fantl（2003，539 - 540）。

辩护的基础理由。（Fantl 2003，543）

可是如果基础命题可以实现最高程度的辩护，那么又如何实现辩护的程度性呢？既然基础命题是自我辩护的，是否可能不同的基础命题拥有不同程度的自我辩护呢？这一想法存在两个困难。一方面，如果不赋予自我辩护的命题同样的辩护强度，那么必须要诉诸另外的因素来解释辩护程度存在的差别。如果诉诸于信念内容的真之外的性质，那么传统基础主义就变成了元辩护基础主义，失去了自己的特性。但是如果仅仅诉诸信念的内容的真，那么真与真之间是没有程度之差的，又如何能产生辩护程度的差别呢？想要突破这一点是比较棘手的。因此，范特尔认为即使传统的基础主义能说明完全辩护，也无法说明程度性辩护。

接下来我们看元辩护的基础主义。范特尔认为这类基础主义如果要满足完全辩护的要求，就会变成无限主义。[1] 对于元辩护基础主义，完全辩护的想法可以被分析如下：

　　对于 S 来说，P 是被完全辩护的当且仅当 S 拥有一系列不重复的理由支持 P，并且这一理由链条止步于展现元辩护性质 F 到最高程度的基础理由。（Fantl 2003，546）

让我们用"可靠地形成"这一性质来展示 F 这一元辩护性

---

[1] 参见 Fantl（2003，546）。

质。显而易见，不同的基础理由可以由不同的可靠过程形成，因此基础理由可以具有不同的元辩护程度。但是要实现完全辩护，是不是只要一个信念是由可靠程度高达100％的过程形成的就可以了？范特尔认为，即使针对该过程，辩护程度还能提高。当认知者获得理由认为基础理由是经由100％可靠的过程形成的，那么该理由的辩护程度就会得到进一步的提高。在论证的过程中，范特尔借用了一个关键的想法，即有能力回答认知挑战是构成认知辩护的重要组成。因此，如果认知者能回答进一步的挑战，那么他的信念辩护程度将会更高。这一想法在其他学者的无限主义方案中也出现，但是该想法是否合理还值得进一步商榷，我会在第三章第三节继续讨论这一子话题。按照范特尔的论证思路，如果一个展示F性质到最高程度的基础理由也还未达到最高的辩护程度，那么元辩护基础主义就无法成功刻画完全辩护。

基础主义无法满足这两个要求，但是无限主义却可以满足。一方面，辩护的强度反映在理由链条的长度之上。在其他条件相同的情况下，认知者相信P的理由链条越长，他对P的辩护就越强。[1] 另一方面，一个命题P可以对认知者来说拥有完全的辩护，只要认知者拥有一个不重复且无穷的理由链条。[2]

在论证的最开始，范特尔预设完全辩护是说得通的一种特性。但是如果完全辩护是一个错误的观念，那么对手完全可以

---

[1] 此时有一个额外的限制条件，即短的理由链条需要是长的理由链条的真子集。

[2] 参见 Fantl（2003，558）。

合理地拒绝说明完全辩护。拒绝完全辩护等于说不承认有最高程度的辩护，因此无论一个命题被给出多少理由支持，它都可以被给出更多的理由支持，从而获得更强的辩护。但这不就等于是无限主义的核心想法了吗？无限主义恰恰是认为辩护的理由链条是可以无限延伸的。因此，如果放弃了完全辩护的观念，基础主义反而占下风，而无限主义倒是占优了。

回顾范特尔的论证可以发现，他对基础主义的批评忽视了一种重要的可能。虽然程度性辩护不能在基础命题上实现，但却可以在推理过程上实现。虽然推理链条的终点都是基础命题，但是基础命题与非基础命题之间的联结方式可以是多种多样的。演绎的推理可以传递前提所拥有的所有辩护，而归纳的或解释的推理则可以传递部分辩护。甚至根据刘易斯（Clarence Lewis 1946）的方案来看，基础命题对于信念的上层建筑提供的认知支持可以被看作是概率式的，而概率式的支持当然也可以是拥有程度高低的。

第二节　艾金的无限主义

根据艾金的看法，人是理性的动物，因此人受制于理性的要求。理性的要求不仅针对我们的行动，还针对我们的信念管理。要成为理性的动物，我们不仅要获得真的信念，还要获得对信念的理解，而实现上述要求的首要途径就是借助推理——一种对理由的运用活动。认知者不能随意地持有一个结论。要摆脱信念形成的任意性，认知者需要借助理由的帮助来为自己的信念提供理性根据。但是如果理由本身是任意的，那么认知者所获得的说服力并不够。因此，理由本身又需要进一步的理由来支撑。按照这样的想法，一旦认知者追求理性的信念，很快就会产生无穷倒退问题。

艾金支持无限主义的论证可以称为来自认知抱负主义的论证。其论证可以被概括如下：

（1）知识与合理的信念是用来表达成功的词项。

（2）知识与合理的信念是反思的成功。

（3）反思的成功可以变得外显和确定。

（4）在外显的过程中，拥有知识和合理信念的人可以回应认知挑战，但认知挑战在原则上是无穷的。

（5）因此，知识与合理的信念要求无限长度的理由是可通达的。[1]

在上面的论证中，艾金表达了这样的一种思想。无论我们是追求知识还是合理的信念，这两个概念都是规范的概念，它内在地施加了一些理性的要求，因此我们的表现可以被评价成功与否，而知识与合理的信念恰恰是表达一种认知上的成功。

---

[1] 这一论证参见 Aikin（2011，2），其雏形可见 Aikin（2009，57）。当时艾金把这认知抱负主义称之为认知程序主义（epistemic proceduralism）。从艾金的表述上来看，与认知抱负主义相比，认知程序主义缺少的是理由的论辩式维度。但是只要要求反思成功的外显化，理由的论辩式维度就已经暗含其中了。所以前后期的细微差别并没有太大影响。

但是，知识与合理的信念要求的是反思的成功。认知者必须首先意识到自己的认知责任，然后尽己所能去履行自己的义务，在认知活动中认真努力地思考。也就是说，如果一个认知者只是认知行为与认知责任的要求相一致，而不是因为对认知责任的认同激发了认知行为，那么该认知者也达不到知识与合理的信念所要求的成功。此外，认知者所获得的认知成功不仅仅是一种内在于认知者的认知状态，也可以被外显化。这个外显化的过程就是包含理由的论辩过程。当认知者说出自己的理由时，他就表现出了自己履行了多少认知义务，在追求真理的过程中做出了多少努力，以及为什么自己相信某个结论而不是另一个结论。这种将理由外显化的过程使得认知者可以回应挑战者。挑战者对于认知者所宣称的认知状态有所怀疑或持相反意见，但是认知者可以通过理由的外显过程捍卫自己的信念。此时，认知者拥有的理由就具有了论辩的维度。在论辩的活动中，没有任何回答是活动的终点，原则上任何命题都是可以被追问和挑战的。因此认知者需要有无限且不重复的理由可通达，才能应对潜在的所有挑战，也才能表明自己的信念具有反思的成功。

艾金把上面论证中（1）—（4）所刻画的对知识的看法称之为认知的抱负主义（epistemic aspirationalism），其内涵可以表达为：

> 知识与合理的信念是一种比较严格的信念管理的结果。这种管理的目标不仅追求真理，追求对信念的理解，还追求拥有一个关于信念的合法故事。

可以发现，认知的抱负主义对于信念的管理描绘了一个很高的图景。这样的图景很容易促成倒退问题。一种直接避免倒退问题的方案是采取艾金所说的认知大众主义（epistemic populism），即合理的信念是一种简单和广泛存在的成就，它并不要求反思的成就。认知大众主义对认知者施加的要求较低，绝大部分认知者都能满足。但是这样一来，当一个信念被称为理性的，并没有为这一信念添加太多的价值。相反，如果采取认知抱负主义，满足条件的认知者就会很少。因此这两种理论之间就产生了巨大的冲突。

艾金坚持认知抱负主义，并且他认为无限主义既可以回应倒退难题，也是追求认知抱负主义的一个自然结果。艾金将无限主义的核心想法概括如下：

> 无限主义是这样一种观点。倒退问题正确地捕捉到了拥有被辩护的信念所必须满足的条件：一系列无穷且不重复的支持理由。在这本书中我将要辩护的无限主义是彻头彻尾的抱负主义，即那些拥有被辩护信念的人是那些拥有最高程度的理智责任的人。在本质上，如果你的信念真是被辩护的，你就可以回应有关你所知道的东西的问题，直到没有更多的问题。（Aikin 2011，3）

艾金（Aikin 2011，75-79）在书中对无限主义进行了细致的分类和辩护。他提出了四个分类标准：

1. 纯粹的与非纯粹的无限主义

纯粹的无限主义（pure infinitism）：只有无限的推理链条才能产生认知辩护。

非纯粹的无限主义（impure infinitism）：除了无限的推理链条，还有别的辩护来源。

2. 强与弱的无限主义

强的无限主义：所有的辩护树都至少有一支无限的推理链条。

弱的无限主义：某些辩护树至少有一支无限的推理链条。[1]

3. 历时的与共时的无限主义

历时的无限主义（diachronic infinitism）：如果在时刻 T，S 持有信念 P 是受辩护的，那么 S 的信念 P 是来源于一个 T 之前的无限的搜集与整合理由的探究过程。

共时的无限主义（synchronic infinitism）：如果在时刻 T，S 持有信念 P 是受辩护的，那么在该时刻 S 拥有无限长度的理由支持 P。

4. 传递的与突现的无限主义

传递的无限主义（transmissive infinitism）：S 的理由链

---

[1]　辩护树（justification tree）是用来表明辩护结构的一种形象方法。树的最顶端是被辩护的信念，第二层是用于辩护第一层的理由，第三层又是辩护二层的理由，以此类推。详细例示可参见 Aikin（2011，74）。

条 C 支持 S 的信念 P，是因为 C 中的每个成员都从前面的成员那里获得支持，并且没有最初的成员。

突现的无限主义（emergent infinitism）：对于认知者 S 来说，当且仅当满足下列条件时，命题 P 的辩护得以突现：i) 有一个始于 P 的既不重复又不穷尽的命题序列，且后继的命题为在前的命题提供充分的理性支持。ii) 该命题序列对 S 来说是可通达的。[1]

这些分类意味着我们可以发展出不同种类的无限主义，当然不同的种类也会面临不同的困难。那么具体哪种类型的无限主义才是最合理的呢？艾金的选择是非纯粹的、强的、共时的、突现的无限主义。[2] 他对自己的无限主义立场展开了细致且深入的辩护，但是由于本书主要围绕克莱因的无限主义展开，对于艾金的理论选择就不再花费过多的篇幅。此外，有一些理论困难是所有的无限主义者都面临的，在本书第三部分将会着重讨论。现在我们转向克莱因的无限主义。

第三节　克莱因的无限主义

克莱因的版本是最有影响力的无限主义，现在我们详细来看克莱因的无限主义理论。

---

[1] 这一定义来自于 Klein（2007a，8），但是命名来源于 Aikin（2011，79）。

[2] 参见 Aikin（2011，80）。

回顾阿格里帕三难问题，我们可以发现，每一次理由的给
予都来源于一个挑战的提出。也就是说，辩护者是在提问者追
问以后才开始寻找新的理由。那么为什么一旦有问题提出，我
们就需要寻找新的理由呢？难道我们不能无视他人的提问吗？
在克莱因看来，这是一种认知责任（epistemic responsibility）的
体现。作为理性的认知者，我们希望为自己的认知活动负责，
我们不愿意盲目相信或无理由地接受任何命题。因此，正是为
了履行我们的认知责任，我们才会在一次又一次的提问下继续
寻找新的理由。

受三难论证的启发，克莱因认为人类对于理由的追求是无止
境的。因此承认拥有无穷的理由链条，正是保持人类追问、反思
的理性精神的最好写照。相比来说，接受一个可以停下来的点，
或者是一种独断论的想法，或者是放弃我们的追问精神，只是满
足于一种动物性的知识。因此，他认为，既然我们认识到认知责
任的可贵，我们就应该追求真正的知识（real knowledge），或称之
为与众不同的成人知识（distinctive adult human knowledge）。[1]
在进一步深入无限主义的细节之前，我们需要先理解克莱因所
追求的成人知识。

1. 何谓真正知识？

克莱因所追求刻画的是真正知识或与众不同的成人知识，
那么这与一般意义上的知识有什么区别呢？这种知识又有什么

---

[1]　参见 Klein（2007a，4）。

独特的价值呢？克莱因所追求的真正知识，在哲学史上有着深远的根源。《美诺》篇里就已经出现了这种知识的雏形：

苏格拉底：让我来解释一下。如果有人知道去拉利萨的路，或者随你喜欢去别的什么地方，那么当他要带着别人去那里时，他是一个好向导、一个能干的向导。你同意吗？

美诺：当然同意。

苏格拉底：但若一个人能够正确地判断该走哪条路，那么尽管他从来没有去过那里，也不知道该走哪条路，他不也能正确地带领其他人到达目的地吗？

美诺：对，他能够做到。

苏格拉底：只要他对那件其他人拥有知识的事情拥有正确的意见，那么他也会像一名向导一样好，他相信真理，但并不知道真理。

美诺：没错。

苏格拉底：因此对行动正确这一目的来说，正确的意见也像知识一样可以起到一个好向导的作用。这就是我们刚才在讨论美德的性质时出差错的地方，我们当时说知识是正确行动的惟一向导。现在看起来，正确的意见也是正确行动的向导。

美诺：似乎如此。

苏格拉底：所以正确的意见有时候并不比知识的用处少。

美诺： 差别仅在于有知识的人会一直获得成功，而有正确意见的人只在某些时候获得成功。

苏格拉底： 什么？有正确意见的人也不能一直成功吗？

美诺： 我认为肯定如此。在这种情况下令我感到困惑的就是，为什么知识应当比正确意见得到更高的奖励，而知识与正确的意见为什么会有区别。

苏格拉底： 要我告诉你感到困惑的原因吗，或者说，你知道这个原因？

美诺： 不知道，你告诉我吧。

苏格拉底： 因为你没有看到代达罗斯的雕像。在你们国家里也许没有他的雕像。

美诺： 你干吗要这样说？

苏格拉底： 如果不把这些雕像捆绑起来，它们就会逃跑。如果捆住它们，它们就会待在原来安放它们的地方。

美诺： 是这样的吗？

苏格拉底： 如果你有一个未加捆绑的代达罗斯的作品，那么它不值什么钱，因为它会像一个逃跑的奴隶一样溜走。但是一件捆绑住的作品，那就非常值钱了，因为它们都是伟大的杰作。我可以说，正确的意见也一样。正确的意见只要能够固定在原处不动，那么它是一样好东西，可以用它来做各种好事，可惜的是它们不会在一个地方待很久。它们会从人的心灵中逃走，所以不用理性来把它们捆住，它们就没有什么价值。我亲爱的美诺，这个过程就是回忆，我们在前面已经对此表示同意了。它们一旦被捆绑住，也就变成知识，成了稳定的东西。这就是知识有时候比正确意见更有价值的原因。有无捆绑是二者的区别。

美诺： 没错，确实像你说的一样，是这么回事。

苏格拉底： 当然了，我正在这里使用比喻，而不是知识。但是我敢肯定，说正确意见和知识有区别并非仅仅是一种猜测。我可以声称自己几乎不知道什么东西，但在意见和知识的问题上，我至少可以说这一点我是知道的，除此之外我还能说自己知道什么呢？

美诺： 你说得很对。（柏拉图 2017，531—533）

在这里，苏格拉底与美诺在讨论知识与真意见（真信念）的价值差别。苏格拉底认为，一个拥有真信念的人就像一个拥有代达罗斯雕像的人，本身很有价值。但是由于雕像会逃跑，宝贵之物容易不翼而飞。因此，需要将这宝贵的雕像拴起来才更有价值。那么在认知者心里的真信念如何可以留下呢？苏格拉底认为是用理性把它们捆住。放在当下语境中，这种捆绑的方式就是通过考察这一信念何以为真，从而凭借理由的作用，将真信念捆绑下来，从而防止它从心里逃走。可以想象，真信念的逃走有两种显而易见的方式。第一，认知者听到来自别人的误导性证词，并且由于缺乏独立思考能力，最终放弃了自己已经获得的真信念。第二，认知者信念系统中存在谬误，谬误与真信念之间产生了冲突，但是由于谬误的先在所带来的锚定效应，真信念被放弃了。

正是因为有理由的支持，认知者不仅持有真信念，而且还明白了这一信念何以为真，因而认知者与真命题之间的认知捆绑变得更加坚实。当然，捆绑的坚实程度取决于理由支持的力度。如果支持的理由可以被轻易驳倒，那么真信念在认知者的心中扎根并不深。如果支持的理由很强，可以抵御住各种各样的反驳、欺骗和误导，那么真信念就已经在认知者的心中扎下了厚厚的根，也就与认知者形影不离了。正是在这个意义上，《美诺》篇中刻画的知识是一种特别有价值的知识。当然，我们也能很自然地意识到，认知者与真命题之间的捆绑也有非理性的方式，比如一种病态的执着，或是一种独断的坚守。即使这样的情况在生活中时常出现，甚至是认知者不学而能的表现，但这并不成为我们所欲求的捆绑方式。

别的哲学家也提到一种知识的种类——科学知识（Scientia）。在《后分析篇》中，亚里士多德指出：

> 我们知道，我们无论如何都是通过证明获得知识的。我所谓的证明是指产生科学知识的三段论。所谓科学知识，是指只要我们把握了它，就能据此知道事物的东西。如若知识就是我们所规定的那样，那么，作为证明知识出发点的前提必须是真实的、首要的、直接的，是先于结果、比结果更容易了解的，并且是结果的原因。（亚里士多德1990，245—248）

科学知识（证明知识）永远是关于普遍为真者的知识，它来自必然的前提。科学知识可以从先天的真命题开始，并借助三段论得以证明。比起结论，我们更了解前提。前提是结论的原因，或者说前提为结论提供了解释。通过证明的过程，我们了解了事物为何是当下的样子，以及为何事物不可能是别的样子。[1]

凯斯·雷勒（Keith Lehrer 1990，10－11）也表达了类似的想法。雷勒认为知识要求的不仅是相信（believe），而是接受（acceptance）。人们相信一个命题可以出于非认知的因素，比如由于礼貌或自我保护等实用因素，但是接受的态度则是出于真假的考虑认为一个命题为真。这种意义上的接受需要依赖认知者出于对真理的追求，有理由认为命题为真。

恩内斯特·索萨（Ernest Sosa）也表达了类似的思想：

认知上升的挑战也许会被认为是一个虚假的挑战，因为认知上升会否认婴幼儿和动物具有知识。需要承认的是，在某种意义上即使是一扇超市的大门也"知道"有顾客光临，即使是一个加热系统也"知道"房间的气温超出了设置的温度。这些情况中出现的是伺服-机械知识。此外还有相当广阔的动物知识，无论它们是天生的还是习得的，这类知识都能在不可思议的多样环境中促成动物的生存和茁壮成长。但是人类知识更加融贯、更加全面，并且可以满足人类自我反思的好奇心，人类知识在复杂精巧的程度上

---

[1] 对于科学知识的理解，在不同的哲学家眼里有差别。比如在笛卡尔看来，科学知识是一种坚固的、确定的、系统的知识，并且依赖于神圣的保证。

更胜一筹。纯粹的可靠主义作为解释这类知识的认识论理论，是远远不够的。（Sosa 1991，95）

那么纯粹的可靠主义是否足以说明人类知识呢？让我们回顾戈尔德曼（Alvin Goldman）的过程可靠主义（process reliabilism）。该理论是一个典型的外在主义（Externalism）理论。与内在主义相反，外在主义认为信念的辩护受到外在于认知主体的因素影响。也就是说，两个内在状态完全相同的认知个体，他们的信念的辩护状态可能是不一样的。戈尔德曼是过程可靠主义的代表人物。让我们借用这个理论来加深对于外在主义的了解。该理论的核心思想可以概括如下：

> 简单的过程可靠主义
> 如果 S 通过可靠的信念形成方式在时刻 T 相信 P，那么 S 在时刻 T 的信念 P 是被辩护的。（Goldman 2012，40）

虽然该定义较粗略，并且戈尔德曼在此定义的基础上不断地细化和补充，但以该定义作为起点对于当下讨论来说已经足够了。[1] 在进一步阐释过程可靠主义之前，我们先了解戈尔

---

[1] 戈尔德曼的最终表述是，"如果 S 在 t 时对 P 的信念来自一个可靠的认知过程，并且没有另外的可靠的或有条件的可靠的认知过程可供 S 采用，除了实际采用的过程外，一旦 S 采用了这一另外的可靠的认知过程，这一过程将导致 S 不相信 P，那么 S 在 t 时刻对 P 的信念就是得到辩护的。（Goldman 2012，46）这里戈尔德曼区分了实际采用的信念形成方式与应该采用的信念形成方式，这么做是为了囊括进去挫败者的现象。

德曼对于好的辩护观的要求。在他看来，辩护理论在说明信念获得辩护属性应满足的条件时应该避免使用"辩护"这个概念，或者是与其密切相关的其他概念，如合理性。这个要求可以使得对于辩护的说明既不是循环的，也能提供更多的理论启发。按照这个要求看来，对于辩护的定义就得诉诸非认知（non-epistemic）的属性和状态，比如认知者的信念状态和真。[1]

戈尔德曼考虑到一个信念总是以某种方式产生的，因此信念的辩护属性一定是依赖于该信念如何产生或保持的。比如，S相信澳大利亚在南半球，同时S相信明天的最高气温不超过二十摄氏度。S的前一个信念是基于中学地理课本的介绍而后一个信念是基于塔罗牌占卜的结果。此时我们会倾向于认为S的前一个信念是被辩护的，而后一个信念则不是。这其中的主要原因是不同的信念形成过程有不同的可靠程度，而可靠程度体现为通过该方式形成信念的成真比率（truth-ratio）。一个信念形成方式是一个从输入到输出端的过程类型，其中输出端都是信念，但是输入端可以进一步以是否依赖于信念为标准进行区分。如果输入端是依赖信念的（比如推理和记忆），那么这类过

---

[1] Goldman（2012，30）列举了他眼中的认知词项和非认知词项。前者包括"辩护的"（justified）、"担保的"（warranted）、"有好的根基"、"有理由"、"知道"、"看到（see that）"、"理解（apprehend）"、在认知或归纳的意义上"是可能的"（probable）、"证明了"（show that）和"确信了"（ascertain that）。后者包括"相信"（believe that）、"是真的"、"引起"（cause）、在频率或倾向的意义上"是可能的"等等。他的一般性的规则是，纯粹信念的（doxastic）、形而上学的、模态的、语义的或语法的词项都不是认知的词项。

程的可靠性是有条件的，即只有输入端为真，输出端才更可能
为真。

　　当一个信念形成方式的成真比率较高，那么它就是一个可
靠的信念形成方式，而通过该方式形成的信念就是被辩护的。
反之，如果一个信念形成方式的成真比率较低，那么它就是一
个不可靠的信念形成方式，而通过该方式形成的信念就是缺乏
辩护的。那么具体需要多高的成真比率才能算可靠呢？一种常
见的回答是，50％的成真比率是最低限度，否则该过程更有可
能产生假信念。不过对于可靠性的要求会随着具体的语境而变
化，这与辩护概念一样，所以我们不用直接回答上述问题。一
般来说，戈尔德曼认为可靠的信念形成方式包括知觉过程、记
忆、好的推理与内省，而不可靠的信念形成方式包括混乱的推
理、幻想、情感代入与预感。可见这里对于信念形成方式的划
分是较为宽泛和基于常识的。

　　虽然过程可靠主义也可以谈论信念的辩护，但是有一些案
例表明，信念产生的可靠性并不是信念获得认知辩护的充分条
件。下面是代表性的千里眼案例和温度计先生案例：

　　　千里眼案例
　　　诺曼在正常条件下拥有千里眼的能力，该能力给他带
来许多真的信念，因此基于该能力获得的信念是可靠的。
一天，由于这个能力，诺曼相信美国总统在纽约并且此信
念为真，但是他并没有证据支持或反对这种能力的可靠性，
也缺乏他拥有这种能力的证据。（BonJour 1980，21）

温度计先生案例

温度计先生做了一台大脑手术，一个外科医生在他脑中植入了一个小设备，该设备既是一个准确的温度计，又可以通过计算的方式产生思想。让我们把这个设备称为"温算计"。温算计被植入到温度计先生的脑中，该设备的一端联结到他的头皮上，但是却没有被他注意到。这样一来温算计就可以感知外部温度并且传递信息给温度计先生大脑中的计算系统。温度计先生因此形成一个有关外部温度的信念。温算计是一个可靠的温度计，因此温度计先生关于温度的想法是准确的。（Lehrer 1990，162）

在这两个案例中，诺曼拥有千里眼能力，温度计先生借助温算计拥有判断温度的能力。这两个能力都是可靠的，都可以在许多情况下带来准确的相关信念。因此按照外在主义的想法来看，既然诺曼关于美国总统所在位置的信念是由可靠的能力形成的，温度计先生关于当下温度的信念是由可靠的设备形成的，那么信念形成方式的可靠性就是毋庸置疑的，信念也因此成为被辩护的。并且如果我们把知识定义为由可靠过程产生的真信念，那么案例中的诺曼和温度计先生都可以被说成是拥有知识。但此时产生的关键问题是，他们是在什么意义上拥有知识呢？可以发现，他们的知识可以类比为一只狗"识别"出主人的呼唤声，或者是一个体重秤测出人的体重。不可否认的是，人类的某些知识和动物是一样的，仅仅是经由可靠过程形成的真信念。但是这样的知识并不独特，并不足以把具有发达理性能力的成年人与动物或者伺服机械区分开来。

按照克莱因（Klein 1999，302）的看法，纯粹的可靠主义者所刻画的知识还没有进入到理性的时代（the age of reason）。认知者只是经由一个可靠的过程获得了一个真信念，这个信念是出乎意料地获得的。认知者并不知道它从何而来，它是否为真，它在理性之网中处于何处。它就像认知者的理智世界的陌生闯入者，来得莫名其妙，所停之处无依无靠，完全与认知者的理智世界格格不入。此时，即使这一信念为真，它也同样惧怕代达罗斯雕像的命运。

诺曼没有任何理由相信自己有千里眼或判断千里眼能力的可靠度，而温度计先生也一样，那么两人就会缺乏理由相信自己形成的信念为真。也就是说，两人在缺乏理由的基础上仍要持有各自的信念，这是与认知合理性相悖的，以这样的方式形成的信念仍然是可以遭受理性批评的。因此，内在主义者认为，可靠性对于辩护来说并非是充分条件。[1]

纯粹的外在主义者也许可以直接忽视理由支持这一维度，但是一些温和的外在主义者已经考虑在理论的表述中加入"无挫败"（no defeat）条件。以过程可靠主义为例，简单的过程可靠主义理论很容易面临反例。在千里眼案例与温度计先生案例中，虽然认知者的信念形成过程实际上是可靠的，但是认知者

---

[1]　这里需要做一个必要的补充，即我们不能把认知合理性标准表述为，当缺乏理由时相信任何命题都是在认知上不合理的。这样的标准太强，会导致怀疑论问题的产生，而且也是内在不融贯的。更深入的讨论参见王聚《哲学怀疑论的意义与限度》一文。

没有理由相信自己有这种能力以及该能力的可靠性。我们同样可以构造别的一些案例，在这些案例中认知者实际的信念形成过程是可靠的，但是别人误导认知者说他的信念形成过程是不可靠的。假设认知者没有理由不相信这个证词，那么根据简单过程可靠主义来说，认知者的信念仍然是被辩护的。但是这样一个结果是有问题的，而简单过程可靠主义无法处理这一问题。为了应对这一类问题，过程可靠主义可以重新表述如下：

> S 的信念 P 在时刻 T 是被最终辩护的当且仅当
>
> （1）S 在时刻 T 的信念 P 是通过可靠的信念形成过程获得的；
>
> （2）S 在时刻 T 的信念 P 是未被挫败的。（Beddor 2015，148）

新的表述中区分了初步辩护（*prima facie* justification）和最终辩护（*ultima facie* justification）。如果一个信念是通过可靠的信念形成过程获得的，那么该信念就已经获得了初步辩护，但是初步辩护并非是最终的，它可以被挫败。如果该信念获得的辩护未被挫败，那么该信念拥有的初步辩护就成为了最终辩护。

经过上面的对比以后，我们对于真正的知识或成人知识有了一个大致的了解。现在让我们进一步聚焦克莱因的正面看法。克莱因（Klein 1983，156）对真正的知识给出了较为严格的刻画。他把真正知识定义如下：

S 真正知道 P 当且仅当

（1）P 为真。

（2）S 相信 P。

（3）P 对于 S 来说是被辩护的。

（4）P 的辩护是未被挫败的。

（5）事态 P 和 S 的信念 P 有着合适的因果联系。

（6）S 只相信那些对于他来说是被辩护的命题，而且 S 正是因为这些命题是被辩护的才相信这些命题，此外 S 还相信这些命题是被辩护的。

在早期的讨论中，克莱因区分三类知识。第一类是日常知识，这类知识不要求 S 拥有辩护，而只要求给出正确的答案。第二类是知识（knowledge simpliciter），即把知识当作是被辩护的真信念，这也是葛梯尔挑战之前一种广为流行的观点。第三类是哲学家一直努力刻画的真正知识。之所以被称为真正知识，是因为它把我们称之为知识的东西所具有的美德发展到了最高的程度，并且这些美德相互之间被合适地整合在了一起。克莱因对于真正知识的刻画，是一种理想型的刻画，而具有真正知识的人也是拥有知识的人的理想化状态。当我们成功刻画了理想型，我们才能理解我们所追求的知识与生活中被称为知识的东西之间有多少差距。此时，如果我们想要从纯认知的角度提升自己的信念系统的价值，对于真正知识的分析将可以提供一个引导的方向。

那么为何我们不止步于第二类知识，还要追求第三类知识呢？克莱因认为，在葛梯尔之前的传统把知识定义为被辩护的真信念，而这一传统刻画出知识所需要的满足的三个条件（知识的事实条件、知识的辩护条件与知识的信念条件），但是这三个条件在逻辑上是独立的。

首先，我们看事实条件与信念条件之间的关系。一方面，一个命题是真的并不蕴含我相信它，因为有众多真理远远超出了我的认知范围。另一方面，我相信一个命题并不蕴含该命题为真。信念是可错的，并且信念是否为真取决于外部世界的实际情况，而非认知者的心灵状态。

其次，我们看辩护条件与信念条件之间的关系。一方面，一个命题是被辩护的，并不意味着我们一定相信这一命题。或者由于这一命题所揭示的内容太过残酷，或者由于社会压力我们无法相信一个我们拥有辩护去相信的命题。另一方面，我们同样相信一些命题，而这些命题缺乏足够的证据支持，或者这些命题有强烈的反面证据，但是却被我们忽视了。值得注意的是，克莱因此处的讨论是围绕命题辩护，而非信念辩护展开的，而这是有问题的。因为知识所要求的是信念辩护，而非仅仅是命题辩护。当我们拥有信念辩护时，信念条件肯定是满足的，但反过来看，满足信念条件不一定满足（信念）辩护条件。所以，命题辩护条件与信念条件是逻辑独立的，但是信念辩护条件与信念条件却不是逻辑独立的。

最后，我们看辩护条件与事实条件之间的关系。一方面，一个被辩护的命题不一定是真的命题，因为即使是错误的命题也可以拥有辩护，这进一步地说是因为绝大多数（如果不是所有的话）理由提供的证据支持并非是蕴含式的，而是可错的。

另一方面，即使一个命题为真，它也可能在某人那里缺乏证据支持或面临强烈的反面证据。此处的讨论虽然还是围绕命题辩护，但是换为信念辩护仍然适用。

既然三个条件是相互独立的，那么这些条件两两之间就可能出现偶然的重合。在标准的葛梯尔案例中，事实条件与辩护条件是偶然地联结在一起的，而知识的可挫败理论则是旨在消除这种偶然的重合。根据可挫败理论的想法来看，在葛梯尔反例中，认知者拥有的信念辩护是被挫败的，这是因为一旦某些事实 D（真命题）被加入到认知者的证据中，那么原有证据 E 为信念 P 提供的辩护就会被挫败。也就是说，刚开始时 E 辩护 P，但是 E+D 不能辩护 P，所以 E 为 P 提供的辩护被 D 挫败了。当存在挫败者的时候，就表明事实条件和辩护条件是偶然重合的。所以只有证据和证据支持的结论都为真，真理之路与辩护之路才能非偶然地对齐。所以，为了避免事实条件与辩护条件的偶然联结，克莱因在真正知识的定义中加入了条件（4）。

同样，事实条件与信念条件也会偶然重合。我们借用下面的案例展示这一可能性。

隐藏的绵羊

一个人望向大草原，看见一个类似绵羊的物体，从而相信那里有一头羊。他并不知道的是，他看到的是一个类似绵羊的画板，但是在画板后面真的有一头羊。[1]

---

[1] 该案例来源于 Chisholm（1977，105）。

在这一案例中，认知者相信有一头羊并且事实上有一头羊，但是认知者的信念状态和事实状态并没有合适地联结在一起，而是存在干涉运气（intervening luck），即在认知者和认知对象之间起了干涉作用的运气，以至于认知主体的认知能力并没有接触到该认知对象。[1] 认知者仅仅是看到类似绵羊的画板从而相信有一只绵羊。因此即使画板后面没有藏着一只绵羊，认知者同样会相信这一命题。那么如何避免这种幸运的情况呢？一种最直观的想法是，认知者相信一只羊并不是因为他看到一只羊，所以这两个状态之间的联结是有缺陷的。为了避免事实条件与信念条件的偶然重合，我们必须加以如下的限制，即在某个环境中，S 是事态 P 的可靠的探知者。这意味着，S 相信 P 的心理状态是由事态 P 所引起的，并且如果在该环境下事态 P 不出现，那么 S 则不会相信 P。因此，克莱因在真正知识的定义中加入了条件（5）。

最后是信念条件与辩护条件的偶然重合。传统关于信念辩护的奠基要求（basing requirement）已经给出了一个最初方案，即如果 S 的证据 E 为 P 提供足够的辩护，那么 S 需要通过（in virtue of）证据 E 相信 P。但是该方案仍有不足，因为奠基里面的"通过"关系还未得到合适的刻画。一种最典型的缺陷就是错误奠基（false basing）。所以，克莱因认为一个最低限度的要求是，S 的信念 P 产生是因为对于 S 来说 P 是被辩护的。也就是说，如果对于 S 来说 P 是缺乏辩护的，那么 S 则不相信 P。

[1] 干涉运气这一概念参见 Pritchard（2015a，105）。

换句话说，S 的信念状态对 P 的辩护状态是敏感的。因此，克莱因在真正知识的定义中加入了条件（6）。条件（6）进一步包括了两个子要求。[1] 首先，认知活动的纯粹化要求。一个认知者可以因为某些命题对自己来说是被辩护的从而相信这些命题，但他同样可以出于别的非认知的因素相信另外一些命题。既然拥有真正知识的人是一种理想化的认知者，那么对于这类认知者的刻画就不可避免地要求纯粹性。这里的纯粹性体现在认知者不仅相信那些对自己来说是被辩护的命题，而且认知者只相信这些命题。换句话说，认知者形成信念的唯一标准和动机就是基于证据支持的认知因素，除此之外没有任何别的非认知的因素的干扰或污染。其次，认知活动的反思性要求。理想的认知者不仅相信那些对自己来说是拥有辩护的命题，而且还能认识到这些命题本身的辩护地位。因此，类似"我相信 P，但是我不清楚 P 是否是被辩护的"这样的情况不会出现在他们的自我反思中。这也从侧面反映出这样一个事实：正是因为意识到 P 是辩护的，理想的认知者才会相信 P。

在稍晚的文献中，克莱因（Klein 2007a，4）从另外的角度对真正的知识做了一些点评，但是在本质上是相同的。他指出这类知识产生于推理（reasoning），并且依赖推理得以持续。真正的知识是那些意欲为认知负责的人所获得的知识。一个认知负责的人拥有这样一个目标，即只相信那些经过细致检查后应该留下的命题。为了决定哪些信念是值得保留下来的，认知者

---

[1]　参见 Klein（1983，155 - 156）。

对自己的信念进行仔细检查，而最终经过审查留下来的知识才是人类最看重的一种知识。类比苏格拉底的名言"未经反思的人生是不值得过的"来看，我们同样可以说未经检查的命题也是不值得相信的。

这里有两点值得注意。[1] 首先，无限主义并不预设信念自由论（doxastic voluntarism）。即使信念自由论是错的，也即我们无法自由控制、调整、修改自己的信念，但是只要在认知上负责的人努力去相信并且只相信那些值得相信的命题，成功与否并不必要，重要的是努力本身。其次，倒退问题并不是一个理智上的困惑，而是一个理智上负责的认知者所面临的实践困难。因此，无限主义的目标正是为理智上负责的认知者提供行动导向。

经过上述的刻画，我们已经对真正的知识或成人知识有了较深入的理解。那么为了让这类知识得以可能，与之相匹配的理由结构应该是如何的呢？针对这一问题的回答自然而然地把我们引向了无限主义的辩护观。

2. 无限主义的辩护观

为了辩护无限主义的合理性与优越性，克莱因给出了一个关于无限主义的倒退论证，该论证可以表述如下：

　　1. 基础主义与融贯主义都不能解决阿格里帕三难问题。

---

[1] 参见 Klein（2007a，6）。

2. 无限主义能解决阿格里帕三难问题。

3. 基础主义、融贯主义与无限主义穷尽了阿格里帕三难问题的解法。

4. 所以，无限主义是我们应该支持的理论。（由1. 2. 3 推出）[1]

那么何以说明无限主义的两大竞争对手基础主义和融贯主义都不能解决阿格里帕难题呢？对这一问题的回答取决于倒退问题的根本性挑战是什么。克莱因认为这一问题的实质是追问什么样的理由链条可以提升非自明的命题的可信度？[2] 在别的地方，他认为倒退问题的实质是找到一种负（认知）责任的形成信念的方法。[3]

我们首先看基础主义。由于基础主义承认基本信念和非基本信念的区分，那么我们的辩护链条走到基本信念自然应当停止下来。但是，无限主义者会追问，基本信念何以能充当辩护的基础呢？为什么我们持有的基本信念不是任意的呢？毕竟如基础主义所说那样，我们并没有进一步的理由来为基本信念提供辩护。但是，为了避免对于设定基本信念的任意性批评，基础主义者会说基本信念通过拥有某些性质 F 获得元辩护（meta-

---

[1] 这一论证思路可参加 Klein（2007a，13 - 16）和 Klein（2014a，275）。

[2] 这一解读见于 Klein（2014a，275）。

[3] 这一解读见于 Klein（2007a，14）。

justification)。[1] 元辩护不同于认知辩护，后者说的是一个信念通过满足什么条件从而获得辩护这种积极的认知属性，而前者则关心为什么满足关于辩护的条件是倾向于真的（truth-conducive）。辩护与元辩护之间有着密切的联系，如果我们把获得真信念和避免假信念看成我们的首要认知目标，那么元辩护其实是解释为什么认知辩护是可以帮助我们实现这个目标的手段。这样一个想法，恰恰是知识论学者理解认知辩护的一种主流进路，所以元辩护和一般的认知辩护都以获得真信念，避免假信念为目标，只是前者不是通过与其他命题的推论关系获得的。但是，一旦我们引入元辩护，那么无限主义者可以进一步追问，为什么一个信念拥有性质 F 更容易为真？对这个问题的肯定回答又会开启新的倒退问题，但是如若不回答这个问题，基础主义者就会陷入任意性的困境之中。

为了让这一批评更加显著，让我们看一个假想的对话。对话发生在张三和李四之间。张三是一个基础主义者，他断言了 P 为真，李四对 P 持怀疑态度，两人因此产生了争执。张三不断给出支持 P 的理由，但是李四也一直提出相关的追问。面对李四的不断追问，张三最后给出了一个基础理由 R_B。此时，当李四进一步追问，基础主义者张三说："R_B 是基础理由，它不再需要也不可能拥有进一步的理由，它本身拥有一种特别的性质 F，因此就是被辩护的。"此时，李四回应说："我可以承认 R_B 自身是辩护的，但是我不确定是否拥有这种性质 F 的信念就

---

[1] 参见 BonJour（1985，9）。

是更可能为真的。"

此时，张三面临一个三难选择：或者他承认拥有性质 F 的基础命题更可能为真，或者他否认，或者他悬置判断。当张三否认时，他没有理由认为基础信念更可能为真，因此他所援引的基础命题就是一个任意的理由，是无法为非基本信念提供辩护效力的。当他悬置判断时，支持和反对基础命题为真的理由呈持平状态，因此张三进入了悬置判断的状态。此时，他同样没有理由认为基础信念更可能为真，他所援引的基础命题仍然是一个任意的理由，同样无法为非基本信念提供辩护效力。当张三承认时，他所选择的基础理由摆脱了任意性，但是他也进一步给出了支持基础命题为真的理由。虽然摆脱了任意性，但是克莱因认为辩护的倒退继续发生。张三继续为"基本命题"给出了辩护，因此，本应承担停止追问活动角色的命题以失败而告终。[1] 这意味着基础主义无法解决倒退问题。

从另外一个角度来看，当李四指出自己针对基础命题的困惑时，张三有两种选择。一种是不对基本命题给出任何辩护，一种是尝试指出其拥有的元辩护。哪一种行为会让张三的信念 P 获得更多的信念辩护呢？哪一种行为会让张三成为一个认知上更负责的人呢？正像克莱因所说，后一种行为明显可以增加张三的信念辩护程度，后一种行为明显是一个认知上更负责的人的所作所为。如果这样一个观察是对的，那就意味着基础命题并不是认知辩护的终止点，从这里开始还能继续获得

---

[1] 这一批评可见 Klein（2014a，276 - 277）。

认知辩护。[1]

针对此处克莱因对基础主义的批评，我们需要注意一个关键点。基础主义者会指出，此时即使认知倒退继续发生，却不在同一个层次上。在给出元辩护之前，辩护的问题是在同一个层面上。但是在给出针对基础命题的元辩护后，辩护的问题就被升阶了。所以，基础主义者可以继续承认基础命题能停止第一层次的认知倒退。有趣的点在于，在理由的索要和给予过程中，往往掺杂了认知辩护的升阶活动，因此看似是同一个并未中断的语言活动，却在认识论层面发生了层次跃迁。为什么会有这样的情况呢？在我看来，克莱因是基于论辩活动来考察认知辩护的，然而很多基础主义者却尝试独立于论辩活动来考察认知辩护。因此，正是由于出发点的分歧造成了这个局面。关于这一点，本书第四章会进一步展开，这里暂且点明这样一个值得剖析的关键点。

无限主义攻击融贯主义的策略大致类似。首先克莱因区分两种融贯主义，即担保传递型（warrant transfer）和担保产生型（warrant emergent）。担保传递型融贯主义，也就是线性（linear）融贯主义，允许线性循环的理由链条，而这种方式实际上并不能增加任何命题的可信度；担保产生型融贯主义，或者理解为整体（holistic）融贯主义，避免了线性上的理由循环，

---

[1] 对于基础命题的进一步辩护在克莱因的讨论中发挥了多重作用。它既用来表明基础命题不能停止认知倒退，也用来表明认知辩护还能继续增加，又用来表明基础主义无法解释真正知识的产生。

强调融贯的信念系统是首先获得担保的，而单独的信念作为系统的成员继而获得辩护。在这一点上，无限主义与融贯主义一样，支持担保产生型想法。此时，克莱因提出，我们可以对担保产生型融贯主义提出同样的问题，即为什么一个信念拥有性质 F（作为融贯集合的成员）更容易为真？对于这个问题的回答同样又重新开启了新的无穷倒退。

鉴于对基础主义和融贯主义的批评，无限主义展开了对阿格里帕三难问题的解决。首先，为了避免重蹈基础主义和融贯主义的覆辙，克莱因提出了两条原则：

避免循环理由

诉诸一个理由 R 去辩护信念 P，理由不能是 P 本身或者包含 P 的一个合取。循环的推理应该被排除。[1]

避免基础理由

任何一个辩护 P 的理由 R，如果缺乏进一步的理由支持，那么该理由 R 就不是被充足辩护的。[2]（Turri and Klein 2014，1）

循环理由之所以应该避免，是因为这种理由结构无法为最

[1]　这一原则在克莱因的早期讨论中也被表述为避免循环原则（The Principle of Avoiding Circularity），参见 Klein（1999，298）。
[2]　这一原则在克莱因的早期讨论中也被表述为避免任意原则（The Principle of Avoiding Arbitrariness），参见 Klein（1999，299）。

初的命题提供任何理性支持，而本质上只会沦为窃题论证（question begging）。如果说窃题论证是一种坏的推理，那么即使在循环的理由之间插入很多别的理由来增加理由链条的长度和复杂程度，该链条所包含的坏的推理也并不会因此被消除，而只是被精心掩盖了。整体的融贯主义正是注意到线性的融贯主义自身犯了窃题论证的谬误，所以才采取了一种从信念整体融贯过渡到个体信念获得辩护的理论。

避免基础理由包括两个维度。首先，无限主义者认为只有信念才能成为信念的理由，因此其他非信念的因素（例如信念的因果历史以及未信念化的感觉经验）都被排除在信念理由的来源之外。其次，无限主义者认为理由链条不能停止于一个没有理由支撑的理由，也即任意的理由（arbitrary reason）。

很容易看出，克莱因认为能辩护一个命题的理由链条既不能是循环的理由链条，也不能是包含基础性理由的链条。因此，唯一剩下的可能就是无穷且不重复的理由链条。需要注意的是，克莱因明确指出，满足上面两个要求并不是产生认知辩护的充分条件，而只是必要条件。

在当今知识论学界，命题辩护与信念辩护是有区分的。一种比较标准的区分方式可以表述如下：

命题辩护（Propositional Justification）

一个命题 P 对于认知者 S 来说是被辩护的当且仅当 S 的证据 E 为 P 提供了足够的支持。

信念辩护（Doxastic Justification）

认知者 S 的信念 P 是拥有信念辩护的当且仅当

（1）S 的证据 E 为 P 提供了足够的支持。

（2）S 相信 P。

（3）S 基于证据 E 形成信念 P。

那么命题辩护与信念辩护有什么区别呢？我们不妨看看下面的例子。

法官判案

法官 J 在审理一起偷窃案。就呈堂证据来看，犯罪现场有嫌疑犯 A 的指纹和随身物品，并且 A 没有不在场证据，同时也有目击证人看到 A 进入案发现场。但是法官 J 看嫌疑犯 A 长相丑陋，行为猥琐，因此最终认定 A 是本案罪犯。

E1：A 的指纹和随身物品在案发现场。

E2：A 没有不在场证据。

E3：有目击者看到 A 翻墙进入案发现场。

E4：A 长相丑陋。

E5：A 行为猥琐。

P：A 是本案罪犯。

让我们预设证据 E1—E5 都为真，因此可以忽略伪证所带来的进一步复杂情况。当法官 J 得知证据 E1—E3 并进一步考虑是否命题 P 为真时，由于 E1—E3 已经为 P 为真提供了充分的证据支持，所以 P 此时获得了命题辩护。也就是说，此时 J 已经拥有了很好的证据去相信 P 为真，或者说相信命题 P 对于 J 来说是在认知上合理的。但法官 S 却没有利用好这些好的理由，她实际上是基于 E4—E5 而相信 P 的，此时法官 J 并没有把信念奠基于真正支持该命题为真的那些理由之上，不满足信念辩护的条件（3）。所以在这个案例中，虽然有命题辩护，但却缺乏信念辩护。命题辩护与信念辩护的关键区分在于，当一个认知者拥有好的理由去相信一个命题时，他应该利用这些好的理由，而不能把自己的信念建立在那些并不支持该命题的理由之上。这里也引出了一个重要的想法，即知识必须奠基于正确的理由之上。

这里有两个值得注意的地方。首先，一个假的命题也可以受到辩护。给定一些证据式支持，只要该支持不蕴含结论为真，那么结论不是必然为真，因此存在结论为假但仍然受到辩护的情况。其次，假的命题（假证据）也可以为别的命题提供辩护。命题辩护是由命题之间的逻辑支持关系刻画的，即使提供支持的命题为假，只要它与被支持的命题之间存在足够强的推论关系，那么它也可以为结论提供命题辩护。[1] 此时认知者基于这些假命题也能获得信念辩护。[2]

----

[1] 需要注意的是，这里提供的只是初步辩护（*prima facie justification*），而不是最终辩护（*ultima facie justification*），即由错误命题提供的初步辩护是可被挫败的。

[2] 持相反意见的学者会认为，只有真命题（真证据）才能为另外一个命题提供命题辩护，那么此时认知者只有基于真命题才能获得信念辩护。

在上述区分的背景下，克莱因刻画了无限主义的命题辩护观和信念辩护观。他将无限主义的命题辩护观定义如下：

> **无限主义的命题辩护观**
>
> 对于认知者 S 来说，命题 P 是被辩护的当且仅当：
>
> i) 有一个始于 P 的既不重复又不穷尽的命题序列，且后继的命题为在前的命题提供充分的理性支持。
>
> ii) 该命题序列对 S 来说是可通达的。（Klein 2007a，8）

这里有一些需要解释的关键概念。首先，在命题辩护观中，当一个命题 Q 为命题 P 提供充分的理性支持时，Q 就可以被看作是 P 的理由。结合克莱因前文所说只有信念才能充当信念的理由，这里容易产生一个误解，即似乎克莱因在命题辩护观这里主张命题是命题的理由，但是由于命题和信念是有区别的，因此他的理由观产生了一个内在的不一致之处。针对这一问题，克莱因指出了"信念"这一概念的歧义之处。[1]一方面，我们可以用信念来谈论信念的内容，也即命题。比如，蓉蓉的信念〈水的结构是 H_2O〉是真的。在这个层面上，谈论信念与信念之间的关系实质是谈论信念内容之间的关系，或称之为命题之间的关系。命题不能被因果地引起，同样也不能发挥因果作用引发别的命题。但是，命题是真值的载体，而且命题之间有逻辑关系。另一方面，我们可以用信念指称认知者的信念状态

---

[1] 对这一问题的讨论可见 Klein（2014c，96）。

（belief state），即认知者与某个命题之间建立或保持的一种相信的认知关系。比如，蓉蓉昨天上了化学课，从而开始相信〈水的结构是 H_2O〉。一个信念状态是被因果地引起的，同样该状态也可以因果地引起新的信念状态。但是我们不能对信念状态谈论真假，而只能对信念的内容谈论真假。凭借对信念这一概念的歧义消解，我们谈论无限主义的命题辩护观时谈论的是信念内容之间的逻辑关系，而谈论信念辩护观时谈论的则是信念状态之间的因果关系。

其次，满足什么条件时一个命题是另外一个命题的理由并且对认知主体是可通达的呢？回答这一问题时，克莱因（Klein 1999，299 - 300）区分了客观可通达（objectively accessible）与主观可通达（subjectively accessible）。客观可通达说的是从客观的视角来看，一个命题 R 在什么意义上是另一个命题 P 的理由。对于这一问题，学界流行的理论至少可以列出下面几种：

（1）R 有较高的概率，并且条件概率 Pr（P/R）也足够高；

（2）一个客观且公正的观察者会把 R 当作是 P 的理由；

（3）在足够长的时间内，一群适合的人会把 R 当作是 P 的理由；

（4）R 对于 S 来说是自明的，并且 R 使得 P 也成为自明的；

（5）R 与 S 的最深层的认知承诺是相符合的；

（6）R 符合合适的对话预设条件；

（7）一个具有理智德性的人会把 R 当作是 P 的理由；

（8）如果 R 为真，那么 P 也会为真，并且如果 R 不为真，P 也不会为真。

客观可通达的要求限制了一个命题的理由的范围，即并不
是任何两个具有逻辑关系的命题都具有理由关系。举例来看，
如果我要为我的信念 P〈复旦大学在中国〉提供理由，那么我
即使给出命题 P1〈复旦大学在广州〉与命题 P2〈广州是中国的
一个省〉，并且这两个命题在逻辑上蕴含我的信念，但这两个命
题都不是我客观可通达的理由。按照上面（1）—（7）的理由
观来看，P1 没有较高的概率，条件概率 Pr（P/P2）也不高。
P1 不会被客观公正的观察者所接受，适合的人（比如研究复旦
大学历史的人）不会把它当作是 P 的理由，它也不会被具有理
智德性的人当作是 P 的理由。因此，正是因为这些条件的限制，
P1 与 P2 无法成为 P 的理由。

虽然上面列举了一些理由观，但是不同的理由观之间也有
分歧和冲突。那么在已有的理论中，应该采取哪一种呢？针对
这个问题，克莱因采取了一个让步策略，即承认有很多种对于
理由的理论，而无限主义理由观的选择暂时采取开放的态度。
哪种理由理论最好还无法事先决定，但是无限主义可以和基础
主义或融贯主义一样，只是谈论理由的结构问题。待经过学界
大浪淘沙后挑选出最佳的理由观，该理论自然可以成为无限主
义对于理由的看法。最关键的要点是，克莱因认为无限主义可
以与上述任何一种理论相兼容。

那么什么又是主观可通达呢？客观可通达说的是存在理由
支持某个命题，但是如果这一理由不能转变为认知主体的信念，

那么这些理由就缺乏主观可通达性。在当代知识论领域，要求信念理由的主体可通达是内在主义的想法。通达主义是知识论的内在主义的一种主流刻画方式，其核心思想可以表达如下：

通达主义（Accessibilism）
所有 S 仅靠反思（reflection）可通达的资源决定了 S 信念的辩护状态。

通达主义的主要思想是，使得我们的信念获得辩护的因素一定要是我们仅靠反思就能够获得的。这样一来，辩护的资源就在我们可掌握的范围之内，我们对其有一种特殊的通达方式，因而可以在力所能及的范围内履行自己的认知义务。这里特殊的通达方式是反思，更加细化来说反思可以包括内省（introspection），先天推理（a priori reasoning）以及对以这两种方式获得的知识的回忆。根据通达主义来看，如果两个认知主体 S 和 S＊ 仅靠反思可通达的资源是相同的，那么两个人的信念的辩护状态也是相同的。

但是无限主义是否能与标准的通达主义相兼容呢？乍看起来，无限主义所刻画的理由链条是无穷的，但是认知主体是否可以仅靠反思就通达具有无限长度的理由链条呢？这一困难常被学界称之为"有限心灵"困难（the finite mind problem）。对这一问题的进一步回答将放到本书第三章第一部分。

从克莱因对于命题辩护的论述可以看出，一个命题是可以获得完全辩护的，只要它拥有无尽且不重复的理由支持。但是这并不代表我们一定要实际上完成这个无穷的理由链条从而获得信念辩护。下面我们转向对无限主义的信念辩护的讨论。

无限主义的信念辩护观

S 的信念 P 拥有（信念）辩护当且仅当 S 以一种认知负责的态度相信 P。（Klein 2007a，6）

S 的信念 P 拥有（信念）辩护仅当 S 顺着无穷的理由之路，在对话情景中为 P 提供了足够的理由。（Klein 2007a，10）

虽然克莱因对于信念辩护给出了不同的表述，但是通过分析我们会发现两个表述之间内在的密切关联。在第一个表述中，克莱因把信念辩护与认知责任相挂钩。那么什么是认知责任（epistemic responsibility）呢？按照克莱因的理解，认知责任和履行认知义务有关。一个人作为真理的探究者，其责任就是尽可能获得真信念和避免假信念以提升信念的整体价值。实现这一目标的主要方法就是借助理由对信念系统开展审查工作，从而决定哪些命题值得留在信念系统中，哪些应该被排除。可见，完成这一目标离不开对于信念理由的运用。正是在这个意义上，第一个表述与第二个表述是内在相契合的。

但不容忽视的是，第二个表述隐藏着一个重要的维度，即辩护的对话维度（the dialectical dimension of justification）。根据这个维度来看，即使一个人拥有足够的理由支撑自己的信念，但是如果在对话情景中他无法提供足够的理由，他的信念也缺乏辩护。所以根据第二个表述来看，一个人必须给出信念的理由，成功回应他面临的认知挑战，才能获得信念辩护。克莱因（2014c，104）的这段评论可谓是点睛之笔：

> 当我们为一个命题 p 提供理由时，我们为一个信念状态的充分辩护做出了贡献。"辩护"一词，就像"改正"、"放大"、"证明"一样是成就型动词，它指示了一项活动的成功完成……如果我们运用理由来辩护一个信念状态，那么我们便贡献一己之力使得该信念变成被充分辩护的。

正因为被理由提升（reason-enhanced）的信念才有可能成为真正的人类知识，因此认知者需要在推理过程中完成信念的提升。简要来说，在推理的过程中，认知者运用理由来为自己的信念状态提供支持，从而使得信念变成被辩护的。针对信念辩护，无限主义者有一系列重要的补充。

第一，无限主义承认信念的完全辩护（complete justification），但是实际上没有例示。如果 P 的无穷且不重复的理由链条上的每一个理由都被提供出来了，那么 S 的信念 P 就获得了完全的信念辩护。但是由于提供理由涉及认知者的推理活动，而这种活动只能完成有限的步骤，所以没有任何信念实际上获得完全的信念辩护。[1]

第二，无限主义承认信念辩护的程度之分。只要一个认知

---

[1] 参见 Klein（2007a，10）。

者遵循无穷的理由之路开始为自己的信念提供理由支持，那么
该认知者的信念就开始获得辩护。随着不断的追问出现，该认
知者就必须遵循无穷的理由之路提供更多的辩护。无限主义者
主张，给出的理由越多，信念辩护的强度就越高。无限主义者
结合了语境主义（contextualism）的要素，即一个人的信念辩护
强度只要能满足在具体语境中提问者的追问就足够了，并不需
要给出整个的理由链条，并且这也是原则上不可能完成的事。

　　第三，信念辩护在本质上是暂时性的（provisional）。[1] 根
据无限主义来看，当认知者顺着无穷且不重复的理由之路为 P
提供理由 R1 时，信念 P 是被理由提升的，但是此时 R1 还没有
被理由提升。也就是说，此时 P 获得了信念辩护，如果其他条
件满足的话 P 也可以成为真正的知识，但是 R1 还未拥有信念辩
护，也无法成为真正的知识。当然，如果 R1 没有在对话情景中
被要求给出理由支持，那么 P 仍然能保持其信念辩护，但是一
旦 R1 被要求给出理由支持而 S 无法满足要求，那么 P 以前所获
得的信念辩护就会受到影响。[2] 此外，信念辩护的暂时性还
意味着没有任何命题可以一经给出就一劳永逸地解决分歧，因
为任何命题都是可以被进一步质疑和探究的。无限主义者承认

---

　　[1]　参见 Klein（2014b，115）。
　　[2]　这种负面影响有多严重呢？不同的无限主义者可以给出不同的
回答。最严格的无限主义者可以认为，如果理由链条上的某一环 Rn 无法
被理由提升，那么所有被 Rn 支撑的信念都无法被理由提升。温和的无限
主义者可以认为，如果理由链条上的某一个 Rn 无法被理由提升，那么认
知者信念辩护的强度只能止步于 Rn 的位置。克莱因（Klein 2007b，27）
采取了一种严格的解读。

有对话的暂停点，但否认基础主义者所设想的任何辩护链条的终结点。

前面已经指出，无限主义者认为基础主义和融贯主义不能解决阿格里帕三难问题，那么基于对无限主义核心主张的大致刻画，无限主义者又是如何解决该难题的呢？回想阿格里帕难题，它对认知辩护造成的实质挑战是，如果我们想要做有认知责任的人，那么我们就要对任何信念和命题的持有进行理性的评估，但这种评估会落入三种不利的结局：或是无穷理由倒退，或是基础的理由，或是循环的理由。乍看之下，无穷的理由倒退是最差的结局，因此我们退而求其次，寻找其他出路。

但在无限主义者看来，无穷倒退并不是一种理论的弊病，相反这是一个理论的优势，因为只有无穷且不重复的理由之路才能真正提升信念的可信度，从而使之上升为真正的知识。具有无限探究的能力以及满足情景追问的需求正是展现认知者履行认知责任的最佳方式，是贯彻认知者理性精神的最好体现。因此，与其说我们要避免无穷倒退问题，不如说我们反而应该承认和提倡无穷倒退的理由链条。这样一来，根本就不存在一个无穷倒退难题需要我们去解决，毕竟一个理论难题是我们需要克服的困难，但现在需要克服这一困难的理论担忧已经被消解了。因此，无限主义并不是解决阿格里帕三难，而是消解了我们对于理由无穷倒退这个现象的担忧。

到此为止，我们已经对克莱因的无限主义有了大致的了解。可以预料的是，既然无限主义是一种小众的理论，那么该理论一定会面临来自其他理论的批评。对这些批评的考察与回应构成了我们进一步深入理解无限主义的绝佳契机。因此，在下一章的内容中，本书将十分详细地考察无限主义面临的重重困难以及学界已有的辩护思路，并且从双方的争论中挖掘出无限主义的积极贡献和正面价值。

第三章　辩护无限主义

在这一章中，我们将集中探讨克莱因的无限主义理论所面临的困难以及潜在的出路。本章将会涉及四个主要困难，它们分别是有限心灵、冲突理由链归谬问题、辩护的来源问题以及三角战争。

第一节　有限心灵困难

有限心灵困难的实质是人类心灵的有限性与理由链条的无限性之间的张力。按照无限主义者的理论来看，如果支持一个命题的理由链条是无限长的，是否意味着一个认知者必须拥有无限多的辩护理由才能获得被辩护的信念呢？如果是这样的话，无限主义者似乎忽视了有限心灵能做之事，提出了不切实际的要求。下面是一些代表性的批评。亚里士多德在《后分析篇》中评论道：

> 由于必须知道最初前提，所以有些人认为知识是不可能的，另一些人承认知识是可能的，但却认为所有的事物

都是可以证明的，这两种观点都不正确，也不是必然的。断定知识不可能的人认为这会产生无穷后退。因为我们不能通过在先的真理知道在后的真理，除非在先的真理自身建立在最初的前提之上（在这一点上，他们是正确的，因为穿过一个无穷系列是不可能的）。如果系列到了尽头，存在着本原，那么它们是不可认识的，因为它们不能证明。而这些人认为证明乃是知识的唯一条件。如果最初前提是不可认识的，那么也就不可能无条件地、精确地认识由此推得的结论。相反，我们只能通过假定最初前提是真实的，从而假设性地知道它们。另一派同意证明是知识的唯一条件，知识只有通过证明才能获得，但他们主张一切都可以证明，没有什么阻止这一点，因为证明可能是循环的和交互的。

我们认为，并不是所有知识都是可以证明的。直接前提的知识就不是通过证明获得的，这很显然并且是必然的。因为如果必须知道证明由已出发的在先的前提，如果直接前提是系列后退的终点，那么直接前提必然是不可证明的。（亚里士多德 1990，250—251）

在这段文字中，亚里士多德表明，如果要获得他眼中的基于三段论证明的科学知识，那么必定要设定直接前提的知识，也即不是通过证明获得的知识，否则如果任何知识都来源于证明知识，我们就会遇上无穷倒退。亚里士多德认为无穷倒退是荒谬的，是不可能的。同样，当代学者也有类似的担忧。

S 的信念 P 的辩护的倒退一定会要求他持有无限多数量的信念。虽然这一要求在逻辑上是可能的，但是在心理上是不可能的。如果一个人能相信无限多数量的东西，那么也就没有理由不让他知悉无限多数量的东西。但是这两个可能性都与一个共同的直觉相矛盾，即人类的心灵是有限的。只有上帝才可能享有无限多数量的信念，但是上帝肯定不是唯一拥有辩护信念的认知者。（Williams 1981，85）

约翰·威廉姆斯（John Williams）的上述批评论证可以被概括如下：

（1）有意识地相信无限数量的命题是不可能的。

（2）无意识地相信无限数量的命题也是不可能的。

（3）所以，有限的心灵不可能以上述任何方式持有无限多数量的信念。

毫无疑问，作为有限的人，有意识地相信一个命题是需要花费时间和能量的。不论这种花费多么微小，在有限的生命里，任何一个认知者都无法有意识地相信无限数量的命题。因此，无限主义者并不会荒谬地否定（1）。那么无限主义者有什么回应方法呢？

1. 克莱因的回应

既然不能否认（1），那么是否可以否认（2）呢？认知者是否有可能在无意识的层面相信无限多数量的命题呢？乍看起来，我们可以通过以下三种方式无意识地相信无限多数量的命题。

首先，认知者似乎可以拥有无穷多的数学信念。借助逻辑推理，我们从某些不被质疑的前提可以推论出无穷多的命题。比如，小张相信自己的书桌上有一本 2020 年出版的《花间集》。那么根据逻辑演绎，该命题蕴含下面的命题，这本《花间集》是 2021 年以前出版的，这本《花间集》是 2022 年以前出版的，这本《花间集》是 2023 年以前出版的等等。[1] 这样的命题序列毫无疑问是无限的。但是问题在于，虽然在逻辑上这样的新命题可以无限写下去，但是如果构成该命题的概念超出认知者的理解，那么我们就不能说认知者仍然无意识地相信这些命题。当一个数字极其大，一个字符串极其长，或者一个表达式极其复杂时，它们所表达的概念都会超出认知者的理解能力。[2] 此时这些概念是认知者无法思考或指称的。即使要发明一种新

---

[1]　类似的案例可见 Foley（1978，311 - 312）和 Audi（1993，127）。
[2]　一个较好的例子是葛立恒数（Graham's number）。它曾经是正式数学证明中出现过最大的数，大得连科学记数法也不够用，但是后来被 tree（3）取代了。表述葛立恒数时需要用到高德纳箭号（Knuth's up-arrow notation）表示法。葛立恒数可以表示为右图的数字：

$$
G = \left.
\begin{array}{l}
\underbrace{3 \uparrow \uparrow \cdots\cdots\cdots\cdots \uparrow 3} \\
\underbrace{3 \uparrow \uparrow \cdots\cdots\cdots \uparrow 3} \\
\quad \vdots \\
\underbrace{3 \uparrow \uparrow \cdots\cdots \uparrow 3} \\
3 \uparrow \uparrow \uparrow \uparrow 3
\end{array}
\right\} 64 \text{ layers}
$$

的更加简明的表征数字系统，同样无法避免问题。因为只要理解这种表征系统要受到空间或时间属性的影响，认知者理解表征符号的界限就是认知者通过知觉所能识别和辨别的界限。因此，即使一个命题可以在逻辑的意义上蕴含无限多的命题，认知者以无意识的方式可以理解和考虑的命题也不是无限的。

其次，让我们来考虑有关颜色的信念。让我们考虑 RGB 颜色空间：

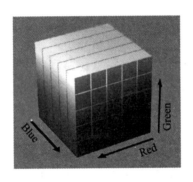

在这个颜色空间中，不同的三维坐标代表的是不同的颜色，而整个颜色空间里面可以有无穷多的颜色。[1] 假设 S 现在看到一只单色青花瓷瓶，瓶子的颜色正好对应 RGB 空间中的某个点 P（X，Y，Z）。那么，如果 S 相信这个瓶子的颜色是 P，S 就可以倾向于相信这个瓶子的颜色不是 P 以外任何点所代表的颜色。如果颜色空间代表了无穷多的颜色，那么 S 是否能拥有无穷多

---

[1] 标准的 RGB 颜色空间每个维度的数值取值范围是 0—255，并且只能取整数，所以它只能代表 $256^3 = 16777216$ 种颜色。此处讨论的时候我们假设它的取值不限于整数。不过即使只取整数，认知者也无法分辨这么多种颜色，所以是否取整数并不影响本段讨论的最终结论。

关于花瓶颜色的信念呢？虽然看起来 S 可以列出许多这样的信念，但是这类信念同样是有穷尽的。一方面，S 的肉眼可以分辨的颜色有限，过于细微的差别在认知者的视觉看来并不构成不同的颜色，因此无法辨别后加以指称。另一方面，S 用任何方法指称的颜色也是有限的。他可以列出 P 点的三维坐标，然后通过变化参数，产生一个新的点 Q，并且判断花瓶的颜色不是 Q 所代表的色。但既然涉及数字，上面我们考察的情况又会重复出现。比如一个人用小数来表示颜色之间极其细微的差别，但是如果这个小数的位数很多，多到无法理解时同样会出现类似的问题。

最后还有一种可能性。是否能借助索引词（indexical）来帮助形成无穷多的信念呢？比如针对一个特别长的数字或概念，我们用"这个"，"那个"这样的索引词来指代，从而帮助理解？初看起来，似乎有无穷多的对象可以用索引词来指称。但是这里存在的问题是，即使有无穷多的物体可供认知者指称，认知者也必须先借助感官知觉能力区分不同的对象，从而用索引词指称。但是如果认知者的知觉分辨能力只能分辨有限数量的东西，那么他们也只能用索引词指称有限数量的东西。除此之外，使用索引词无法提供足够强的可通达性。如果仅仅是说存在无限多的对象可以供认知者去指称，那么只要认知者实际上还没有成功指称该对象，有关该对象的命题就还无法影响认知者已有信念的辩护地位，这一点困难我们在后面的批评会继续提到。

既然认知者既不能有意识地相信无限多的命题，也不能以无意识的方式相信无限多的命题，那么到底出路何在呢？克莱因（Klein 1999，308）提出了一种新思路，即区分倾向信念（dispositional belief）与获得倾向信念的倾向（a disposition to form a dispositional belief）。

一般说来，倾向信念是与当下信念（occurrent belief）相区分的。举例来看，当体检填写个人信息表的时候，小杨会拥有关于自己血型的当下信念，即小杨会有意识地相信自己的血型是 B。但是在没有填表或没有其他刺激条件时，这些信息都会以倾向的方式藏在小杨的记忆之中。换句话说，平常她都是以倾向的方式相信自己的血型是 B。只有满足了特定的触发条件，她的倾向信念才会转变为当下信念。[1]对于一般的认知者而言，大多数我们的信念都是以倾向的方式存在的，并且这种倾向是一阶的（first order disposition）。但是，克莱因认为除了一阶的倾向，认知者还有二阶的倾向，即获得倾向信念的倾向。举例来看，在国内的小学数学课堂上，很多学生学习过乘法口诀表，因此很多人记住了 $7*9=63$ 这样的简单乘法运算。在学习的当时，$7*9=63$ 这一信念是认知者当下的信念，而在今后的生活中则会转化为倾向信念。但是 $214*911$ 的结果是多少

---

[1] 一般来说，潜在信念要转化为当下信念，除了要满足触发条件，还需要无阻碍条件。让我们类比一个科学常识，食盐能溶于水就是说当我们把盐放入一杯水中，盐有溶解于水的倾向，但是如果这杯水处于饱和状态，食盐将不会溶于水中。把食盐放入水中是触发盐溶解于水中这种倾向的条件，但是如果放入已经饱和的水中，食盐的溶解于水的性质没有得到触发，我们并不会说食盐失去了这个倾向，而是会解释说某些东西阻碍了（mask）这种性质的表现。同样，在认知的领域，我们也需要考虑认知阻碍（epistemic mask）的情况。对这一问题的进一步分析，可以参见王聚（2016）。

呢？相信大部分人还没有计算过这一结果，因此不可能对这一算式的结果有当下信念或倾向信念。但是这不妨碍大部分人通过运用乘法运算规则计算出 194954 这一结果。此时，认知者拥有的是乘法计算能力，而这种计算能力则可以帮助认知者获得 $214 * 911 = 194954$ 这一信念，从而获得一个倾向信念。现在的核心问题是，如果一个人掌握了乘法运算，他是否总有能力获得有关运算的新的倾向信念呢？虽然在有限的生命中，这个人实际上算出来的结果是有限的，但是这并不影响他在原则上可以继续运用这一能力获得新的倾向信念。

在获取信念的理由之时，一阶倾向是直接通过回忆的方式调取已经存储于认知者脑中的信息。但是由于认知者存储的信息有限，如果只靠一阶倾向，认知者可获取的理由是有限的。有了二阶倾向，认知者可以寻找新的理由。新的理由或者用的是认知者已经掌握的概念，或者需要认知者创造出新的概念。但无论如何，二阶倾向可以帮助认知者获取新的理由。在人类的历史上，这样的例子比比皆是。比如早期人们用《圣经》的创世论来解释物种的起源，而在《物种起源》出版后，人们用进化论里面的物竞天择理论来解释生物界物种的进化及变异。再比如，强子（Hadron）是一种亚原子粒子。在 20 世纪 60 年代时科学家观测到许多强子，但是对于强子的内部结构和性质（比如强相互作用）却无法给出解释。不过随着 1964 年默里·盖尔曼和乔治·茨威格分别提出夸克（quarks）的概念，这一问题才得到了较好的解释。克莱因（Klein 1999，309）总结说，正是在二阶倾向的意义上，无限主义者承认有无穷数量的理由对认知者来说既是客观可通达，也是主观可通达。

我们可以发现，克莱因在稍晚的文献中通过对比可通达性要求的高低刻画了无限主义者对于可通达性的弱要求。虽然采用了不同的刻画方式，但是对于主观可通达性的理解没有改变。克莱因区分了两种可通达性的要求：

> 强可通达
>
> 如果命题 P 是 S 仅靠反思就可获得，那么 P 对于 S 来说就是强可通达的。

> 弱可通达
>
> 给定 S 当下的认知实践，如果存在一个在知识论上可信的相信 P 的方式，那么 P 对于 S 来说就是可通达的。
> （Klein 2007a，13）

对于克莱因来说，强可通达性要求太高，难以达到。因此他主张的无限主义仅仅要求弱可通达。借用一个案例来区分两种可通达性。我相信澳大利亚的首都是堪培拉。当别人询问我如此这般相信的理由，如果我脑中能直接回忆起理由，那么该理由就对我来说是强可通达的。但是即使我给不出理由，我可以采取翻阅世界地图或打开百度搜索的方式来找寻潜在的理由。这里所采用的寻找方式是我常用的认知实践活动，这些方式能可靠地提供我需要的信息，而且我会倾向于相信这些渠道所提供的信息。正是由于这些渠道提供信息的便利与我的默认接受态度，这些理由对于我来说就是可通达的。也正是出于这个理由，克莱因做了一个形象的类比。一个认知者可通达的理由就像在他账户里的存款，只要他有合法的方式取出，他是否意识到有这些钱并不重要。

针对克莱因认为较弱的可通达性，迈克·修梅尔（Michael Huemer 2019）认为是存在问题的，因为这种程度的可通达性无法回应任意性问题或者提供辩护。修梅尔认为可供使用的理由的作用是解决基础主义所面临的任意性问题。因此，无限主义为了要解决基础主义的任意性困难才在每个理由之后设定进一步的理由。在此意义上，可供使用的理由可以帮助克服任意性的批评。但是无限主义者对于通达性的看法要求太低，以至于不能实现理由被赋予的使命。让我们考虑下面这个案例：

> 假设小朱相信自己的家里有一只窃听器，但是她没有任何证据，这个信念只是来自无端的受迫害妄想症。假设真的有一个贼人安装了一只窃听器在小朱家的沙发坐垫底下，并且如果有人询问她如此相信的理由，她就会在家里仔细寻找一番，而如果她真的翻看沙发，她就会发现这个窃听器，并且她也会愿意援引这一证据来表明自己家里有窃听器。幸好实际上并没有任何人要求她为这一信念寻求辩护，因此她也没有寻找这一窃听器。

那么小朱的信念是否缺乏辩护？她的信念是否是一个任意的信念呢？我们有理由对这两个问题做出肯定的回答，因为她的信念缺乏任何正面的证据，只是产生于受迫害妄想症，因此这一信念既缺乏辩护，也是任意形成的。但是我们不可否认这样一个反事实条件句的成立：如果她翻看了沙发底下，那么她的信念就会获得辩护。只是我们不能从这样一个反事实条件句推出她的信念事实上是被辩护的。因为在现实世界中，她并没有翻看沙发，也没有获得任何证据。从这个例子的讨论中我们发现，如果认知主体要借助理由的帮忙从而避免所持信念的任意性，那么该理由一定要是认知者不需要进一步获取新证据就可以使用和愿意使用的理由，否则这个理由无法为认知者当下的信念做出认知辩护上的贡献。

修梅尔的批评有一定的说服力，以这一批评为基础我尝试做出两个拓展式的评论。

首先，此处我们发现了两个冲突的想法。一方面，克莱因认为存在着很多理由，虽然认知者还未获得，但是却是可以轻易获得并且其获得方式是可信的。如果有这么一些理由可供认知者使用，那么对于认知者来说被这些理由所支持的命题难道缺乏（命题）辩护吗？另一方面，批评者认为，即使是命题辩护也只应该在认知者已有的证据范围之中考察，而不应该涉及潜在的或新的证据。我们是否要在这两个冲突的想法之间选择其一呢？还是说这两个想法并没有实质的冲突，只是存在表面的张力？在我看来，两种看法都是在讨论，在什么情况下一个命题对于认知者来说是拥有（命题）辩护的。此时，值得深究的是，当我们认为一个命题拥有辩护时，我们在谈论什么。根据较严格的观点，给定 S 所拥有的证据 E，如果 E 支持 P，那么

无论 S 是否实际上相信 P，P 都是拥有命题辩护的。此时，如果
S 缺乏任何证据支持 P，那么 S 相信 P 就是缺乏命题辩护的。此
处我们谈论的认知理由都是认知者的心灵状态。根据克莱因的
较松散的观点，证据 E 不限于 S 已经有的心理状态，还可以拓
展到 S 可以轻松获取的新证据。

　　让我们思考以下这种谈论方式。如果 P 是事实，那么 S 相
信 P 是受到辩护的。认知辩护关心的是认知者在认知领域中
行为的合适性，而该领域行为的合适性有几种不同的刻画方
式。有认知义务式刻画方式，有认知后果式刻画方式，也有
认知美德式刻画方式。此处我们尝试用认知义务式的方式来
继续讨论。当我们把一个人看作是认知者，他就必须满足追
求真理、避免谬误的认知义务。按照这样的思路，如果 P 是
事实，那么说得强一点，S 就有相信 P 的义务。即使说得弱一
点，S 相信 P 也是被允许的。但是倘若 S 缺乏任何和 P 有关的
证据就相信 P，那么 S 的信念按照较严格的观点来看是缺乏合
适性的。

　　要在这两种观点之中做出选择取决于认知理由的形而上学。
如果根据理由的心理主义派，即只有心灵状态（mental states）
才能作为认知的理由，那么克莱因谈论的理由就不能算作认知
理由。毕竟那些外在于认知者的信息不是认知者的心灵状态，
因此就其本质来说不是理由，也无法进一步谈论是否可通
达。[1] 如果根据理由的事实派，即非精神的事实或事态是认

---

[1]　对认知理由形而上学的争论可进一步参见 Turri（2009）。

知的理由，那么克莱因谈论的理由可以算作理由。[1] 毕竟那些外在于认知者的可获取的信息是一个非心理事实，因此可以算作是可通达的理由。不过这样一来，无限主义理论所具有的兼容性就失去了。回想克莱因在讨论理由观时曾经指出，不同的理由观之间有分歧和冲突，而何种关于理由的理论最好还无法事先决定，因此无限主义采取开放的态度。克莱因颇有信心地认为，经过学界大浪淘沙后挑选出最佳的理由观自然可以成为无限主义对于理由的看法。但是从上面的讨论发现，要使得克莱因的弱通达性可以成立，他必须寄希望于一种承认非心理事实可以作为认知理由的理论。当然，这个理论同样可以承认心理事实作为认知理由的可能性，但是严格的理由心理主义却是与无限主义不相容的。[2]

此外，换一个角度来看，克莱因的方案可以获得更多的支持。在传统证据主义的框架下，即使有一个外部事实支持认知者的信念，但由于这一事实还未成为认知者的证据，所以案例中主角的信念是缺乏辩护的。但是如果区分下面两个倒退问题，那么克莱因的想法便会获得更多支持。

认知的倒退问题

在时刻 t，S 的信念 P 满足什么条件才是拥有认知辩

---

[1] 这一派的支持人物可见 Dancy（2000）、Collins（1997）和 McDowell（1994）。

[2] 在别的地方，克莱因又认为只有信念才是信念的理由。如果按照这个立场来看，克莱因无法把非心理事实当作是信念的理由。

护的？

论辩的倒退问题

在论辩的过程中，一个说话者应该如何从认知层面辩护自己的信念？

前一个问题提的是共时的（synchronic）认知辩护问题，与论辩活动无关。后一个问题提的是历时的（diachronic）认知辩护问题，与论辩活动紧密相连。因此，在前一个提问的视域中，由于加了时间限制，尚未进入认知者视角中的命题是不能够影响认知辩护的。但是在后一个问题的视域中，由于打破了时间限制，那么一个人能轻易获取的新证据和一个人仅靠反思就获取的已有证据，就论辩活动来看都能很好地完成对原有信念的辩护。换句话说，在论辩活动中，影响认知辩护的更多是取决于说话者是否愿意寻找和给出理由，而不是取决于说话者所找寻的理由是否已经藏于心中。说话者已经获得的证据当然可以被轻易给出，而说话者需要借助身边信息源轻易获取的证据则需要花费额外的努力。虽然在获取的难易度和可靠度上可能存在差别，但是提问和回答的一个过程具有的实践因素（比如需要花费时间和精力）帮助掩盖了这一差别。正是在此意义上，弱通达性仍然可以为认知者的信念辩护做出积极的贡献。换句话说，当辩护的论辩维度得到彰显，无限主义者更容易回应有限心灵问题。

总结来看，为了借助弱通达性要求来避免有限心灵的难题，无限主义选择合适的理由观时并没有克莱因所设想的开放性，而是早已置入了内在的要求。所以，无限主义的合理性问题，也从有限心灵难题悄悄转向了认知理由的形而上学问题。限于空间，本书不进一步深入这一问题。但是，如果我们把无限主义处理的问题转向论辩的倒退问题，并且强调辩护的论辩维度，那么克莱因的想法将会获得更多的支持。在后面的讨论中我们会发现，无限主义面临的其余困难也会促成这一转向。

2. 新困难及其回应

针对克莱因的回答，有限心灵的批评得到了进一步加强。这一节我们继续讨论亚当·波德拉斯科沃斯基与约书亚·史密斯（Adam Podlaskowski and Joshua Smith 2011）的相关工作。

波德拉斯科沃斯基与史密斯指出，克莱因对于传统有限心灵困难的回应是合理的，不过他们要在此基础之上提出一个新的批评。两人的论证可以被概括如下：

（1）由于认知辩护是规范的概念，它蕴含着"应该"。

（2）一个人应该如此这般思想和行动蕴含着她可以这么做。

（3）但是并非无穷序列中的每一个理由都对认知主体是可通达的。

（4）因此，认知主体无法按照认知要求来行动。

（5）因此，无限主义刻画的认知规范是失败的。

（1）和（2）是伦理学与知识论里面比较常见的原则，此处不再赘述。波德拉斯科沃斯基与史密斯的批评思路主要体现在（3）之中。传统的有限心灵问题说的是认知者无法同时拥有无限多的当下信念，但此处的批评是，在无限的理由链条之中，每个理由无法都像克莱因所设想的那样可通达（即使是弱可通达）。假设 S 要为自己的信念 P 提供辩护，并且 R_1 支持 P，R_2 支持 R_1，R_n 支持 R_{n-1}。但是此时仅仅 R_n 对于 S 来说是可通达的还不够，为了满足辩护的论辩维度，S 还需要引用 R_n 来支持 R_{n-1}。对于理由的援引要求认知者必须要清楚 R_n 与 R_{n-1} 之间的顺序（order）。也就是说，就算理由链条上的 R_n 是可通达的，并不意味着认知者知道 R_n 在逻辑上的先后顺序，也并不意味着 R_n 能被 S 用来为 R_{n-1} 提供支持。波德拉斯科沃斯基与史密斯（Podlaskowski and Smith 2011，521）借用类比来论证理由链条上的关系不能出现跳跃：

> 与金融交易不一样，每一个认知交易（比如援引一个理由）依赖于另一个认知交易，而另一个认知交易又依赖于另一个。一个人不能随意进行交易并且指望从中获益。在还没有完成前面的交易时就强行闯入某个点是行不通的。相反，每一个认知交易都依赖于这个序列中它所处的位置。

批评者的意思是，即使对于认知者来说无穷的理由链条上的每个命题都是可通达的，但这不代表理由链条上的每个命题都会被认知者当作理由来使用，因为理由的使用需要依赖前后链条上的结点。比如，要使用 R_{100} 就要涉及 R_{99}。批评者认为，许多这样的认知交易从根本上超出了 S 有限的认知能力。因为在无穷理由链条上的许多节点 R_n 是 S 在有生之年根本不会去援引的，因此在 R_n 之后的理由根本就不会进入到 S 的理由视域之中。批评者甚至认为，更可能发生的情况是，虽然面对无穷的理由链条可以援引，但是到了某个节点处认知者 S 就不再继续援引理由，而是去瞎猜一个答案，或者对提供理由的活动感到无聊而止步。因此，波德拉斯科沃斯基与史密斯认为克莱因在解决传统有限心灵问题时提出的二阶倾向信念的想法是站不住脚的。

此时，无限主义者潜在的回应思路是把问题域从命题辩护转向信念辩护之上。因为即使在命题辩护的层面认知者缺乏二阶倾向的信念，但是认知责任在根本上是体现在理由的对话情景之中的。也就是说，如果挑战者在对话情境中并未要求某一理由，那么即使认知者未给出这一理由，这也不代表认知者无法满足认知辩护的要求。

这个思路是克莱因解决传统有限心灵挑战的思路，但是波德拉斯科沃斯基与史密斯却认为这一思路无法解决新的有限心灵挑战。批评意见认为，因为信念辩护与命题辩护之间的一个关键联结是奠基关系（basing relation），而根据克莱因在文献中的立场来看，他所理解的奠基关系会陷入困境。批评者认为克莱因会支持如下的一种奠基关系的观点：

一个人 S 的信念 P 是基于理由 R 的，那么或者 P 是由

R 引起的，或者 S 拥有一个高阶信念，即 S 相信〈R 是相信 P 的好的理由〉。[1]

在上述的观点中，奠基关系或者表现为因果关系，或者表现为一个高阶信念。如果无限主义者采纳这种观点，那么这两种可能性分别会导致什么困难呢？波德拉斯科沃斯基与史密斯论证说，如果奠基关系要求 S 拥有一个关于 R 和 P 之间的高阶信念，那么这样的奠基关系太过理智化（over-intellectualization）、受限太多，而那些理智能力较弱的认知主体无法实现，也就无法在认知上负责任。如果奠基关系体现为 R 和 P 之间的因果关系，又会导致 S 的理由无法全部发生辩护作用。所以无论如何，批评者都认为克莱因所依赖的这种奠基关系观点受限太多，会面临层层困难。批评的前半部分较容易理解，此处不再赘述。为了更好理解批评的后半部分，我们看如下案例：

话剧之约

蓉蓉和琛琛在上海图书馆学习了一整天。琛琛问蓉蓉是否愿意晚上去看话剧《仲夏夜之梦》。假设蓉蓉的答案取决于晚上的天气，并且琛琛提前已经看过手机天气预报说今晚不会下雨，此外琛琛还走到自习室外认真观察了天气情况，发现万里无云。琛琛拥有观察天气判断是否会下雨的可靠能力，但是她并不知道自己所观察到的情况与天气

---

[1] 这个观点来自于 Korcz（2000）。

之间到底存在什么关系。根据她过往的经验还有手机消息，她相信今晚不会下雨。当蓉蓉问琛琛是否今晚会下雨时，琛琛回答说："不会下，天气预报说今晚是晴天。"蓉蓉说："你用的是哪个天气预报，靠谱吗？"。琛琛回答说："我用的是上海中心气象台的 App，这个软件可靠度很高。"听了琛琛的回答，蓉蓉很满意，于是开心地答应了话剧之约。[1]

批评者认为，此处琛琛的信念 P〈今晚不会下雨〉是由两个理由所支持的，一个是她观察天气的经验 R1，另一个则是来自上海中心气象台的证词 R2。但是在实际的对话当中，琛琛只是援引了 R2 来辩护自己的信念 P，并未使用 R1。批评者认为 R1 同样为 P 提供了辩护，但是出于某些原因（比如她认为 R1 并不是支持 P 的好的理由，或者她觉得要进一步辩护 R1 比较复杂），琛琛并未援引 R1。这样一来，批评者得出了一个重要的结论：琛琛的信念并不是在 R1 的基础上得到辩护的，但是显然 R1 为琛琛的信念 P 的辩护做出了贡献。因此，一个看似不合理的结论就产生了，没有被援引的理由将会缺乏认识论上的辩护作用。更一般来说，批评者认为，如果认知辩护一定要求认知者援引理由，那么所有未被援引但是却发挥辩护作用的理由就被忽视了。所以，批评者认为，基于因果关系来讨论奠基关系，会使得认知者的某些理由无法发挥辩护作用，该观点的限制过多，

---

[1] 这一案例经过了本土化改编，原案例可参见（Podlaskowski and Smith 2011，524）。

因此是存在问题的。

回顾波德拉斯科沃斯基与史密斯的批评，我尝试做出两个回应，并以此为克莱因的无限主义进行辩护。首先，无论是传统的有限心灵问题还是新的有限心灵问题，无限主义者都应该在信念辩护的层面，而不是在命题辩护的层面来解决这一问题。只有在信念辩护的层面上，诉诸于语境的限制因素，认知者才不需要实际上穿越无限长度的理由链条。此时，虽然认知者只是跨越了有限的理由链条，但是只要他拥有克莱因所谓的二阶倾向信念，他就有能力进一步寻找和获取潜在的理由。需要注意的是，一个有能力寻找理由的人不仅可以通达这一命题，而且还能将这一命题视作是另外一个命题的理由。这样一个寻找作为理由的命题并且援引该理由的过程是具有真正人类知识必须具备的能力。[1] 因此，波德拉斯科沃斯基与史密斯的批评并未能撼动无限主义。当然，他们也意识到无限主义者会将战场转移到信念辩护上，所以将批评的矛头转到了奠基关系，特别是对认知者援引理由的要求之上。所以，无限主义者做出回应的着力点也应该随之转移。

其次，波德拉斯科沃斯基与史密斯对于援引理由的理解有误。他们的批评意见中隐藏着这样一个推理：R1 和 R2 都为 P 提供辩护，但是 S 只援引了其中一个理由就完成了对 P 的辩护工作，那么另外一个理由就不发挥辩护作用。这个推理中对辩

---

[1] 对于该问题的进一步分析可见本章第三节对于推理与辩护关系的探究。

护的理解是歧义的，因此才会造成误解。当我们说 R1 和 R2 都
为 P 提供辩护时，这里的辩护并不带有论辩的维度，但是当 S
引用一个理由完成对 P 的辩护工作时，却已经加入了辩护的论
辩维度。此时，未被援引的理由当然可以具有知识论意义上的
积极作用，但是它尚未获得论辩层面的辩护作用。此时，值得
进一步深究的有两个问题。第一，为何某些理由提供的辩护是
非论辩的，而另外一些理由提供的辩护是论辩的。第二，为何
S 只援引部分理由来辩护自己的信念，而不援引自己拥有的所
有相关理由呢？对这两个问题的深入探讨是本章第三节的任务，
这里我只尝试给出一些初步回答。针对第一个问题，某些提供
辩护的理由 R 可以在本体论上解释为何被辩护的东西为真，但
是如果该理由缺乏公共可信度或者公共的可通达性，那么这种
解释力在对话活动中就无法发挥作用。针对第二个问题，S 对
于理由的援引取决于 S 运用理由所要达到的目的。一般说来，S
运用 R 来辩护自己的信念当然是要消除挑战者的质疑，捍卫自
己信念的合理性或事实性。因此，S 具体选用什么理由除了要
考虑 S 拥有哪些理由，还必须考虑 S 的对话语境的特征，比如
哪些理由是挑战者和辩护者双方都倾向于接受的。正是在这个
意义上，我们注意到了人类知识所要求的信念辩护特征。这类
知识不仅需要拥有理由的支持，还要求这些理由在对话的层面
上具有辩护效力，能打消挑战者的疑虑，能捍卫说话者的断言。
所以，波德拉斯科沃斯基与史密斯的批评忽视了克莱因的无限
主义当中所具有的论辩维度。正是出于这个维度的考虑，某些
发挥非论辩辩护作用的理由不会被认知者援引使用，而辩护者

对于理由的选择也会更有策略性和目的性。

第二节　冲突理由链归谬问题

上一节我们讨论了无限主义面对的有限心灵问题，这一节我们进入无限主义面临的第二个问题，即冲突理由链归谬问题。有限心灵的问题是针对无限主义的实用批评（pragmatic objection）。实用批评的立足点是认为无限主义在实践层面上会遇上困难。但是冲突理由链归谬问题是针对无限倒退的理由链的概念或逻辑批评（conceptual or logical objection）。[1] 概念批评认为无限倒退的链条不能提供辩护，因此无论实际上认知者是否能满足该要求，这个想法本身就是存在问题的。

克莱因（Klein 1999，311）把这一问题的主要论证思路概括如下：如果存在无限倒退的理由，那么任选一个偶然命题都会是被辩护的。但是这一想法是荒谬的，因此不存在无限倒退的理由。下面我们结合文献中具体的论证思路来展开分析。

1. 什么是冲突理由链归谬问题？

冲突理由链归谬问题被许多批评者提到，我们选取一个代表性的论证来展开分析。[2] 根据无限主义的理论来看，一个拥有辩护的命题是被一个既不重复也无穷尽的理由链条支持的。

---

[1]　这一批评的性质定位可见 Post（1980，31）。

[2]　相关讨论可参见 Pollock（1974）、Oakley（1976）、Cornman（1977）、Foley（1978）和 Post（1980）。

但是批评者认为，如果一个命题 P 能以这样的方式得到辩护，那么所有的命题，包括 P 的逻辑否定式也能以同样的方式获得辩护。

根据约翰·珀斯特（John Post 1980，33）的表述，如果满足下面三个要求，那么就能构建一个非循环且无限的辩护链条：

······$P_3 \rightarrow P_2 \rightarrow P_1 \rightarrow P_0$

（1）P_n 蕴含 P_{n-1}（n>0）

（2）P_n 不被任何 P_m 蕴含（m<n）

（3）P_n 不被任何 P_m 的集合蕴含（m<n）

条件（1）使得命题之间的辩护关系表现为逻辑蕴含。条件（2）保证一个命题不会被比其角标更小的单个命题所蕴含，避免了辩护链条之间的循环。条件（3）保证命题不会被比其角标更小的命题构成的集合所蕴含。毫无疑问，在众多提供辩护的逻辑推理形式中，演绎推理肯定算是典型之一。因此，假定一个人要为 P 提供辩护，借助条件句的肯定前件式推理（*modus ponens*），下面的肯定理由链可以提供很强的理由支持。

肯定的理由链

1. $P_0 = P$

2. $P_1 = Q \& （Q \rightarrow P）$

3. $P_2 = R \& （R \rightarrow （Q \& （Q \rightarrow P）））$

4. $P_3 = S \& (S \rightarrow (R \& (R \rightarrow (Q \& (Q \rightarrow P)))))$ [1]

......

　　在肯定的理由链中，下一行的理由为上一行（比如 2 为 1，3 为 2）提供了演绎的证据支持，并且这样的理由链条可以不断继续下去。因此，根据无限主义的观点来看，对于 S 来说，有一个既不重复也不穷尽的理由链为 P 提供充分的支持。

　　此时产生了一个逻辑问题，即如果肯定的理由链能辩护 P，那么基于同样的辩护结构，我们也能表明 P 的否定式也能获得辩护。此时，我们仍然使用条件句的肯定前件式推理（*modus ponens*），可以得到如下一个支持非 P 的理由链：

　　否定的理由链

1*. $P_0 = \neg P$

2*. $P_1 = Q \& (Q \rightarrow \neg P)$

3*. $P_2 = R \& (R \rightarrow (Q \& (Q \rightarrow \neg P)))$

4*. $P_3 = S \& (S \rightarrow (R \& (R \rightarrow (Q \& (Q \rightarrow \neg P)))))$

......

　　肯定的理由链和否定的理由链在结构上是一样的，两个都利用了条件句的肯定前件式推理，并且都是无穷且不循环的，

_____

[1]　为了表述的简介，在肯定的理由链中不再重申珀斯特的三个限制条件。

只是一个理由链为 P 提供辩护，而另外一个理由链为非 P 提供辩护。此时，我们面临一个荒谬的结果：如果一个无穷倒退且不重复的理由链条可以辩护命题 P，那么这样一个结构同样可以辩护非 P。因此，如果无限主义要成为一个有关辩护结构的可行理论，那么该理论必须回应这一难题。

2. 融贯主义与可替代信念难题

细心的读者可以发现，无限主义的冲突理由链归谬问题和融贯主义面临的可替代信念系统问题十分类似。

根据融贯主义来看，组成我们经验知识的信念系统只要系统内部是融贯的，就可以获得辩护。但是仅仅依靠融贯性本身无法从众多（甚至是无限多）融贯程度一致但相互不相容的信念系统中挑选出一个信念系统。[1] 邦久指出：

> 只基于融贯的标准，我们在不同的系统之间做出的选择会是任意的。所有的这些系统，以及系统中所包含的信念都会是同等程度地被辩护的。由于所有（或近乎所有）的一致的信念都会属于这样的一些系统，这一局面就意味着我们没有理由相信我们实际上持有的信念比另外的替代信念更可能为真。这个结果显然是一种怀疑论，并且由于认知辩护不再能在不同的经验信念之间做出区分，这一概念也就失效了。（BonJour 1985，107）

---

[1] 参见 BonJour（1985，107）。

可以借助可能世界来构造融贯程度大致相同但却互不相容的信念系统。我们所在的世界被称为现实世界,与我们现实世界有差异的世界是可能世界。可能世界的数量是很多的,而针对每个可能世界都可以构造一个内部融贯的描述集合。这个集合与现实世界的信念集合却是不相容的。如果仅仅依赖于融贯标准,我们无法为相信现实世界的描述集提供认知辩护,因为别的描述可能世界的信念集同样是获得辩护的。此外,在知识论领域中,当我们讨论怀疑论问题时,对于感觉经验的日常假说总是面临怀疑论假说的冲击。比如,基于我的感觉经验,下面两个信念系统可以具有同等的融贯程度:

日常信念假说系统(CSB)

CSB1:有几十个同学在听我上课。

CSB2:我在用电脑投影仪放映 PPT。

CSB3:我在复旦大学光华楼上课。

怀疑论假说系统(SHB)

SHB1:我有关于几十个同学在听课的幻觉。

SHB2:我有在用电脑投影仪放映 PPT 的幻觉。

SHB3:我有在复旦大学光华楼上课的幻觉。

既然日常信念系统与怀疑论假说系统是同等融贯的,那么我们选择日常信念系统就会缺乏认知辩护,而这无疑是一个怀疑论的结果,即我们相信日常信念假说系统是缺乏认知辩护的。

邦久认为,这个问题并不难回答。首先,如果这个难题说的是在某个特定时刻来说存在同样融贯的竞争信念集无法排除，那么这个问题对所有的辩护理论来说都存在，也就不是只针对融贯主义的，不必太在意。而且，只要一个理论允许这样一种可能性，即在特定时刻内部融贯但相互冲突的多个理论在接下来的时间里其融贯性会被打破，那么这个难题可以轻易解决。可以发现，邦久引入的观察要求恰好留下了这一可能性。

其次，如果该难题说的是，就长远来看，仍然存在同等融贯的竞争信念集无法被排除，那么这个想法就是有问题的。因为考虑到经验世界对我们信念系统的输入作用，那么随着观察的积累，一些本来融贯的信念系统会逐步变得没有那么融贯，因此也就会被排除。[1] 这里我们可以注意到静态的融贯（static coherence）与动态的融贯（dynamic coherence）之间的区分。假设系统 S1 是真正的经验知识系统，而 S2 是另外一个随意创造出来的信念系统，虽然在时刻 t1 两者可以拥有大致相同的融贯程度并且呈现不相容状态，但此时两者的融贯程度是静态的。如果两者同时受到观察要求的限制，接受持续的经验输入，并且尝试调整可能出现的信念冲突，那么此时两个系统就获得了动态的融贯性。一个拒绝接受经验输入的系统虽然可以保持其初始的融贯程度，但却不可能拥有自发信念，也无法满足观察要求，最终失去了成为经验知识的资格。当我们关注信念系统的动态融贯性时，在 t1 时刻同等融贯的竞争理论 S1 和 S2 会

---

[1] 参见 BonJour（1976，302）。

在长期的经验输入下失去平衡的格局，从而让 S1 最终胜出。[1]

读者也许会注意到这里有一个关键假设，即一个客观的世界会持续不断地提供融贯的输入，以至于相互竞争的信念系统不可能在长期的观察影响下保持原有的融贯性，但是融贯主义者对这一预设缺乏较好的论证。

可替代信念系统问题揭示出经验信念被辩护是借助于与其他信念的推理关系以及整个信念系统的联系，这些完全是内部的关系。这整个过程不需要外部世界的参与，这就意味着我们经验知识的系统中毫无经验世界的输入作用，那么看似与世界相分离的信念系统如何能构成经验知识呢？我们有理由认为，关于经验世界的知识必须在最低限度上接受外部世界的影响，否则封闭的信念系统要想获得对经验世界的描述性成功完全是偶然或奇迹。

邦久认为，融贯主义可以承认外部世界对认知系统的输入作用，但是这种输入作用仅仅是因果的，而不是认知的。外部世界通过因果的方式引起认知的自发信念，但是这些信念只有在信念系统中才获得认知辩护。[2]并且他引入观察要

---

[1]　参见 BonJour（1985，144–145）。

[2]　邦久为了解决分离难题，提出了认知的自发信念（cognitive spontaneous belief）这一概念。自发信念的特点是产生的突发性，这类信念不是由推论产生，不是来自于深思熟虑的理性思考过程，也不是随着我们有意识的控制所产生，因此带有强迫性。比如，当我面前有一辆车开过去，我会产生自发信念〈前面有一辆车〉，或者当我抬头看到前面桌子上摆着一本红色的书，我会产生自发信念〈桌上有一本红色的书〉。这类信念在基础主义者那里是自我辩护的，但对于邦久来说仍然是被推论地辩护的。以自发信念〈桌上有一本红色的书〉为例，其辩护的方式可以写成下列的论证：

（转下页）

求（The observation requirement）。[1] 观察要求说的是任何一
个信念系统如果能成为外部知识的候选者，它必须包含这样一
个定律，该定律赋予合理范围内的认知的自发信念以较高的可
靠性（包括那些为了识别出可靠自发信念必须要求的反省的信
念）。观察要求的背后有这样一个核心想法：信念系统中不是被
先天辩护的陈述必须在原则上是可以通过观察来检验，而通过
直接或间接的检验方式，这些陈述或者被证实，或者被拒绝。
要注意的是，观察要求并不能强迫那些被赋予可靠性的自发信
念在事实上可靠，一旦这种赋予是错误的，就会最终带来系统
内部的不融贯。所以，根据观察要求，一个认知者必须努力寻
找出有冲突的观察，才能最后使得他的诸多信念保持融贯的状
态，也因此成为被辩护的。这样一来，经验知识就离不开外部

（接上页）（1）我拥有一个认知的自发信念〈桌上有一本红色的书〉，该信
念属于类型 K1。

（2）条件 C1 满足。

（3）属于 K1 类型的认知的自发信念在条件 C1 下是很可能成真的。

（4）因此，我的信念很有可能成真。

（5）因此，很有可能桌上有一本红色的书。

这里需要解释 K1 和 C1。以自发信念〈桌上有一本红色的书〉为例，该信
念是有关中等体积的物理对象的颜色和一般分类的视觉信念，这个类型可
以简记为 K1。其次，该信念是观察的结果，而观察时的情况可以称之为
C1。当我观察桌上那本红色的书时，C1 可以被描述为：有充足的光照，观
察者与被观察物体之间的距离是合适的，并且观察者的视觉官能运作正常
等等。此外，有这样一个有关众多相似观察者的真的自然定律，即在情况
C1 中属于 K1 类自发信念是高度可靠的，是很有可能为真的。当为〈桌上
有一本红色的书〉辩护时，条件（1）—（3）都是被认知者所相信的前
提，所以认知者可以以此为前提为〈桌上有一本红色的书〉提供辩护。

[1] BonJour（1985，141）。

世界的输入作用，而且该作用不仅仅停留在可能性层面。

3. 问题回应

面对可替代信念系统难题，融贯主义者可以诉诸观察要求来寻找出路，这实质上是借助命题之间的逻辑关系以外的因素来弥补融贯主义辩护观的缺陷。那么，无限主义者是否也能给出类似的回应呢？在相关文献中，我们可以发现两个可行的回答。

从克莱因（Klein 1999，312）的回应来看，他认为批评者有这样一个关键预设，即存在这样一个既不重复也不穷尽的理由链就足以产生辩护，也就是说按这种结构排列的理由构成了命题辩护产生的充分条件。但是克莱因只把具有这种结构的理由看作是命题辩护产生的必要条件。让我们回顾克莱因对无限主义命题辩护观的刻画：

> 对于认知者 S 来说，命题 P 是被辩护的当且仅当：
> i) 有一个始于 P 的既不重复又不穷尽的命题序列，且后继的命题为在前的命题提供充分的理性支持。
> ii) 该命题序列对 S 来说是可通达的。（Klein 2007a，8）

根据上面的定义来看，珀斯特的挑战仅仅满足了条件 i），但是还有条件 ii）可以限制命题序列的通达性。也就是说，即使某些命题之间存在演绎或其他逻辑关系，但是这不足以构成理由关系，因为这些理由或者不是客观可通达，或者不是主观可通达。主观可通达主要谈论的是理由是否能被认知者掌握，然而就上面的否定理由链和肯定理由链来看，就概念复杂性上大致等同，因此两者的主观可通达性并没有实质差别。客观可通达说的是从客观的视角来看，一个命题 R 在什么意义上是另一个命题 P 的理由。对于这一问题，学界流行诸多理论，而克莱因认为无限主义暂时应该保持开放态度。我们不妨构造两个在具体内容上有冲突的理由链：

肯定的理由链

1. $P_0 = P$ 张三今天还活着

2. $P_1 = Q \& (Q \rightarrow P)$ 张三昨天死亡 & （如果张三昨天死亡，那么张三今天还会活着）

……

否定的理由链

1*. $P_0 = \neg P$ 张三今天已死亡

2*. $P_1 = Q \& (Q \rightarrow \neg P)$ 张三昨天死亡 & （如果张三昨天死亡，那么张三今天已死）

……

在上面的冲突理由链中，我们仅仅为两个命题赋予了内容，但是已经足够展开讨论。按照克莱因列出的几种理由观来看，2 显然概率较小，因为人死不能复生。一个客观且公正的观察者已经很熟悉地球上的人的生死，是不会把〈张三昨天死亡〉和

〈如果张三昨天死亡，那么张三今天还会活着〉当作是相信〈张三今天还活着〉的理由，而具有理智美德的人也不会这么做。当然，这里有一个需要解释的东西，即为什么 2 里面的命题不会被当作理由呢？一个自然的解释是，这里的命题刻画的东西与我们所处的现实世界格格不入，而且有海量的反面经验证据。也正是如此，克莱因认为，任何一个命题都可以找到一个无穷且不重复的命题序列支持，但这只表明任何一个命题都有潜在的辩护链，但是只有某些潜在的命题链才能最终成为实际的辩护链，而成为实际辩护链必须包含的是理由，而非仅仅是呈现推理关系的命题。

艾金的无限主义提供了另外一条出路。他区分了纯粹的与非纯粹的无限主义：

> 纯粹的无限主义：只有无限的推理链条才能产生认知辩护。
>
> 非纯粹的无限主义：除了无限的推理链条，还有别的辩护来源。

面对冲突理由链归谬问题，艾金认为只有非纯粹的无限主义才能避免这一问题。那么除了无限的推理链条，还有什么别的辩护来源呢？艾金（Aikin 2011，104）提出一种混合式的观点，即命题可以既拥有基于推理的辩护，又拥有非推理的辩护。非推理的辩护来源于基础主义的洞见，即理解、道德直觉与经验提供了初步（*prima facie*）与直接（immediate）的辩护。而正是这些方面的补充使得我们可以在相冲突的无限理由链条中做出判决，从而避免将冲突双方都当成是被辩护的。因此，艾金认为基础主义与无限主义两个理论之间并非一定是不兼容的。并且就理由之间的相对优势来看，非纯粹的无限主义是占优的。

但是此时遗留一个问题，一种不纯粹的无限主义还算无限主义吗？卡尔·吉列特（Carl Gillett 2003，715）曾评论道，无限主义可以被分为勇敢型和谦虚型。勇敢型无限主义（bold infinitism）认为辩护的无穷倒退决定了被辩护的信念，而谦虚型无限主义（modest infinitism）认为辩护的无穷倒退标示着被辩护的信念。两者都承认信念获得辩护的必要条件是辩护的无穷倒退，但两者的差别在于前者认为信念之所以获得辩护是因为（in virtue of）辩护的无穷倒退，而后者不承诺这一点。谦虚型无限主义也就是艾金所讨论的非纯粹的无限主义。但是吉列特认为谦虚的无限主义会面临一个困难。克莱因讨论无限主义的命题辩护观时引入避免任意理由和避免循环理由原则，并且他认为只有满足这两个条件才能提供辩护。可是如果竟然有一个信念不是由于另外一个非任意的信念就获得非任意（non-arbitrary）这一属性，那么此时我们就会产生一个自然的质疑，即为何要把一个无穷倒退的理由看作是产生辩护的必要条件呢？而这个疑问一旦产生，就会促使我们放弃无限主义的内核，此时谦虚型无限主义与基础主义的差距也就并非实质性的。[1]

面对这一问题，克莱因与艾金的回答策略也会略有不同。

---

[1] 参见 Gillett（2003，716）。

艾金认为，谦虚的无限主义本身只是一个对于辩护结构（structure）的理论，因此它不对辩护的来源（source）加以限制。也正是因为这一理论允许辩护的来源多样化，因此它是不纯粹的。不过它仍然是无限主义的，一种结构的无限主义。而且当该理论与基础主义或融贯主义相结合时，也产生了不纯粹的基础主义或融贯主义，因此不必担心不纯粹的无限主义会蜕变为一种纯粹的基础主义或融贯主义。[1]

对于克莱因来说，由于他并没有公开承认别的辩护来源，而只是限制了可通达性条件，因此他的理论应该被看作是吉列特分类下的勇敢型无限主义。当限制了某些命题序列不会成为理由序列，克莱因尝试避免冲突的无穷理由链条都成为辩护链条。此时，我们可以看到一个二难问题。一方面，如果这里的限制条件本身是与辩护无关的，那么借助这些限制条件来仲裁两个冲突的理由链将会缺乏合适性。另一方面，如果这里的限制条件本身构成了辩护的来源之一，那么他的理论其实就是一种隐藏的非纯粹的无限主义。当然，面临什么问题取决于克莱因对限制条件的进一步刻画。正因为他没有选择一个具体的理由观，而是采取开放态度，所以这里的困难还未完全成型。

第三节　辩护的来源问题

这一节我们讨论无限主义面临的第三个突出的理论困难，即辩护的来源问题。克莱因曾把这一问题当作是无限主义最难

---

[1]　这一回应思路参见 Aikin（2011，111）。

回答的问题。[1]亚里士多德在《后分析篇》中认为一切通过
理智的教育和学习都依靠原先已有的知识而进行，并且存在不
能被证明的知识。亚里士多德指出：

> 我们认为，并不是所有知识都是可以证明的。直接前
> 提的知识就不是通过证明获得的，这很显然并且是必然的。
> 因为如果必须知道证明由已出发的在先的前提，如果直接
> 前提是系列后退的终点，那么直接前提必然是不可证明的。
> 以上就是我们对这个问题的看法。我们不仅主张知识是可
> 能的，而且认为还存在着一种知识的本原。我们借助它去
> 认识终极真理。[2]

那么针对不可证明的知识，它们的辩护从何而来呢？亚里
士多德写道：

> 显然，这是一切动物所具有的一种属性。它们具有一
> 种我们叫做感官知觉的天生的辨别能力。所有的动物都具
> 有它，但有些动物的感官知觉后来被固定下来了，而另一
> 些则不。没有被固定下来的动物，要么在感觉活动以外完
> 全没有认识，要么对于其知觉不能固定的对象没有认识，
> 而感官知觉能被固定下来的动物在感觉活动过去后，仍能

---

[1] 参见 Klein（1999，312）。
[2] 亚里士多德（1990，251）。

在灵魂中保存感觉印象。当这种进程不断重复后，可从感官知觉的这种固定中获得一种道理的动物与没有这种能力的动物之间，便会出现进一步的差别。

这样，正如我们所确定的，从感官知觉中产生出了记忆，从对同一事物的不断重复的记忆中产生了经验。因为数量众多的记忆构成一个单一的经验。经验在灵魂中作为整体固定下来即是普遍的。它是与多相对立的一，是同等地呈现在它们之中的统一体。经验为创制和科学（在变动世界中是创制，在事实世界中是科学）提供了出发点。这样，这些能力既不是以确定的形式天生的，也不是从其他更高层知识的能力中产生的，它们从感官知觉中产生。[1]

简而言之，亚里士多德认为，推理知识的前提是不可证明的知识，而这些知识的来源是感官知觉。再进一步，我们所寻求的辩护是来源于感官知觉，而推理活动顶多只能传递（transfer）辩护，而不能产生（create/originate）辩护。

这一想法在当代知识论仍然受到支持。丹希（Jonathan Dancy 1985，55）表达了类似的想法：

通过推论的辩护只是有条件的辩护；如果 A 是从 B 和 C 推论而出，那么 A 的辩护依赖于 B 和 C 的辩护。但是如果所有的辩护都是在这个意义上是有条件的，那么没有任

[1]　亚里士多德（1990，347—348）。

何东西可以被看作是实际上无条件地辩护的。

吉内特（Carl Ginet 2014，290）也做出如下评论：

> 无限主义面临一个更重要且更艰深的困难：推论不能创造辩护，它只能把前提拥有的辩护传递给结论。因此事实不可能是这样的，即存在辩护但它们全是来自于推理。

吉内特（Ginet）认为通过推理的辩护可以类比工具价值。当我们说某物有工具价值，就是说某物提供一种方式帮助我们实现某个目的而获得价值。假设学习是实现幸福人生的工具，那么学习自身并没有价值，而只是作为实现幸福人生的工具从而获得了工具价值（instrumental value）。也就是说，学习依赖于幸福人生从而获得价值。但是，要使得这样的讨论有意义，我们必须要假设，幸福人生本身是有非工具的价值的，也就是幸福人生不再是作为实现别的目标的工具而拥有价值，否则无论是学习还是幸福人生所获得的价值还要继续追溯到更高层次的目的。那么同样地，如果 X 从 Y 那里获得通过推理的辩护，而推理活动本身只是传递 Y 性质给 X 的一个工具，那么如果 Y 本身不具有这种性质，而是又依赖于 Z 赋予这种性质，我们将无法找到被传递的性质的起点。也就是说，如果没有那个不依赖于推论活动就获得辩护性质的起点，我们就无法理解作为该起点的推论结论的信念是如何获得辩护性质的。

上面刻画的这种观点是学界对推理与辩护关系的主流观点，

并且为基础主义者所广泛持有。为了行文方便，我把这种观点称作推理工具主义（reasoning instrumentalism）：

推理工具主义

推理活动只能把推理前提拥有的认知辩护传递给结论。[1]

为了理解推理工具主义，我们看下面两个推理：

A1：黄浦江在上海；

A2：上海是中国的一座城市；

A3：因此，黄浦江在中国。

B1：黄浦江在拉萨；

B2：拉萨是中国的一座城市。

A3：因此，黄浦江在中国。

这两个推论的逻辑形式都是有效的，但我相信大部分读者有如下直觉。虽然两个推论形式有效，但假设 A3 没有除了推理以外的辩护来源，那么第一个推理的结论 A3 是被辩护的，而第二个推理的结论 A3 是缺乏辩护的。原因在于，结论的辩

---

[1]　读者此处不能混淆两个想法，一个想法是推理活动只能把前提拥有的认知辩护传递给结论，另一个想法是推理活动有时不能把前提拥有的认知辩护传递给结论。两个想法可以同时为真，并不冲突。

护与否部分取决于为结论提供理由的前提是否获得了辩护。因此，如果我对 A1 和 A2 持有辩护，那么通过好的逻辑推理，辩护这个属性可以传递给 A3；相反，如果我对 B1 或 B2 缺乏辩护，那么即使 B1、B2 和 A3 之间存在有效的推理关系，辩护属性也无法传递给结论。这样看来，如果推理只能传递辩护，无限主义似乎无法解释作为被传递的辩护属性到底从何而来。

为了回应这个难题，克莱因指出，我们应该重新审视推理的工具主义，并且支持某种程度的推理创造主义（reasoning creationism）：[1]

推理创造主义

推理活动可以产生或扩展辩护。

克莱因强调，我们应该区分两种类型的辩护或担保。一种辩护（担保）是基于信念拥有某种性质 F 获得的，例如由一个可靠的过程所产生，或者信念的内容是有关于认知者当下的感觉经验；另一种辩护（担保）则是基于理由支持而产生的。克莱因强调，基于第二种担保产生的知识才是值得最高赞赏的知识类型。克莱因的大致想法是，像基础主义所认为的那样，第一种辩护（担保）并不来源于理由（而是来源于信念的因果形成过程或其他使得该信念成为基本信念的条件），那么这类辩护（担保）和基于理由的辩护（担保）是具有类上的差别的，这种差别可以

---

[1]　参见 Turri（2014，210）。

大致说成是理由空间和因果空间的差别。因此，一方面我们很难理解，不是基于理由的担保如何可以通过推理传递；另一方面，我们所看重的那种辩护或担保，既然是体现在理由和理由之间的理性支持关系上，就并不能来源于外在于理由支持的东西。因此，即使承认推理关系能传递第一种辩护（担保），我们也还没有成功解释我们所关心的第二种辩护（担保）的来源。所以，克莱因坚持说，推理活动本身能产生辩护（担保），所以辩护从何而来这个问题也就得到了回应。

那么推理工具主义与推理创造主义谁是正确的理论呢？这一问题看似简单，却涉及几个关键的概念。首先，什么是推理？其次，如何理解认知辩护？最后，推理如何能传递辩护或创造辩护？通过回答这些子问题，我们才能回答本节关注的核心问题。在接下来的探究中我们将分别从这几个子问题展开一番深入的挖掘，以期更好地评判双方的争论。

1. 什么是推理？

在讨论推理这个话题时，我们有两个核心问题。首先，推理的本质是什么？其次，推理的目的和作用是什么？下面，让我们分别考察这两个关于推理的子问题。

（1）推理的本质

什么是推理呢？下面我们给出两个推理的典型案例：

小苏从（1）和（2）推出（3）：
（1）电影《信条》将于今晚上映。

（2）电影《八佰》昨天已经下映了。

（3）因此，今晚我去电影院能看到《信条》，但看不到《八佰》。

小蓉从（4）和（5）推出（6）：

（4）我想要早餐喝苹果汁。［欲望］

（5）超市卖着苹果汁。［信念］

（6）所以我要去超市买苹果汁。［行动意向］

在上面的案例中，推理都涉及具体的思考者。第一个案例可以被称为理论推理（theoretical reasoning），而第二个案例可以被称为实践推理（practical reasoning）。理论推理是通过推理的方式产生信念（reasoning to beliefs），而实践推理则是通过推理的方式产生行动的意向（reasoning to intentions）。由于本书关心的主要是信念之间的推理活动，所以接下来讨论的范围将会被限定在理论推理之中。

在进一步刻画推理的本质之前，我们需要做出一个必要的概念澄清，即推理（reasoning）与推论（inference）的区分。在文献中，学者在讨论这个话题时常会用到“推理”与“推论”这两个概念。那么这两个概念有区别吗？追随雨果·梅希尔与丹·斯坡博（Hugo Mercier and Dan Sperber 2011，57），我们可以将两个概念区分如下。在心理学领域，推论被认为是在已有的表征基础之上产生新的表征。因此，基于信念产生信念，基于感知产生预期，基于偏好与信念产生行动计划都算是推论。

更进一步的是，推论除了运用于概念思维中，还可以运用于感知和动作控制（motor control）。正如科斯腾等人（Kersten et al. 2004）所说，对象感知可以被看作是贝叶斯推论的问题，而此处的推论是无意识的。基于这一理解进路研究者们可以进一步发展出相关的理论和算法，从而让机器也能从图像当中抽取信息，对目标进行识别、跟踪和测量并进一步做图形处理。这正是当前发展的如火如荼的计算机视觉（computer vision）研究。按照这样的理解框架，推论并不需要是有意识的或深思熟虑的。但是推理却被当作是在概念层面的一种特殊的推论形式。在推理之中，不仅新产生的心灵表征是有意识地产生的，推理的前提也需要被有意识地思考。心理学家也认为推理活动只发生在人类身上，并没有证据表明其他动物或前语言期的孩童具有推理能力。

这样的区分在哲学领域也有同样的声音。基尔伯特·哈曼（Gilbert Harman 1986）认为推理是认知者从某些信念开始，通过推理活动以后获得新的信念或放弃旧的信念，因此被称作"通过推理的观点变更"（reasoned change in view）。哈曼（Harman 1986，3）做出了一个重要的区分，即推理（reasoning）与论证（argument/proof）是不同的。推理是经由推理活动的观点变更，但逻辑是研究命题或陈述之间的蕴含关系的，而不是推理的。所以可以说逻辑研究的是蕴含规则（rules of implication），而推理研究的是推理规则（或信念修改规则）（rules of inference or revision）。我们可以通过下面的例子来展示两者的区分。考虑逻辑学里面的肯定前件式规则（modus ponens）：

> 如果 P 那么 Q，并且 P，那么蕴含 Q。

那么我们能否对应肯定前件式原则直接构造信念修改规则呢？比如，如果 S 相信 P，并且 S 相信如果 P 那么 Q，那么 S 可以（或应该）推出 Q。这看起来是一个逻辑规则指导推理规则的典型做法，但是我们发现情况并非如此简单。不妨思考下面的案例：

> 小勤早上买了一块西瓜放进了宿舍的冰箱，准备下午再吃。她相信如果她下午打开冰箱，西瓜就会出现在冰箱里。但是午间时分天气炎热，小勤的室友太渴，偷偷把小勤的西瓜吃了，而小勤由于午睡对此一无所知。到了下午，小勤打开冰箱后并没有发现任何西瓜的影子，但她相信自己打开了冰箱，并且冰箱里没有西瓜。

此时，小勤的信念集是不一致的，不过她应该根据我们上面构造的信念修改规则相信西瓜事实上就在冰箱里？还是说根据否定后件式构造的信念修改规则相信自己没有打开冰箱？毫无疑问，她的自然反应当然是放弃第一个条件句信念。由此可见，信念修改规则与蕴含规则之间存在着不可忽视的差异。

鲍西安（Boghossian 2014，1）虽然研究的题目是推论，但是他把推论定义为运用信念的推理（reasoning with beliefs），并且表示了自己和哈曼立场的一致，所以他所研究的对象也可以被看作是推理。康纳·麦克休与乔纳森·梅（Conor McHugh

and Jonathan May 2018a；2018b）认为，推理是一种态度修正
（attitude revision），其构成性目的是获得合适的态度。阿德勒
（Jonathan Adler 2008，1）认为推理是思想的过渡，其中某些思
想为另外一些思想提供了理由。[1]

　　推理与推论的区分在一定程度上对应了丹尼尔·卡尔曼
（Daniel Kahneman 2003；2011）的双系统的理论。他分别称之
为系统 1 和系统 2，其中系统 1 对应的是直觉（intuition），而系
统 2 对应的是推理（reasoning）。他列举了两个系统所处理的一
些典型活动列表：

　　　系统 1

　　　探知一个物体比另外一个物体距离远

　　　定位一个突然的声音来源

　　　看一张难看的照片的时候做出一个厌恶的表情

　　　感觉到一个声音中的敌意

　　　回答 2 + 2 的结果

　　　在空旷的路上开车

　　　理解简单的句子

　　　系统 2

　　　在径赛中听候发令枪响

---

　　[1] 类似的定义还可见 Neta（2013，388），他把推理理解为一类从
前提推出结论的心灵行动。May（2017，252）把推理理解为一种有意识的
过程，是一个人有意从事的事。

保持一个对你来说不自然的快速步行速度

在一个社会情境中监测自己行为的合适性

在书本的一页中计算出现字母 "a" 的次数

告诉别人你的电话号码

在一个狭窄的地方停车

比较两台洗衣机的总体价值

填写一张税务表格

检查一个复杂的逻辑论证的有效性 (Kahneman 2011,21)

系统 1 包含了许多天生的技能和经过长期训练固定下来的习惯。前者包括类似感知环境和识别对象的能力，这些能力是人与动物共享的。后者包括阅读、理解与简单的计算能力。系统 1 的运作是快速和自动的，几乎不需要费劲，会受到情感的影响，没有控制的感觉，所以是不由自主的（involuntary）。系统 2 主要是处理比较费劲（effortful）的心理活动，因此系统 2 的使用需要花费较多注意力，而当认知者注意力被吸引后，原本从事的活动就会被迫打断。系统 2 的活动是自发和自愿的，其使用让认知主体感觉到自己的主体性、选择性和聚精会神。

总结来看，系统 1 是亚个体层面、潜意识层面的、不由自主的直觉判断，系统 2 是个人层面的、有意识的、费劲的推理。但是此处我们感兴趣的推理肯定不是系统 1 所刻画的心理活动，但是并非任何逻辑推理都那么费劲，那么需要聚精会神，因此我们接下来要研究的推理既包含系统 2，又包含在专注和费劲程度上高于系统 1 但低于系统 2 的推理。如果系统 1. 5 及以上是一个合适的指代词汇，那我们不妨使用这一词汇。

上面大致刻画了推理的特征并且进行了范围的限定。我们注意到这样一个关键点，推理不仅包含观念的转变或思想的变更，很显然并不是每一种思想的变更都构成推理。举例来看，一个认知者正在家里静心品茶，此时他思考的是茶叶的味道，然而随着听到一声远方的汽笛声，认知者从而产生了有火车经过的信念。此时，从思考茶叶到对火车下判断，认知者当然发生了思想的转变，但是这显然不是推理，因为这里面缺少了构成推理的一个关键特征。推理必须涉及推理起点和终点之间的一种联结关系，而且这种联结关系是需要被从事推理的人所把握的。那么我们如何进一步刻画这种联结关系呢？换句话说，如何刻画认知者从一个前提 P 推理出结论 Q 呢？

让我们考虑几种尝试刻画这一关系的方案。此处我们先列出一个典型的推理情况，并尝试用不同的方案来解释这一推理。

资料室推理

（7）如果哲学系资料室坐着许多同学，那资料室肯定开门了。

（8）现在哲学系资料室坐着许多同学。

（9）所以，资料室肯定开门了。

第一种方案认为，S 从前提 P 推理出结论 Q 可以被理解为 S 先判断了 P 为真，继而判断 Q 为真。上面的案例构成推理是因为 S 先相信（7）和（8），然后才相信（9）。但是这种解释方案正如前面的品茶者听到火车汽笛声一样，有思想的过渡，但这种过渡不是由推理所引发的。

第二种方案认为，S 从前提 P 推理出结论 Q 可以被理解为 S 相信 P 引起（cause）S 相信 Q。这一方案初看起来是合理的，即上面的案例构成推理是因为 S 的信念（7）和（8）引起了 S 新的信念（9）。但是在品茶者案例中，他关于火车的信念却是由听到火车汽笛声这一事件引起的，而不是由他关于茶叶的信念引起的。可惜的是，这一方案会遇到著名的异常因果（deviant causation）困难，也就是说 S 的信念 P 虽然导致 S 相信 Q，但是其中的因果链条是不合适的，是异常的。且看下面的异常因果情况：

> 小雪坐在奶茶店刷着手机，她旁边放了一杯仙草奶茶。这时候，她暗恋的男生从远方走来，并远远朝她招手。小雪认出了自己心仪的男生，心里一激动，手机不小心摔到桌上将奶茶弄倒了，洒到了自己的裙子上。她心里暗骂道，"我怎么这么不小心，把自己的裙子弄脏了。"

在这个案例中，小雪先相信〈我喜欢的那个男生走过来了〉，然后这个信念导致她最后相信〈我的裙子被弄脏了〉。为什么说前一个信念导致了后一个信念？这是因为当我们为小雪的最终信念〈我的裙子被弄脏了〉寻求因果解释时，我们可以诉诸前者来提供部分的解释，因为前者构成了整个因果链的一个部分。但是在这个案例中，小雪从相信〈我喜欢的那个男生走过来了〉到相信〈我的裙子被弄脏了〉是否构成推理呢？很显然不是，可见第二种方案仍然存在漏洞。

那么为了避免异常因果困难，我们应该如何刻画合适的因果关系呢？弗雷格（Frege 1979，3）给出了一个启发性的回答：因为我们认识到其他的真理为某一命题提供辩护从而做出此判断，就可以称之为推论。鲍西安（Boghossian 2014，5）继承了弗雷格的想法，把这一条件表述为推理的承认条件：

承认条件（Taking Condition）

推理必然包含这样一个条件：思考者 S 承认自己的前提（预设为真）为结论提供了支持，并且由于这一事实思考者做出结论。

根据这个表述，当 S 从 P 推出 Q 时，不仅 S 经历了一个从相信 P 到相信 Q 的思想的过渡，而且 S 还认为，当 P 假定为真时为 Q 提供了辩护或支持。鲍西安的这一定义相比于弗雷格的想法来说有一定合理的弱化。首先，推理不需要总是从真的前提开始，只需要预设前提为真即可。其次，如果按照弗雷格的定义，我们是认识到（cognisant）其他的真理为某一命题提供辩护从而做出判断，那么任何弗雷格定义下的推理都会是好的推理。因为不好的推理缺乏前提与结论之间的辩护关系，也就根本不可能被认识到。这样一来，弗雷格在刻画推理的时候自动植入了正确推理或好的推理的限制，错误的或坏的推理就直接不被当作是推理了。这一排除是错误的，我们应该首先刻画推理的本质，然后再进一步限定好的推理需要满足的条件。

那么如何进一步刻画承认条件呢？让我们考虑三种进路。第一种进路可以被称为信念进路。第二种进路可以被称为直觉式进路。第三种进路可以被称为倾向进路。按照第一种进路的理解，承认条件可以被进一步刻画为认知者拥有的一个条件式信念：

如果 P 那么 Q，并且如果 P，那么 Q。

这个条件式信念有两个明显的优点。一方面，它里面不涉及"命题"或"辩护"等概念，所以它不要求满足承认条件的人具有很高的理智水平。另一方面，这种刻画方式是一个有关命题与命题之间关系的一阶信念，而不是认知者信念与信念之间关系的二阶信念。按照后一种刻画方式，承认条件就要被表述为"我相信 P 为我相信 Q 提供了辩护"，但是这样会导致认知主体推理时承认的对象出错。因为是 P 为真从而为 Q 提供辩护，而不是我相信 P 为我相信 Q 提供辩护。

对应到资料室推理案例，认知者就需要拥有这么一个条件式信念：

资料室条件句
如果〈哲学系资料室坐着许多同学，那么资料室肯定开门了〉，并且如果〈哲学系资料室坐着许多同学〉，那么

〈资料室肯定开门了〉。

为了谈论方便，让我们把上面的句子叫作资料室条件句。可惜的是，加入这样一个条件句，会陷入路易斯·卡罗尔（Lewis Carroll 1995）所识别的无限倒退问题。他的主要想法是，类似资料室条件句这样的命题一定不能被看作是推理的前提，否则就会陷入无穷倒退，最后导致推理根本无法发生。卡罗尔假设了一个乌龟与阿基里斯的对话。两者讨论的是欧几里得《几何原本》中的公理。

(A) 等于同量的量彼此相等。

(B) 这个三角形的两边等于同一个量。

(Z) 这个三角形的两边相等。

此时，一类读者已经接受了（A）和（B）为真，并且意识到（A）和（B）可以演绎得出（Z），所以相信（Z）为真。但是也可能有一类读者还不承认（A）和（B）的真，因此只是承认一个假设性的命题（hypothetical proposition）：

(C) 如果（A）和（B）为真，那么（Z）也为真。

但还有一类读者是相反的，他们接受（A）和（B）但却不接受（C）。后两类读者都未能把握到接受（Z）的逻辑必然性。现在的关键问题是，应该如何说服这最后一类人，让他们接受

（A）和（B）蕴含（Z）呢？即使这类人退一步接受了（C），问题也仍然存在。恰如下面的论证所示：

> （A）等于同量的量彼此相等。
> （B）这个三角形的两边等于同一个量。
> （C）如果（A）和（B）为真，那么（Z）也为真。
> （Z）这个三角形的两边相等。

这类人仍然可以接受（A）—（C）为真，但是不承认（Z）。因为他们还可以不接受这样一个新的条件句：

> （D）如果（A）和（B）和（C）为真，那么（Z）也为真。

但是即使他们接受了（D），他们也还可能无法理解下面论证的必然性：

> （A）等于同量的量彼此相等。
> （B）这个三角形的两边等于同一个量。
> （C）如果（A）和（B）为真，那么（Z）也为真。
> （D）如果（A）和（B）和（C）为真，那么（Z）也为真。
> （Z）这个三角形的两边相等。

　　如果阿基里斯想要尝试说服乌龟，上面的论证可以按照已有思路不断进行下去，但是却都是无效的。问题归根结底地来说就是，表明命题之间关系的命题不能作为推理前提的一部分，而是要作为推理的背景，否则会陷入无穷倒退。经过上面的分析，我们发现刻画承认条件的信念进路面临很大困难，因此我们需要另外一条更好的进路。

　　鲍西安的进路把承认条件按照遵循规则来理解。他指出，推理在本质上就是在自己的思想中遵循规则（rule-following）。[1]这一进路的根本性洞见是，推理是被推理规则所引领的。因此，推理并不发生在两个随意转变的思想态度之间，而是受到方向的限制的。在鲍西安（Boghossian 2014，11-12）看来，我们有很好的理由采取遵循规则的进路。首先，从遵循规则的视角可以很容易刻画推理的承认条件。比如 S 想遵循下面的规则：

　　电话规则
　　　如果发现漏接熟人拨打的电话，尽快回拨过去！

　　此时，如果 S 遵循这条规则，S 就会把发现漏接熟人拨打的电话当作是尽快回拨过去的理由。并且 S 基于电话规则而行动既解释了为什么 S 发现漏接熟人拨打的电话后很快回拨了电话，也为该行动赋予了合理性。换句话说，当一个人在遵循规则时，他会把某种情况的出现当作是做另外一件事（比如采取

――――――――――

　　［1］　这一定义参见 Boghossian（2014，17）。

某种行动，或者相信某个命题）的理由，而这正是承认条件旨在刻画的并且在推理活动中不可或缺的核心。

其次，人的推理能力不仅是普遍的（general），也是生成的（productive）。这种能力是普遍的意味着一个认知者不仅会做出某个具体的推理，还会做出与该推理具有类似逻辑形式的别的推理。所以，认知者并非只是学会具体的推理，而是掌握了普遍的推理结构以后做出了具体的运用实例。此外，当我们掌握了普遍的推理结构时，我们可以不断地造出新的实例，因此这种能力也是生成的。采取遵循规则的视角正好可以容纳推理能力所具有的这两个特征。

需要注意的是，虽然采取了遵循规则的进路，鲍西安却不认为应该以意向的方式或倾向的方式来理解遵循规则，因为这两种选择都会陷入棘手的困难。[1] 因此，只有把遵循规则看作是一个初始的概念，一个不能被进一步解释的概念。我们可以将两种选择分别面临的困难简述如下。

当我们以意向的方式来理解遵循规则，我们很难理解一个规则如何引导一个人的推理。因为当形如电话规则的规则引导S时，这样一个事实必须成立，即因为电话规则S才立即回电。但是由于规则只是一个抽象对象，而能引起S行为的只能是S的某些表征规则的意向状态。此时，对于整个事件的解释就会是这样的：S掌握了这条规则的要求，并且S意识到这条规则的前件已经得到了满足（发现漏接的熟人电话），并且S意识到根

----

[1] 参见 Boghossian（2014，12－15）。

据规则自己应该及时回电，从而及时回拨电话。将这样的解释图景泛化以后，整个解释模式中包括三个关键成分：认知主体对规则的理解，认知主体意识到规则的前件满足，认知主体基于推理得出应该完成规则后件所要求的事。此时，认知主体对规则的遵循本身就包含了一个推理。此处的问题在于，一方面我们已经承认了推理是一种遵循规则的思想转变，因此推理的时候也就是在遵循规则；另一方面，根据遵循规则的意向理论来看，遵循一个规则总是涉及一个推理。一旦这两个想法被放在一起，就会产生一个无穷倒退。因此，鲍西安认为必须放弃从意向的进路来理解遵循规则。但是从倾向的进路来理解遵循规则也存在问题。一方面，认知者具有的倾向是有限的，但是我们遵循的规则却是无穷的。另一方面，我们所遵循的规则被认为是应该引导我们的行为，但是如果仅仅把规则看作是倾向，倾向如何发挥这种引导作用呢？

　　总结来看，推理本质上是遵循规则的态度转变，而遵循规则并不要求意向化的处理，反而可以被看作是一个不能被进一步解释的初始概念。明确了推理的本质以后，我们也很容易进一步区分好的推理与坏的推理。既然推理是遵循规则，那么如果一个规则本身有助于实现认知目标，遵循这一规则的推理就是好的推理。如果一个规则本身有碍于认知目标的实现，遵循这一规则的推理就是坏的推理。当然，这并不意味着进行坏的推理的认知者意欲遵循坏的规则。需要承认的是，认知者在大体上都会遵循好的规则，只不过某些坏的规则被他们误认为是好的规则，因此认知者遵循这些规则时做出了坏的推理。

（2）为何推理？

上面的研究主要针对的是推理的本质，但是有另外一个相关的问题也值得关注，即我们为什么要推理？这个问题涉及推理的目的或意义，而学界就此问题有不同的回答。其中一派认为推理的首要目的在于提升个体的认知，推理和论辩（argumentation）应该严格区分开，并且个人的推理是更加高级的。另一派则是认为推理的首要目的是为了论辩。

根据前一派的观点来看，当认知者的直觉判断（系统 1）存在错误时，系统 2 可以发挥作用，从而纠正系统 1 所犯的错误。在这个意义上，系统 2（理性）发挥监督、纠正、引导、改良系统（1）的作用。这一观点可追溯到笛卡尔，而且也受到当代心理学的研究支持。[1] 笛卡尔评论道：

> 在那之后，他应该学习逻辑。我指的不是学院派的逻辑，因为这只是一种辩证法，它教给人们把自己已知的东西详细阐述给别人以及对自己不知道的事情长篇大论的种种方法。这样的逻辑并不能增进理解力，反而起了破坏作用。我所指的逻辑可以教会我们运用理性能力发现那些未知的真理。（Descartes 1985，186）

但是这一派的观点面临一个主要问题，即推理系统不只是

---

[1]　相关研究可见 Gilbert（2002，168）、Kahneman（2003，699）和 Stanovich（2004，34）。

起着管辖作用，它本身也容易犯错，因此从一些特定的推理谬误中我们可以发现，这一理解无法与经验证据相匹配。

　　根据后一派的观点来看，随着人类沟通系统的进化才产生了推理，而推理使人们可以交换论证，从而让沟通更加可靠和有利。因此，推理的主要功能是论辩（argumentative）。[1] 梅希尔与斯坡博（Mercier and Sperber 2011，60）提出了这样的一个假设。首先，人类之间需要沟通和分享信息，但是为了让沟通得以稳定，沟通必须对双方都有利。但是出于种种目的，有人会在沟通中欺骗对方，而这样的做法会损害沟通的稳定性。为了避免在沟通中上当受骗，接受信息的人就必须保持一定的警觉性，审查说话者的真诚与否，从而适当过滤接收到的信息。此时，有两个心理机制可以用来提高警觉性。一个是信任校准（trust calibration），另一个是融贯性检查（coherence checking）。信任校准说的是人们会根据说话者的诚实程度和专业胜任程度来赋予不同程度的信任。融贯性检查则是在已有信息的基础上，检查新接受信息是否融洽，从而决定是放弃新信息还是修改已有信息。为了实现比较精细的信息筛检工作，说话者和听话者可以依赖于论辩活动。此时，说话者基于一些接受者已经接受或愿意接受的前提进行推理，从而让接受者检查、评估并最终接受说话者想传达的信息。在这个意义上，推理既使得沟通的一方可以为自己的陈述做出论证，又让另一方可以理性地评价该论证，从而促进了沟通的效率和可靠性。

---

　　[1]　这一派的代表人物可见 Mercier and Sperber（2011）。

梅希尔与斯坡博的想法虽然是假说，但是该假说受到了一定程度的经验证据支持，并且可以让我们更好地回答一些有关推理的困惑。比如，在进行标准的推理任务（例如沃森选择任务）时，参与者之所以表现差是因为缺乏论辩的语境。此外，推理技巧高超的人，由于不仅是为了求真，而是为了提出论证捍卫自己的观点，所以这类人会受制于确证偏见（confirmation bias）。

2. 认知辩护的两个争论

上面我们已经基本理清了关于推理的问题，现在我们可以转入辩护这个关键词。关于认知辩护这一概念，我们在前文已经有了一些基本的刻画。但是在这一段，我们需要继续深入两个关于辩护的当代讨论。其中一个是辩护的内在主义与外在主义之争，另一个是辩护的论辩观与非论辩观之争。

（1）内在主义与外在主义之争

内在主义与外在主义的争论首先是一场关于如何理解认知辩护这个概念的争论。如果进一步把辩护当成是知识的必要条件，那么这一争论也可以被拓展到关于知识这个概念的争论。在进入这场争论之前，我们先大致刻画认知辩护这一概念的两重维度。

首先是辩护的主观维度。认知辩护是通过认知者履行认知义务获得的。由于涉及认知者，那么就不能避开认知者的主观视角，这包括世界对他来说是怎样以及他所拥有且可利用的认知资源。当然，还包括他是否以一种负责任的方式形成信念，即他是否合理地利用了自己的证据。

其次是辩护的客观维度。认知辩护不同于其他辩护，它是服务于我们的认知目标的。我们首要的认知目标是获得真信念和避免假信念，因此认知辩护必须有助于实现这个认知目标。这样看来，认知辩护的评价必须站在一个认知主体之外的视角，从客观的视角来谈论是否认知者的认知能力与外部世界之间有一个好的匹配，而不仅仅是从认知主体的视角来看。[1]

两个维度所关心的重点不同，主观维度更关注认知者的责任（responsibility），即从认知者视角来看认知者的信念活动与真的联结，而客观维度更看重信念形成的可靠性（reliability），即认知者的信念活动在事实上与真的联结。因此，内在主义者将更多重心放在了辩护的主观维度上，而外在主义者则将更多的重心放在了辩护的客观维度上。这样一来，内在主义与外在主义的分歧就从辩护的两重维度蔓延开来。

我们可以从葛梯尔挑战中发现这两个维度的不可或缺。一方面，仅仅有好的推理前提并不能保证认知者以负责的方式运用这些前提。在命题辩护与信念辩护的区分中，这一区别就被很好地揭示了出来。

陪审员判案

陪审员 J 参与法院的一起偷窃案审理过程。就呈堂证据来看，犯罪现场有嫌疑犯 A 的指纹和随身物品，并且 A

---

[1] 关于这两个维度的区分，参见 Vahid（2011，144 - 145）。

没有不在场证据，同时也有监控录像拍到在案发时间 A 进入案发现场。陪审员 J 不知道是否呈堂证据支持 A 是本案罪犯，因此他投了一个色子来帮助自己做判断。色子出现的号码是他的幸运数字 6，所以他相信呈堂证据支持 A 是本案罪犯，他进而最终相信 A 是本案罪犯。

E1：A 的指纹和随身物品在案发现场。

E2：A 没有不在场证据。

E3：监控录像拍到 A 进入案发现场。

E4：色子的结果是数字 6。

P：A 是本案罪犯。

在陪审员判案的例子中，E1—E3 为 P 提供了充分的证据支持，陪审员 J 也因为自己相信 E1—E3 才相信 P。但是在这个例子中，他却是经由 E4 来理解 E1—E3 与 P 之间的逻辑支持关系，这明显是一个缺陷。同样，回顾本书第二章第三节讨论的千里眼案例和温度计先生案例可以发现，仅仅拥有可靠的信念形成过程并不能让认知者的信念获得辩护，因为此时认知者的信念从负责的角度来看是有缺陷的，而被辩护的信念至少应该是无咎的（blameless）。

另一方面，仅仅满足了信念形成过程中的负责态度，然而形成信念所用的前提是假的，那么认知者也无法获得认知辩护，因为就可靠性程度来说是缺乏的。我们借用葛梯尔的案例来展示这一点。

葛梯尔案例

史密斯和琼斯两人应聘工作，史密斯基于证据 E1〈老板说会把工作给琼斯，以及他 10 分钟前数过琼斯口袋里的钱〉相信下面这个合取命题：

A. 琼斯会获得这份工作，并且琼斯口袋里有 10 个硬币。

史密斯进一步相信 A 所蕴含的命题：

B. 将会获得这份工作的人口袋里有 10 个硬币。

但史密斯不知道的是，其实最终是他自己获得了工作，并且他口袋里也有十个硬币。[1]

在葛梯尔反例 1 中，虽然主角的信念 B 是负责任地形成的，并且在此意义上获得了信念辩护，但是他的辩护仍然在可靠性方面是欠缺的。一种批评意见认为，此时史密斯的辩护前提不足以为结论为真提供足够的支持，因此结论只是碰巧为真。所以，要使得史密斯的信念辩护兼具可靠性维度，知识的新定义应该在传统三元定义之上增加第四个条件，即无必要的假前提。该理论对知识的定义是：

S 知道 P 当且仅当

（1）P 为真；

（2）S 相信 P；

---

[1] Gettier（1963，122）。

（3）S 的信念 P 是被辩护的；

（4）S 的信念 P 的辩护没有依赖于谬误的必要。[1]

总结来看，我们可以发现认知辩护概念之中包含的两个维度。首先，认知辩护有可靠性维度，因为认知辩护需要服务于认知活动中求真避假的目标。只有满足了这一目标才能算作认知辩护，所以认知辩护是具有助真性的（truth-conduciveness），而拥有认知辩护的信念应该更可能为真。

其次，认知辩护也有负责的维度。认知辩护作为一个规范性概念要能引导认知者的认知活动。仅仅有可靠的理由还不够，认知者还必须以负责的方式运用这些可靠的理由。当然，"负责"这一概念还可以进一步分析，这里我想尝试一种以角色为基准的负责分析（the role-based feature of responsibility）。

当我们说某人是负责的，我们其实是在隐含地谈论某人是作为一个特定角色负责的。由于我们对某个角色有特定的预期，而如果具体的一个人满足了这些期待（expectation）或者履行了这一角色的义务（duty），那么他的行为就是负责的。比如，当我们说张三是负责的，我们也许说的是张三作为老师是负责的。因为我们对老师有一定的期望，比如老师应该传道、授业、解惑，那么当张三履行了这些义务，满足了人们的期望，他就是一个负责的老师。当然，一个人只会承担某些角色，我们不能基于他不承担的角色责任来评价某人是否负责。倘若张三不能

---

[1] 这一定义参见 Feldman（2002，37）。

完好地把外卖送到客户家，不能把杂乱的商品正确归位到货架上，但是因为他并不是一个外卖小哥，也不是一个超市堆货员，所以他并不受制于这两个角色的岗位职责，也不会被看作是一个不负责的外卖员或超市堆货员。

不可否认的是，有些角色的覆盖面很窄，有些角色的覆盖面很广，甚至具有普遍性。在知识论的评价中，我们会考察一个人作为认知活动的参与者（qua epistemic agent）是否负责。那么此时我们对一个认知主体有什么样的期望呢，又会产生什么相应的义务呢？毫无疑问，一个核心的期望是作为认知主体的个人需要获得真信念且避免假信念。如果一个人完成了与这一目标相联系的认知义务，那么他就是在认知上负责的。从这个角度来看，认知责任是围绕着求真避假这一目标建立的。但是，求真避假这一目标是我们对一个好的认知主体的唯一期望吗？有理由认为，这不应该成为唯一的期望。

当一个认知者仅仅被看作是孤立的真理追求者，那么当然求真避假会成为他的首要或唯一目标，因为这仅仅是在个体层面的一个期望。然而，一个认知主体除了自己的思考，还不可避免要与其他认知主体进行信息的交流。我们难道不期望一个拥有真信念或知识的人能传递其拥有的正确信息，让别的人可以从他这里获取可靠的信息，从而构建一个有利于真理传播的社会群体吗？我们难道不期望一个拥有真信念或知识的人能在谣言横行、谬误肆虐的社会中通过理性的方式捍卫真理的社会地位吗？如果这是一个有价值的期望，那么一个认知者如何满足这一期望呢？一个自然的答案就是，在认知活动中真诚地表达自己的看法，并且通过理由的给予为自己的看法提供辩护。此时，我们看重的不仅是真理，而是真理的表达和传递以及真理对意见（谬误）的驱逐。当然，这样一个想法不可避免要卷入一些语用层面和社会学层面的考虑，会变得更加复杂。但重要的是，我们对一个认知主体的预期已经发生了改变，一个从个体视角到社会视角的转变。因此，"负责"这一概念的含义就变得丰富起来，不再仅仅是作为个体的真理追求者来负责，而是作为群体中的真理传播与守护者来负责。

这一思想值得进一步发展，不过我将留到本书的第四章。就本节的讨论而言，我们只需要意识到，可靠与负责两个维度对一个有价值的认知辩护概念来说都是不可或缺的。[1]

（2）辩护的论辩观之争

在当代知识论中，关于认知辩护还有另外一个重要的争论，即认知辩护是否是论辩式的？对这一争论的回顾有助于我们厘清推理与辩护的关系。

从古希腊怀疑论的讨论来看，如果人们产生了分歧并且不能合理地解决分歧，悬置判断就是应该采取的认知态度。在这幅图景中，辩护是包含论辩（dialectical）与社会维度的。不过这一维度在当代知识论之中却遗失了，直到对于分歧（disagreement）的知识论研究兴起，才逐渐回到了人们的视野之中。传统的辩护观是个人主义式的，然而分歧是一个社会现

---

[1] 这一想法也受到一些知识论学者的支持，例如 Fogelin（1994，20）和 Williams（2004）。

象。个人主义式的辩护观将辩护的因素限制在个人的范围之内，比如个人的心灵状态或者这些状态的因果历史。典型的证据主义辩护观只关注个人的心灵状态（感觉经验或信念），而可靠主义只关注个人信念形成的可靠性。此时，其他认知者是否与个人有分歧是与个人的辩护状态无关的。当然，一旦认知者认识到存在这样一个分歧的状态，认知者的辩护状态就会受到影响，因为此时分歧扮演了挫败者（defeater）的角色。正如马库斯·拉曼雷塔（Markus Lammenranta 2011，11）所说，辩护是和可捍卫性（defensibility）有关的，它不仅是像某些融贯主义者所认为的那样朝向自己，还朝向别人。如果坚持辩护的论辩观，那么就等于支持下面的一个重要观点：

> 辩护的论辩观（the dialectical view of justification）
> 如果 S 相信 P 是受到辩护的，那么 S 有能力捍卫 P。

辩护的论辩观受到一些学者的支持。雷勒曾做出如下评论：

> 辩护的游戏是以下述方式展开的。陈述者展现一些她接受为真的东西。然后怀疑者可以提出任何反对意见，这些反对意见皆以陈述者所呈现之物的竞争观点的姿态出现。如果陈述者接受的东西比怀疑者质疑的东西更为合理，或者说怀疑者引用的竞争意见被驳倒，那么陈述者就赢了这一轮游戏。如果怀疑者所援引的所有竞争意见都被驳倒，那么陈述者就赢得游戏。如果她赢了游戏，那么她对于自

己所呈现的东西就拥有了个人辩护（Lehrer 1990，119）

可见在雷勒这里，认知辩护与辩护的活动是紧密相连的。在支持辩护的论辩观的学者中我们可以做出进一步的区分。迈克·瑞斯克拉（Michael Rescorla 2009a，46 - 47）区分了论辩的基础主义（dialectical foundationalism）和论辩的平等主义（dialectical egalitarianism）。两者可以被大致刻画如下：

论辩的基础主义

存在论辩意义上的基本命题。这类命题可以终止论辩的无限倒退，并且把举证责任转移到挑战者身上。除非挑战者有特别的理由怀疑基本命题，否则即使有被辩护的要求，基本命题也不需要认知者的捍卫。[1]

让我们短暂回顾威廉姆斯的推论语境主义。威廉姆斯认为，作为一个负责任的认知者在做出断言时，同时承诺了他能为自己的信念给出理由。如果挑战者要求断言者给出理由，那么断言者必须给出相应的理由，否则他会失去默认具有的相信和断言的资格。不过如果理由的索取和给予活动到达了语境当中的基本命题，除非挑战者有理由怀疑这些命题，那么即使挑战者要求给出理由，断言者也可以停止给出理由。换言之，到达基

---

[1] 论辩的基础主义支持者可见 Adler（2002）、Leite（2005）、Norman（1997）和 Williams（1999；2004）。

本命题时，一个毫无根据的挑战是无法剥夺断言者拥有的认知辩护的。因此，根据论辩的基础主义来看，正是由于存在论辩意义上的基本命题，论辩活动不会产生无限倒退。

与论辩的基础主义相对的是论辩的平等主义。其大致思想可以刻画如下：

> 论辩的平等主义
>
> 在理性对话中，不论一个挑战是否有理由支撑都是合法的。没有任何一个命题享有不被质疑的特权。[1]

采取论辩的平等主义的一个重要初衷是避免独断论。当两个认知者产生分歧并且卷入论证之中，如果其中一方拒绝为处于分歧之中的前提做出辩护，那么很显然这个认知者的态度是独断的。如果认知者没有理由相信这个前提，那么认知者是否可以基于这个前提来辩护别的命题呢？如果认知者有理由，为何又不愿意说出来呢？[2]

在当代知识论中，有一股反对辩护的论辩观的思潮。[3]反对者主张认知辩护是认知者的信念享有的积极的认知属性，但是具有这种属性并不预设认知者有能力捍卫自己的信念或展现

---

[1] 论辩的平等主义支持者可见皮浪主义者，Klein（2014b）和 van Eemeren and Grootendorst（2004）。

[2] 对这一想法的进一步探讨可见本书第四章。

[3] 代表性的反对者可见 Alston（1989，70）、Audi（1993、145 - 146）、Pryor（2000，535）和 Howard-Snyder and Coffman（2007，555）。

自己信念的辩护状态。恰好相反，认知者为自己的信念做出辩护的时候，恰是表明自己的信念在认识论上具有如此这般的属性。因此，他们认为我们应该区分两种状态，即拥有一个被辩护的信念（having a justified belief）与有能力辩护自己的信念（being able to justify one's belief）。按照另外一种说法，这是在成为被辩护的（being justified）与展现被辩护的（showing that it is justified）之间的区分。阿尔斯通（Alston 1989，70）评论道：

> 我们常常认为自己知道一些东西，而对于这些东西我们没有能力给出足够的理由。我经常认为自己知道我的妻子为某些事心烦意乱，而我却很难说明我是如何知道的，也就是说，我很难说明是什么让我相信这一点是合理的。同样的道理也适用于我们对历史、地理和物理规律的假定知识。面对这一切，我们为什么要接受辩护在本质上包含展现合理性的能力这样一个论题呢？

反对辩护的论辩观的评论者主要出于以下四个反对理由。

第一，普通的认知者有很多拥有辩护的信念，但是他们却无法在面对挑战时捍卫自己的信念。我们考虑两类信念。第一类是摩尔提到的常识信念，例如〈我是一个人〉，〈地球已经存在了很久远的时间〉，〈现在有一个活着的身体，也就是我的身体〉。正如摩尔所说，他很确定这类命题为真，但是他无法为这些命题提供任何证据。因此，如果遇上怀疑论者的挑战，摩尔无法为这些最确定的命题提供辩护。[1] 第二类是来自于可靠证词的信念，但是认知者忘记了信念的具体来源。可靠的信息提供渠道可以赋予信念一定程度的辩护，但是由于认知者忘记了信念的具体来源，他就无法在论证中指明自己的可靠信念来源，但是这似乎并不影响他初始获得信念的辩护程度。

第二，我们可以考虑一个类比论证。除了认知辩护，我们在别的领域也谈论辩护，比如道德辩护（moral justification）、法律辩护（legal justification）或者实用辩护（pragmatic justification）。假设一个人的行动在道德层面是受到辩护的，我们是否要求这个人一定要有能力表明自己的行动是符合道德标准的？如果一个人的行动是受到实用辩护的，我们是否要求这个人一定要有能力表明自己的行动是具有实用辩护的呢？如果在这些领域我们都做出拥有辩护和表明自己拥有辩护的区分，那么为什么在认知领域不做这个区分呢？除非我们有特殊的理由认为认知辩护不同于别的辩护，否则应该和别的领域的辩护一样受到类似的对待。或者再退一步，一个对象拥有某种性质和展现一个对象拥有某种性质之间不也存在着区别吗？一个具有善良品格的人也许在面临质疑的时候无法捍卫自己的善良品格，但是否我们要因此否认他具有善良的品格呢？

第三，理智发育程度较低的生物（比如儿童和某些动物）

---

[1]　参见 Moore（1959，227）。这里有一个复杂点，在 "A Defence of Common Sense" 这一篇论文中摩尔声称自己有对于确定地知道的命题的证据，但说不出这些证据是什么。但在 "Certainty" 这篇论文中，他明确说了自己的证据部分是知觉的证据，但可能不限于此。

也拥有被辩护的信念，但是这些生物无法用论辩的方式辩护自己的信念。有能力辩护自己的信念至少要求认知主体为自己的信念提供一个论证。然而做论证这项智力活动不仅要求认知者掌握一定的概念资源，还要求认知者具有特定的语言和推理能力。但是理智发育程度较低的生物却尚未具有这些能力。这种情况不仅限于小孩，就连成人也会偶尔遭遇某些负面情绪（比如害羞、愤怒、不安）从而影响心灵状态，使得他们无法给出好的论证。

第四，根据基础主义者的想法，非信念的心灵状态也可以为信念提供初步（prima facie）的辩护，比如知觉经验和记忆。如果我们接受基础主义者的想法，那么此处信念的辩护来源是一些与言谈活动无关的东西，反而是非认知的心灵状态。此处我们以普莱尔（Pryor 2000）为例稍微展开分析。普莱尔坚持如下看法：

> 信念辩护的独断论（Dogmatism about perceptual justification）
>
> 当你拥有似乎 P 为真的感觉经验，你因此就获得了相信 P 的直接（初步）辩护。（Pryor 2000，532）

举例来看，当一个人有类似自己有一双手的感觉经验时，那么他相信自己有一双手就拥有直接（初步）辩护（immediate/prima facie justification）。当一个人拥有相信 P 的直接（初步）辩护时，他所拥有的（命题）辩护并不依赖他拥有的相信其他支持 P 的命题的辩护或证据。理解直接（初步）辩护时需要注意以下几点。[1] 第一，直接（初步）辩护谈的是辩护的来源，而不是辩护的力度。这种辩护不必是不可错的或确定的，但却是不再依赖进一步的证据的。第二，直接（初步）辩护并不意味着心理意义上的直接或自发性。因此，不能从有些信念产生时的心理自发性推出该信念具有知识论意义上的直接（初步）辩护。第三，初步辩护可以被进一步的证据所挫败。此时初步辩护被挫败的方式有以下几种。比如虽然认知者的经验指向 P，但是认知者有证据支持非 P，有证据表明在该环境中知觉官能无法正常运作，或者是有证据表明为什么在该场景经验的现象特征好像是 P，但实际上并非如此。但是如果缺乏进一步的挫败证据，认知者相信 P 的初步辩护就会上升为最终辩护（all things considered justification）。第四，一个人可以既拥有相信 P 的直接辩护，又拥有相信 P 的基于推理的（间接）辩护，两种辩护是相容的。因此，坚持直接辩护不等于承认基础主义，融贯主义也是可取的。

普莱尔也明确指出，根据独断论来看，即使一个人像摩尔那样无法为自己有一双手给出非窃题的论证，但是他也可以拥有辩护地相信自己有一双手。总而言之，如果坚持信念辩护的独断论，那么就等于承认经验是直接辩护的一个重要来源，而一个人拥有具有某些现象特征的经验不等于他拥有为此经验内容辩护的能力。

---

[1]　参见 Pryor（2000，533）。

虽然上述四点反对理由有一定的说服力，但是只要限定了辩护的论辩观的应用范围，我们就可以针对这些意见分别给出有力的回复。此处回应的核心思想其实是对认知辩护这一概念做一个去歧义化操作。认知辩护既可以理解为构成低端知识的认知辩护，那种成人、小孩、甚至动物和机械设备都能享有的积极的认识论性质，又可以指那种构成真正知识的只属于理性能力高度发展的成人才有的认知辩护。为了表示区别，我把前一类写作认知辩护$_{LK}$，后一类写作认知辩护$_{RK}$。[1] 根据这一区分，辩护的论辩原则可以被表达为两个版本：

> 辩护$_{RK}$ 的论辩原则
>
> 如果 S 的信念 P 拥有真正的知识所要求的认知辩护$_{RK}$，那么 S 有能力捍卫 P。

> 辩护$_{LK}$ 的论辩原则
>
> 如果 S 的信念 P 拥有真正的知识所要求的认知辩护$_{LK}$，那么 S 有能力捍卫 P。

这样一来，坚持辩护$_{RK}$ 的论辩原则可以同时否认上文提到的辩护的论辩原则，也即关于辩护$_{LK}$ 的论辩原则。无限主义关心的是独特的人类知识或真正知识，而非人与动物皆有的低阶知识。那么真正的知识所要求的认知辩护应该是如何的呢？以这个问

---

[1] LK 指代的是 lower knowledge，RK 缩写的是 real knowledge。

题为线索，接下来我尝试从无限主义的视角出发分别给予回应。

第一，虽然普通的认知者有很多拥有辩护$_{LK}$的信念，并且他们无法在面对挑战时捍卫自己的信念，但是无限主义者完全可以承认针对这些命题我们无法拥有真正知识，顶多只能算是拥有低阶知识。根据摩尔的立场来看，这些命题都是常识，在一般场合下甚至断言这些命题都是一种奇怪的语用行为，更别说对它们展开辩护和哲学论证了。那么为什么针对这些常识信念无法拥有真正知识呢？这里可供无限主义使用的有两个策略。第一种策略，无限主义者可以否认这类命题拥有无限且不重复的理由支持链，从而否定它们拥有命题辩护。当然，这一策略也许会和无限主义的整体定位有冲突。因为无限主义者认为别的一些命题拥有无限且不重复的理由支持链，而这类命题没有，那么无限主义者必须额外解释这一类命题为何是特殊的，否则就会成为特设性的修改。第二种策略，无限主义者可以承认这类命题拥有无限且不重复的理由支持链，但是认知者限于自己生活的场景，在推理的时候不会把前一个命题看成是相信常识命题的理由。因为常识命题已经是最确定的，所以用来支持或反驳它的命题都无法比它更确定，也就不能用来帮助认知者形成对常识命题的信念。针对这一点，本书的第三章第四节还有进一步的展开，此处不再赘述。针对来自可靠证词的信念，当认知者遗忘了来源无法为自己的信念辩护，那么同样表明这不是与认知主体结合得最牢靠的真信念类型。它尚未满足苏格拉底所说的"被心灵拴住"的条件。

第二，类比别的领域的辩护，无限主义者的确可以承认存在这一区分。显然，一个人的行动在道德层面受到辩护并不要求这个人一定要有能力表明自己的行动是符合道德标准的。只要这个人的行动符合了某种道德规范，那么他的行动就可以获得道德层面的辩护。无限主义者可以欣然承认，只要一个人的信念符合了某些认知规范，那么他的信念也可以享有认知层面的辩护。但是，此时认知者获得的辩护有两个方面的重要缺陷。一方面，认知者的信念可能只是碰巧符合认知规范，而不是出于认知规范。一个更完善的认知者应该首先明确自己应该遵守哪些认知规范，自己有哪些认知责任，然后出于对认知规范与责任的认同从而开展自己的认知活动。此时，如果认知活动符合认知规范的要求，那么认知者的信念不仅获得了认知辩护，而且是自主获得的。所以，即使有必要承认存在一种较低层次的认知辩护，我们也不应该忽视一种更高层次的认知辩护，一种出于遵循认知规范（认知责任）的意图从而获得的认知辩护。此时，认知辩护不再是一种外在的要求，而是变成了一种内在的认同和活动的动机，我们完全可以贴切地称之为自主的认知辩护（autonomous epistemic justification）。康德在讨论道德自律或自主时也表达过相同的思想。另一方面，如果一个人的信念拥有辩护，但是却没有能力为自己的信念辩护，那么他所拥有的信念缺乏了具有论辩维度的辩护。反对辩护原则的学者可以欣然放弃这一条。但是此时认知辩护就仅仅只是一种自然的产物，无法上升为社会的产物。也就是说，其辩护属性无法得到社会认可，那么拥有此等低级辩护的知识也无法完成真正的知识所具有的社会角色。从克莱因对真正知识的刻画中我们可以发现，真正知识是未被挫败的，是被无穷且不重复的理由支持的，因此在一个社会的论辩的空间内可以发挥挫败谬误和谣言的积极作用。换言之，真正的知识不仅在个人的心灵中是牢固的，而且在社会的层面也是牢固的，而只拥有辩护$_{LK}$的真信念是无法完成这一任务的。

此外，这两个方面又是密切相连的。正向来看，由于认知者获得自主的认知辩护，从而获得了在社会的论辩的空间内为自己的信念进行辩护的部分资源。举例来看，当 S 从媒体上接受到一个命题 P，此时 S 意识到要接受一个命题需要充分的证据，那么 S 就会去进一步考察该媒体的可靠程度以及是否有别的媒体报道支持非 P。如果有的话则需要进一步衡量哪一方的报道更有说服力。当 S 意识到自己已经尽己所能完成了搜集和权衡考虑证据的义务时，S 才会针对 P 形成命题态度。此时 S 搜集的这些证据也在对方询问时成为了潜在的辩护资源。反过来看，由于积极参与到对自己的信念辩护活动中，S 会接触到更多的证据。无论是反面证据还是正面证据，S 都需要根据信念规范进一步调整自己的信念态度。当 S 做了足够的工作从而意识到自己满足了相应的认知规范，那么这时他所拥有的认知辩护也得到了进一步强化。

第三，反对者支持知识论的大众主义（populism）并拒绝精英主义或过度的理智主义，他们认为理智发育程度较低的儿童和动物也享有辩护的权利但是却不能为己辩护，或者那些精神状态不佳的成年人也不能为自己的信念辩护。同样，无限主义者可以承认一种较低层次的辩护，这种辩护是为低端知识服务的，也是与孩童和动物所共享的。但是构成真正知识的认知辩护一定需要超越较低层次的辩护。我们可以承认较低层次的认知辩护可以用以惠施理智程度不高的个体，但是却不可忘却和漠视人类对认知辩护的高追求。同样，我们不能用精神状态不正常的成人的所作所为拉低那些拥有良好精神状态和思考言说能力的成人力所能及之事的高度。让我们思考自己在孩童时期的认知状态。在那个时候，我们毫无疑问也拥有很多可靠产生的真信念，我们甚至可以用言语表达出来我们相信的内容。但是如果面对大人的质疑和挑战，我们常常无法清楚地说出自己信念的理由。当然，没有这个能力的孩子可以求助自己的家长来帮助完成信念的辩护。之所以这么做，当然也是由于那时候理智发展还不成熟，所以孩子该承担的一部分认知责任要转移到家长身上。但是随着理智能力的成熟，我们完全应该将这部分责任收归己有，承担起自己应负的责任，做出自己能做的事情。如果一个成人还需要依赖他人为自己辩护，那么足见他理智思考的能力与孩童时候相比并没有长足的进步。因此，为了捍卫真正知识所要求的高层次辩护，无限主义者既可以承认另外一种较低层次辩护的存在，又要防止认知辩护的上限被拉低，从而守护住独特的成人知识。

第四，根据基础主义者的想法，非信念的心灵状态也可以为信念提供初步辩护。不过，承认这一点并不会对无限主义造成任何困难。正如普莱尔所说，他的想法不一定指向基础主义，因为他只是指出了辩护的一种来源。这些获得直接辩护的信念同样可以获得间接辩护，也即来自于命题支持的辩护。因此，无限主义可以承认经验对信念提供的直接（初步）辩护。

　　总结来看，批评者对于辩护的论辩原则的批评是有道理的，但是类似克莱因的无限主义者追求的是真正的知识，而这一类知识所要求的是辩护$_{RK}$，因此无限主义所需要捍卫的是辩护$_{RK}$的论辩原则。在接下来的讨论中，除非特别说明，我们讨论无限主义的认知辩护时一概包括论辩的维度。

3. 推理与辩护的关系

　　现在让我们回到推理工具主义与推理创造主义的争论。两个理论的核心主张可以分别表达如下：

　　推理工具主义
　　推理活动只能把推理前提拥有的认知辩护传递给结论。

　　推理创造主义
　　推理活动可以产生或扩展认知辩护。

　　现在我们分别考察这两个理论。不难发现，推理活动只能传递认知辩护的想法与经典基础主义的图景十分匹配。在经典基础主义的框架中，基础命题在整个信念系统中拥有最高程度的辩护，然后通过基础命题与非基础命题之间的推理联结，基础命题拥有的辩护传递到非基础命题。其核心想法可以表述为下面的原则：

　　辩护传递
　　如果认知者 S 的信念 X 是拥有辩护的（可允许的），并且 X 是 Y 的强有力理由，那么 S 基于 X 相信 Y 也是拥有辩护的（可允许的）。

理解传递原则时有两个值得注意的细节。第一，当我们把认知辩护理解为认知上的可允许性（epistemic permissibility），那么辩护传递说的是，我们在有理由关系的命题之间进行推理并不会破坏信念的可允许性。第二，如果我们量化处理辩护的强度，那么在经典基础主义的理解中，基础命题拥有最高程度的辩护，但是推理形式会限制辩护传递的多少。如果是演绎推理，那么辩护可以完全传递。如果是归纳推理，那么辩护只能部分传递。但无论如何，作为推理结论的命题所拥有的（推理）辩护不可能超过基础命题所拥有的辩护。也正是出于这个考虑，经典基础主义者更加希望用演绎的方法来拓展信念，因为这样才可以让所有的信念都拥有最高程度的辩护，甚至拥有确定性（certainty）。第三，虽然说推理可以传递辩护，但是这里的推理并非任何的推理，而必须限制为好的推理，即那些符合推理规则的推理。毫无疑问，如果一个人的推理形式是条件句的肯定后件式，或者否定前件式，那么这样的推理是不可能传递辩护的。究其原因，混乱的推理本身在认知上就是不被允许的。

根据推理工具主义来看，推理活动只能传递认知辩护。回顾我们本节开头给出的例子：

A1：黄浦江在上海。

A2：上海是中国的一座城市。

A3：因此，黄浦江在中国。

B1：黄浦江在拉萨。

B2：拉萨是中国的一座城市。

A3：因此，黄浦江在中国。

当考察 A3 是否是被辩护的，我们自然会考察两个事实。一个是 A1 和 A2 是否是被辩护的，另一个是这里的推理过程是否是被辩护的。由于上面的两个推理都是演绎推理，所以推理的形式是好的。但是如果要解释两个推理中 A3 辩护地位的差别，我们只能诉诸于推出 A3 的前提是否具有辩护属性。

我们可以识别出支持推理工具主义的一个核心理由。命题之间的逻辑关系是与真密切相关的。一个演绎推理具有这样的性质，即如果前提为真，那么结论一定为真。也就是说，演绎推理是保真的（truth-preserving）。因此，如果演绎的前提为真，那么真这个性质就会被传递到该前提的逻辑后承之中。再加上在认知活动中有着求真避假的目标，演绎推理毫无疑问是一种能帮助我们在真理之路上安全前行而不至迷失的方法。这也意味着，当认知者运用演绎推理时，他所运用的信念形成方式不仅是合适的，甚至是最佳的。既然演绎推理结论的真假依赖于前提的真，所以我们更希望被用作推理前提的命题是真的。这也解释了为什么我们很重视前提的辩护。因为如果前提是被辩护的，那么前提就更可能为真，如果前提更可能为真，那么通过可信的推理方式，我们就更可能获得真的结论。而一种更可能获得真结论的推理方式当然也是受到辩护的，因为它能很好地服务于我们求真避假的认知目标。所以，从有辩护的前提开始，运用有辩护的推理方式，认知者不可能损失对于结论的辩护属性。

我们可以注意到推理工具主义后面隐藏的一个思考框架。在传统基础主义的视角下，当我们获得了一个知识大厦确定的、不可怀疑的基础后，我们要尽可能借用好的推理，保证信念的确定性尽量不损失，以此来实现知识范围的拓展。在这一过程中，推理的目标更多是保留最初寻找到的坚实根基，并且保证这一根基不被后面添加的信念所腐蚀。这样一个信念系统拓展的过程，是一个确定性保持或逐渐衰弱的过程，是一个从不可怀疑的起点到怀疑逐渐增加的过程，是一个从不可置疑的起点到分歧逐渐产生的过程。

虽然有着上述的支持理由，推理工具主义仍然面临两个核心困难。

首先，对推理工具主义的字面解读会造成理解上的麻烦。当我们说某种活动可以传递某物或某性质时，我们应该区分至少两种不同的传递模式。我们先刻画两个性质：性质依赖和性质损失。性质依赖指的是被传递者拥有的性质依赖于传递者拥有的性质。所以，倘若没有额外的性质来源，被传递者所获得的性质 P 依赖于传递者拥有的性质 P。性质损失指的是在传递活动之前，传递者拥有性质 P 而被传递者缺乏性质 P，但是传递活动完成之后传递者失去性质 P，而被传递者获得性质 P。

此时，我们发现一类以物-物传递为典型的传递活动。比如，张三把手上的篮球传给了李四，从而让李四手上拥有了一个篮球。或者，如果张三把自己祖传的一件古董转卖给李四，那么在此意义上张三的古董传递到了李四的手上。虽然这里的传递活动看起来是物-物传递，不过经由物-物传递也实现了性质的传递，在上面的例子中，分别传递的是篮球在手的性质与古董的拥有性质。物-物传递展现出性质依赖和性质损失两个特征。一方面，在上面的例子中，如果张三手上没有篮球，他也无法经过传球活动让李四拿到篮球。如果张三没有古董，他也无法通过买卖活动让李四获得古董。所以，李四的获得依赖于张三在先的拥有。另一方面，在上面的例子中，当传递活动完成后，张三不再拥有篮球或古董，而李四则是拥有了篮球或古董。在物-物传递中，只有一个拥有权，通过传递活动改变的是拥有权的实际归属人。

　　有些传递活动虽然展现了性质依赖，但是却不展现性质损失。比如，通过证言的信息获取。假设一个询问者想要获取有关某个问题的信息（比如一个游客询问当地人某个地标建筑的位置），说话者事先拥有了这个信息，通过证词传递活动，询问者获得了自己所需的信息。毫无疑问，如果说话者事先缺乏这一信息，询问者也无法从他这里获得这一信息。在这个意义上，此处发生的传递活动是性质依赖的。但是，当证言传递活动完成后，说话者并不会因此损失自己已经获取的信息，而询问者也保有了自己通过证言活动接受到的信息。在这个意义上，证言传递活动不满足性质损失这一条件。那么，认知辩护的传递能否类比物-物传递呢？很显然这是有问题的。当一个认知者从

A1A2 推理出 A3，虽然 A3 是否拥有辩护依赖于 A1 和 A2，但是 A1A2 的辩护地位并不会因为推理活动的完成而损失。所以，认知辩护的传递更接近上面我们所说的证言传递。意识到这一事实有助于论证推理创造主义，我们稍后会进一步展现这两者是如何过渡的。

其次，推理创造主义预设推理活动可以传递辩护，而在基础主义的框架下，辩护的来源当然可以追溯到基本信念。但是，我们有理由认为基本信念的持有不可能是负责的或非任意的。克莱因（Klein 2014b，119）曾短暂地提到这一想法，不过此处我尝试更详细地阐述这一想法。我把这里的核心想法归纳为下述论证：

（1）基本信念的持有不可能是负责的。

（2）根据推理工具主义，基本信念不可能把负责这一特性传递给非基本信念。

（3）因此，非基本信念无法被负责地持有。

（4）但是我们可以负责地持有很多信念。

（5）因此，推理工具主义是错误的。

上面论证的大致想法如下。如果一个信念要是被负责地持有的，那么它必须被一个理由所支持。这一认知责任观在克莱因讨论无限主义时已经被反复提及。但是，基本信念根据定义来看就是非推论地辩护的。如果一个信念被另外一个信念给出基于理性的支持，那么它也就无法成为基本信念了。但如果这个信念缺乏理性的支持，那么它也无法被负责地持有。此处出现了一个针对传统基础主义的二难。此外，根据推理工具主义，推理活动只能把前提拥有的性质传递给结论，那么缺乏被负责地持有这一性质的基本信念如何能传递这一性质给任何非基本信念呢？也就是说，在经典基础主义和推理工具主义的框架下，没有信念是被负责地持有的。这一结论显得很有颠覆性，倘若一个人经由推理从前提 A1 和 A2 相信 A3，那么他的信念 A3 获得了一个很强的理性支持，这难道不是一个典型的负责的信念吗？类似的案例可谓是不胜枚举，但是推理工具主义却无法解释这一现象。

此处我们可以预想到一个来自基础主义的回应。基础主义者可以把认知责任理解为认知的可接受性（epistemic permissibility）。认知者持有基本信念是可接受的，因为这类信念拥有特殊的认知地位，持有这类信念不会遭受认知层面的责备。并且可接受性这一性质可以经由好的推理传递给非基本信念。因此，基础主义同样可以解释为什么一个人在认知上是负责的。这一回应看似行得通，却没有解释另外一个关键的事实，即非基本信念有一种独特的（被负责地）持有方式，而这种方式却不能被基本信念所共享。答案很简单，我们能为非基本信念提供理由的支持，但却不能为基本信念提供任何理由的支持。可见，基于认知可允许来刻画认知负责低估了某些信念中展现出的认知责任的高度。因此，基础主义者的这一回应并不成功。

我们已经看到推理工具主义的弊端。但是这些弊端并不足以证明推理工具主义是错误的，而只是表明有些关于辩护的性质是推理工具主义无法解释的。值得庆幸的是，推理创造主义的支持者却可以以此为基础，给出支持推理创造主义的论证。回顾刚才的推论：

A1：黄浦江在上海。

A2：上海是中国的一座城市。

A3：因此，黄浦江在中国。

如同从 A1 到 A3 的推论一样，前提传递给结论一种认知辩护的性质，但这种传递并没有使得前提自身损失这种性质。那么这样一来，问题就来了。在推理之前，作为前提的 A1 和 A2 拥有辩护量 Jp，而作为结论的 A3 尚未拥有辩护，但在推理活动结束的时候，作为前提的 A1 和 A2 既保持了自身的辩护量 Jp，又赋予了作为结论的 A3 一定程度的辩护量 Jc。因此，进行了推理活动之后的辩护总量 Jp + Jc 大于推论活动之前的辩护总量 Jp，也就是说有额外的辩护产生，那么这些额外的辩护来自哪里呢？一个自然的答案就是——来自于推理活动本身。这也就是说，如果我们要正确描述一开始我们称之为推理传递辩护的那种观点，我们不能仅仅认为推理活动是物-物意义上的传递辩护性质，而必须承诺推理活动为推理的结论产生了额外辩护。因此，正如涂厉（Turri 2014，222）所说，上述讨论的要点可以概括成下面这个论证：

（1）如果推理工具主义是一种正确的理论，那么推理创造主义就是真的。

（2）推理工具主义是一种正确的理论。

（3）因此，推理创造主义就是真的。

即使我们有好的理由要接受推理创造主义，我们还可以区分其强弱形式，涂厉（Turri 2014，214）分别定义如下：

强推理创造主义

推理活动可以从无到有创造辩护，也就是说一个辩护程度为 0 的前提，可以产生一个辩护程度大于 0 的结论。

弱推理创造主义

推理活动可以扩大辩护程度，从一个辩护程度为 n 的前提，通过推论活动可以获得一个辩护程度为 n＋m 的结论，并且 n＞0，m＞0。

那么我们应该坚持哪种形式的推理创造主义呢？涂厉认为强推理创造主义是可以被支持的，但我曾经认为这一论证不具有说服力。那么涂厉为什么主张强推理创造主义呢？试想下面一个情景：

曾经在某个时刻 T1，S 基于一个坏的理由 B 相信命题 Q。S 同时对于 B 拥有信念辩护，只不过 B 并不支持 Q。因此 S 的信念 Q 并不拥有信念辩护。此外，S 相信命题 G1，它是相信 Q 的一个好理由；S 还相信 G2，它是相信 G1 的一个好理由，并且 S 有信念 Gn，Gn 是 Gn－1 的好理由。只不过在时刻 T1，S 还没有利用这些好的理由链条来为 G1 提供辩护。假设在时刻 T2，有人问 S 是否 Q 是真的，S 沉思一会意识到他的理由 B 并不是好理由。但 S 并没有放弃 Q，而是开始思索自己有没有别的支持 Q 的理由，最终他意识到 G1 是相信 Q 的理由。（Turri 2014，223）

在这个案例中不可否认的是，在时刻 T1，S 的信念 Q 缺乏辩护，而到了时刻 T2，S 的信念 Q 拥有信念辩护。在 T1 和 T2 中使得信念辩护从无到有的关键是 S 把自己的信念奠基理由从坏的理由 B 转向了好的理由 G1。回顾我们上文对于信念辩护的讨论，一个信念得到辩护当且仅当认知者实际上相信某命题是基于那些辩护该命题的理由之上。这些理由自然而然是好的理由，而不发挥命题辩护作用的理由也就不是相信该命题的好的理由。那么从 T1 到 T2，S 的信念 Q 的根基从坏的理由转变为好的理由，当然提升了 Q 的信念辩护程度。此外，这种信念辩护程度的提升似乎是一个从无到有的提升过程，毕竟 S 还没有实际上为 G1 找到任何辩护的理由，而只是完成了 G1 对 Q 的信念辩护过程。所以涂厉认为 G1 的信念辩护程度为 0，而 Q 的信念辩护程度至少大于 0，那么一个从 G1 到 Q 的推论过程，不就是一个从无到有的信念辩护创造过程吗？进一步地，如果我们承认在该情景的末尾，Q 的信念辩护程度得到了提升，并且是一种从无到有的提升，是否意味着强推理创造主义是对的呢？这一想法被涂厉称之为改善论证（the improvement argument）。

我认为涂厉的分析有一个关键漏洞。虽然我承认基于 B 相信 Q 并不获得信念辩护，并且基于 G1 相信 Q 拥有信念辩护，我也可以假设信念辩护是按照无限主义设想的那样可以被量化考虑且能顺着命题的无穷且不重复的理由链条持续下去。但是，是否从 G1 到 Q 的推论是一个从信念辩护程度为 0 的信念到一个信念辩护程度大于 0 的信念的推论呢？似乎在涂厉看来，G1 还没有实际上基于好的理由之上，因此即使 S 对它有好的理由，G1 也顶多拥有命题辩护，而不是信念辩护。但我认为，要使得强推理辩护主义行得通，我们必须更细致地分析 G1 的信念辩护等于 0 的这种情况。

首先，我们可以问，S 是否曾经考虑过 G1 这个命题的真假。如果没有的话，那么当然承认 G1 的信念辩护程度为 0 是合理的。但是这样一来，S 为什么竟然会把一个自己未曾思考过真假的命题放在其推理前提？正如我们在讨论推理的本质时所指出的，在推理的过程中，认知者认为其推理前提（假定）为真为结论为真提供了证据的支持。因此，如果 S 竟然把没有思考过真假的命题用于推理，那么这种做法显然违背认知责任，也与我们大部分的认知实践相冲突，所以选择这条出路来支持强推理创造主义是很不合理的。

那么假设 S 曾经思考过 G1，此时我们又应该区分两种情况，即当时思考 G1 的真假问题时，S 是基于好的理由还是坏的理由的呢？如果 S 基于好的理由来相信 G1，那么 G1 理所应当已经拥有大于 0 的信念辩护了。更重要的是，我认为在这种情况下，S 以一种倾向的方式保持了对于 G1 的信念辩护。什么是倾向的信念辩护？我的理解是，当 S 被要求为自己的信念 G1 提供理由时，他可以给出支持 G1 的好的理由。我认为这是一个合理的看法，毕竟当一个人拥有信念辩护地相信一个命题，只要没有反面的理由出现，我们没有理由要求这个人一直保持该命题是基于某个理由的当下信念。这个人拥有关于该命题是基于某个理由的倾向信念足矣。一般的观点是，倾向信念在遇到一定的触发机制时，例如别人的提问或自己的理性追问时，将变成当下信念。这样一来，即使 S 在进行 G1 到 Q 的推理时并没有思考 G1，但是 G1 由于曾经被奠基于好的理由之上并且保持着信念辩护程度，那么承认 G1 的信念辩护程度为 0 就有问题了。

还有一种情况，假设 S 曾经思考 G1 时是基于坏的理由 T 相信 G1 为真，岂不是很好地说明了 G1 的信念辩护等于 0 吗？我承认基于坏的理由 T 相信 G1 并不赋予 G1 任何信念辩护，但是这样一个出路会与无限主义的基本主张不相容。如果要能恰当地说明强推理创造主义，那么我们必须完整地说 S 是从 G1 相信 Q 且又从 T 相信 G1，而不能只说 S 从 G1 相信 Q。此时的问题在于，无限主义者坚持，信念辩护应该追随命题辩护的链条，并且达到语境充足的信念辩护程度。假设 Q 的命题辩护链条是 G1 支持 Q，G2 支持 G1，那么在何种意义上 S 跟随了命题辩护链条？我可以用两种方式解读跟随，一种就是 S 已经基于 G1 相信了 Q；另一种是当 S 要去相信 Q 的时候，S 会选择 G1 而不是别的不在该理由链条上的命题。但是在我们讨论的这种情况下，S 基于 G1 相信 Q，又基于 T（坏的理由）相信 G1，很难看出 S 的信念辩护在何种意义上追随了命题辩护。毕竟 T 不在 G1 的辩护链条之上，否则 T 就应该是一个好的理由了。此时的关键问题是，无限主义者会如何判断 S 相信 Q 的实际理由辩护链条和 Q 的命题辩护链条之间的关系？不可否认，两个链条之间都有从 G1 到 Q 这个部分，而不同的是前者有从 T 到 G1 这个部分而后者没有。如果无限主义者认为 S 的信念辩护链条也是追随了命题辩护链条，那么这样一来，只要与命题辩护链条的一段重合，无限主义者就需要接受无穷多条不相容的信念辩护的道路。但是这一策略明显不会被无限主义者所支持。回想克莱因对于信念辩护的暂时性的评论。他指出信念 Q 是被理由提升的，但是此时 G1 还没有被理由提升。也就是说，此时 Q 获得了信念辩护，如果其他条件满足的话 Q 也可以成为真正的知识，但是 G1 还未拥有信念辩护，也无法成为真正的知识。当然，如果 G1 没有在对话情景中被要求给出理由支持，那么 G1 仍然能保持其信念辩护，但是一旦 G1 被要求给出理由支持而 S 无法满足要求，那么 G1 以前所获得的信念辩护就会受到影响，并且这一影响会导致 Q 本身也失去信念辩护。因此，为了避免 Q 的信念辩护受到影响，无限主义者可以允许实际理由链是潜在理由链的真子集，但是不能允许实际理由链偏离潜在理由链。如果无限主义者拒绝承认这种错误的推论方式追随了命题辩护链条，那么最后一种辩护强推理创造主义的道路也就以失败告终了。

我曾经认为上面的反驳攻击了强推理创造主义，但是这一攻击忽视了一个关键的点，即批评的出发点仍然是把信念辩护的本质看作是与求真避假的目标密切相关的。如果无限主义者重申信念辩护本身是追求认知责任，而认知责任体现在面临对话者的认知挑战时应该给予理由，那么强推理创造主义就获得了新的诠释。此时，强推理创造主义的核心想法将被理解为，在一个理由的追问活动中，援引一个还没有被要求给出辩护的前提，可以为正在讨论的信念（的内容）提供辩护。

此时，我们会发现这一想法很自然。在一个断言、质疑、提供理由、继续质疑的理性对话活动中，对话的起点是分歧。处于分歧的命题需要理由的支持，从而帮助分歧双方达成一致。那么当断言一方为处于分歧的命题给出理由后，他展现了一种非独断的态度，并且体现了认知上负责的态度，因此他持有的命题就获得了一些信念辩护。但是此时他所用的推理前提还可以遭受进一步的质疑，并且就前提来说他尚未展现出认知负责的态度。当然，在别人提出质疑前，他不用事先完成对前提的辩护。因为论辩对手有可能会接受自己使用的前提，因此断言一方可以假定自己的前提会被论辩对手所认可。当然，如果对方继续质疑，他就需要诉诸新的前提，从而为这一被质疑的前提提供辩护。随着辩护的活动推进，断言一方展现出的认知负责和非独断的态度也越来越多，因此他原先持有的信念获得的辩护也就越多。正是因为论辩活动开始于分歧，并且对话的方向是从被理由支持的结论向前回溯到提供支持的理由，所以那些还没有被要求给出辩护的前提（也即认知者还未展现出认知负责态度的信念）可以为正在讨论的信念提供辩护。换句话说，正是论辩活动的对话逻辑展现出了强推理创造主义的特色，而这一特色在与之相反的活动中是很荒谬的。如果此时我们从事的是类似笛卡尔式的奠基知识大厦或者数学证明活动，那么我们总是从一个公认的前提开始，借助严格的推理方法不断往后推，以防失去信念具有的积极的认识论性质。按照这样的前进方式，如果前提缺乏辩护，那么我们推理的起点就是有问题的，由之产生的结论也会因此受到影响，从而失去辩护。因此，在传统基础主义的框架下，强推理创造主义是有问题的。

此外，回顾无限主义面临的冲突理由链归谬问题，我们会有一个重要发现。既然推理活动本身不能创造真，那么由推理所创造的辩护也不能放在传统引真性（truth-conduciveness）的框架下理解。在引真性的框架下，推理活动顶多和融贯性一样可以扩大已有的成真概率，但是不能无中生有创造真值。也就是说，只有弱推理创造主义能在引真性的框架下成立。只有把辩护理解为论辩活动中负责的认知行为，强推理创造主义一说才具有可行性。

总结来看，推理工具主义与推理创造主义的争论并非针对同一个辩护概念。就辩护作为引真性来看，推理工具主义是正确的，而推理创造主义是错误的。就辩护作为一种论辩活动中的认知负责态度来看，推理创造主义是正确的，而推理工具主义是错误的。但是恰如我们所指出的那样，一个值得追求的认知辩护概念不能舍弃可靠与责任两个维度，而我们所关心的人类知识又不能丢弃辩护的论辩维度，因此推理工具主义与推理创造主义的争论并非要选择其一。从本质来看，两个理论揭示了推理活动的两个毫不冲突的功能，一个是引导认知者求真避假，一个是展示认知者认知负责的态度。也只有意识到这两个功能的不可或缺和不可偏废，我们才能通过推理活动获得有价值的认知辩护，从而在寻求人类知识的道路上迈出关键一步。

第四节　无限主义、基础主义与语境主义

在这一节，我们将考察无限主义、基础主义与语境主义三者之间开展的对话。在这幅图景中，无限主义尝试与基础主义和解，而语境主义却批评无限主义的冗余，同时语境主义又暗藏对传统基础主义的超越。我们关心的核心问题是，在这样一个有关阿格里帕三难问题的三角争论中，到底什么是应该坚持的，什么又是该放弃的。

1. 语境主义与基础主义的超越

语境主义（contextualism）在当代知识论是一个有影响力的理论，不过此处讨论的语境主义主要是指威廉姆斯的推论语境主义（inferential contextualism），而非归赋者语境主义（attributor contextualism）。[1] 本书第一章第三节已经介绍了推论语境主

---

[1] 归赋者语境主义的核心思想是，知识归赋是语境敏感的。更确切地说，知识归赋的真值条件取决于归赋知识语句言说的语境。语境主义者对于到底是什么因素随着语境而变化有不同的回答。Cohen（1988）和 Lewis（1996）认为变化的是相关候选项的范围（relevant alternatives），而 DeRose（1995）则认为是真所需要追踪（track）的可能世界的范围。但他们共同承认语境的变化改变了认知的标准。

义的基本思想，此处不再赘述。不过值得补充的是，推论语境主义受到维特根斯坦后期思想的影响较深，因此我们稍作回顾。

根据分类标准的不同，不同的传统基础主义者会识别出不同的基础命题。比如在笛卡尔那里，"我思故我在"等独立于经验可知的先天命题会被认为是基础命题。这其中还包括逻辑、数学和形而上学命题。对于经验主义者如艾耶尔来说，基础命题则是逻辑命题和记录个人当下感觉经验的命题。[1]对于摩尔和维特根斯坦而言，形如〈我是一个人〉、〈地球存在的时间很久远〉、〈现在有一个活着的身体，也就是我的身体〉的常识命题会被当作是基础命题。[2]虽然这些命题有些是关于自我的，有些是非经验的，有些是关于外部世界的，但都是认知者确定为真（certain）且不会怀疑的。

受到摩尔对常识命题讨论的启发，维特根斯坦在《论确定性》一书中展开了对传统基础主义的批评。维特根斯坦发现，摩尔的命题和传统意义上的确定的命题有着以下一些关键出入。首先，摩尔命题不能以先天的方式得知，似乎我们必须借助经验的手段才能得知，这些命题因此是经验的。其次，摩尔命题所描述的并不是个人的当下经验，因此不是第一人称的，而是主体间的，因此可以被看作是一种公共的确定性。最后，摩尔命题不是分析的命题，不是必然的命题，也不是先天的命题。对于这些命题摩尔宣称自己不仅不怀疑它们，还确定地知道其

---

[1] 相关讨论可见艾耶尔（1981）。
[2] 参见 Moore（1959，33）。

为真。但是维特根斯坦认为摩尔并不知道这些命题：

> 当摩尔说"我知道……"，我想回答他"你不知道任何
> 东西！"（Wittgenstein 1969，§ 407）[1]

乍看起来，好像维特根斯坦与怀疑论或观念论者一样对摩尔命题持怀疑态度，但其实他要指出的是摩尔当然对这些命题很确信，但只不过这种确信并非知识，而是另一种东西，因此把这些称作知识是有问题的。[2]针对摩尔命题，维特根斯坦认为这些命题是确定度最高的。正是因为这些命题的确定度最高，所以我们从来不去怀疑它们。一旦对这些命题产生怀疑，或者是荒谬的，或者是无意义的。不过与摩尔不同，维特根斯坦认为这些命题不是知识的对象。他仍然支持传统的把知识看作是被辩护的真信念的观点，因此无论是知识还是声称自己有知识都需要满足辩护条件，比如证据的支持与否。

> 我是否知道某件事情要看证据支持我还是反对我。因
> 为说人们知道自己疼痛是没有意义的。（Wittgenstein 1969，
> § 504）

---

[1] 有趣的是，摩尔在《证明外部世界》论文中说道，"暗示说我并不知道这些东西，而只是相信它们该是多荒谬啊"。参见 Moore（1959，146‐147）。

[2] 维特根斯坦（Wittgenstein 1969，§ 308）指出，"知识"与"确定性"属于不同的范畴。

但是基于证据的确定性顶多算是主观确定性，还无法达到客观确定性。维特根斯坦将两者的差别表述为：

> 我们用"确实"这个词表示完全信其为真，没有丝毫的怀疑，从而也想让别人确信，这是主观的确定性。
>
> 但是某件事情什么时候在客观上是确定的？——当不可能出现错误的时候，但这又是什么样的可能性？难道错误不是必须在逻辑上被排除掉吗？ （Wittgenstein 1969, §194)

既然主观的确定性是基于证据的，那就意味着我们能对支持它们的证据产生怀疑。这样一来，确定性还无法与知识具有实质性的差别。要让两者的差别具有实质性，就要使得主观的确定性根本不基于证据或理由。因此维特根斯坦主张，摩尔认为确定知其为真的命题虽然看起来是经验的，但却发挥逻辑的作用。

在维特根斯坦这里，逻辑是与经验相区别的。我们可以把逻辑与经验的关系类比为描述测量方法和具体运用这种测量方法并取得结果之间的关系，前者是逻辑，后者是经验。逻辑是我们用来判断真假的标准和前提。维特根斯坦指出，"一切描述语言游戏的东西都属于逻辑。"既然逻辑是描述我们语言游戏的，就好比描述象棋规则的那些命题，它们决定了具体的某一步走子是对是错，因此去提问具体的某一步走子是否正确是经验问题，但去提问象棋规则里面描述的走法是否正确，则是对逻辑的提问，是无意义的。因为此处并没有进一步的标准让我们判断对错。因此，当维特根斯坦说客观的确定性的错误是被逻辑地排除的，我们可以理解为由于客观的确定性本身发挥的作用是逻辑的，因此认为这些确定的命题本身有可能出错，就像谈论象棋规则所说的走法是错误的一样，是没有意义的。或者说，客观的确定性就构成了我们得以判断对错的根基，它本身不能被谈论对错，这是由其角色和作用所决定的。

摩尔命题所充当的角色和作用，就好比使得门可以开关的枢纽（hinge）。维特根斯坦评论道：

> 描述这幅世界图式的命题也许是一种神话的一部分，其角色类似于一种游戏的规则。这种游戏可全靠实践而不靠任何明确的规则学会。（Wittgenstein 1969，§95）
>
> 我会说：摩尔并不知道他所断言他知道的事情，但是这些事情对他来说是不可动摇的，正如对我来说一样。把这些事情看作绝对稳固的东西是我们进行怀疑和探索的方法的一部分。（Wittgenstein 1969，§151）
>
> 也就是说，我们所提出的问题以及我们的怀疑依赖于有一些命题是被免于怀疑的这样一个事实，就好像它们是那些东西转动的枢纽。也就是说，某些东西事实上不被怀疑是属于我们的科学探究的逻辑。但是情况并不是这样：我们根本不能研究一切事物，因此我们不得不满足于假定。如果我们想要开关门，枢纽必须保持不动。（Wittgenstein 1969，§§341-343）

从枢纽的比喻来看，枢纽是为门的开关这一任务服务的。如果没有枢纽，门的开关在方法论意义上是不可能的，这是因为门正是围绕枢纽才能打开与关闭的。摩尔命题与枢纽的作用类似，它们是我们在某一领域进行探究和提出质疑的前提，只有它们本身不被怀疑，我们才能在该领域内谈论任何的怀疑与相信。所以，只要我们不想废止我们在经验领域的探究活动，我们就必须满足于接受枢纽命题这一事实。接受枢纽命题的存在不是一种经验的概况，而是一种逻辑的要求。虽然摩尔命题扮演的是逻辑的角色，并因此具有客观的确定性，但由于这些命题具有了最高的确定度，也就没有比之更确定的命题。这样一来，无论是支持它还是反对它的理由都无法提供任何理性支持。

我们看这样一个例子，〈我的名字是×××〉是一个枢纽命题，你会用下面的方式来判断它的真假吗？比如你拿起自己的身份证，端详然后推理如下：因为我的身份证上显示我的名字叫×××，所以我的名字是×××。相信你并不会这么做。你更确信的是你的名字是×××，并且正是因为这个证件上显示的信息正确才成为你的身份证。你是根据此枢纽命题来判断身份证的信息是否正确，而非反过来用身份证的信息来判断自己的名字叫什么。正是因为枢纽命题是确定度最高的，所以缺乏（认识论上的）根基或理由。也正是基于这一点可以发现，无论是摩尔还是怀疑论者都错误地认为我们可以理性地思考此类命题。摩尔的考察是正面的，他认为我们有证据相信枢纽命题为真；怀疑论者的考察是反面的，他认为只有知道自己不处于怀疑论情景，才能知道日常命题（其中包括枢纽命题）为真。归根结底，维特根斯坦想强调的是，枢纽命题不能接受基于理由的考察。

如果仅从上面来看，维特根斯坦与传统基础主义的差别仅在于枢纽命题是否可知。不过，维特根斯坦的批评不止于此，他还指出了枢纽命题的可流动性。

> 人们可以想象：某些具有经验命题形式的命题变得固定并作为尚未固定而是流动的经验命题的通道；而这种关系会随着时间变化，因为流动性的命题会变得固定，而固定的命题又会变得具有流动性。
>
> 这种神话可能变为原来的流动状态，思想的河床可能移动。但是我却分辨出河床上的河流运动与河床本身的移动，虽然两者之间并没有什么清晰的分界。
>
> 但是如果有人说"这样看来逻辑也是一门经验科学"，他便错了，然而这却是对的：同一个命题也许在某时会被看作是需要被经验检验的东西，而在别的时候会被当作是检验的标尺。
>
> 那条河流的岸边一部分是不发生变化或者变化小得令人察觉不到的坚硬的岩石，另一部分是随时随地被水冲走或者淤积下来的泥沙。（Wittgenstein 1969，§§96-96）

在这样一幅由河岸、河床和流水组成的图画中，河水在河床之上流动，河水的变动是很快的，河床的变动则相对较小，河岸的变动则更少，几乎不可感知。维特根斯坦把河床看作是摩尔命题组成的框架，也即他文中所说的"神话"，而河水则是

由一系列日常的经验命题组成的。那么河岸又是什么呢？这个
问题不易回答，不过由于该问题与此处讨论并不是高度相关，
我们可以先将这个问题悬置起来。

　　命题的流动性和稳定性会随时间而变。以水的沸点为例。
在某一时间，我们发现水的沸点在标准大气压下是 100 摄氏度。
然后这一发现逐渐稳定下来，成为了我们在课上评判有关水沸
点实验的标准。因此，如果在一次实验中水没有在 100 摄氏度
沸腾，那么我们会认为水被污染了，或者非标准气压，而不是
该标准是错的。这里摩尔命题与经验命题之间的流动性，与维
特根斯坦在《哲学研究》中提到过的标准与症状（criteria and
symptoms）是类似的。在麻疹病毒发现以前，判定麻疹的标准
是有特征性的皮肤斑点，但随着病毒发现，皮肤斑点则变成了
症状，而非标准。因为并不是每一个得了麻疹的人都会显出红
斑点，并且红斑点也可以由别的病引起。

　　这种流动性表现在三个方面。首先，一个命题可被某人当
作规则去检验别的东西，也可以反过来被当成检验物。其次，
一个命题可以在某时是规则，而换一个时间又是被检验物。最
后，一个命题可以对于某个群体来说是规则，而对于另外一个
群体来说是被检验物。

　　维特根斯坦关注到了基础命题的流动性，这也使得我们可
以对传统基础主义的基础设定产生质疑。按照传统基础主义来
看，基础之为基础，更多取决于它的内容（content）或形成方
式。但是在维特根斯坦这里，一个命题是不是基础命题并非是
固定的，而是取决于它在一个语境之中发挥的作用（role）。对于

充当枢纽作用的命题来说，它就是基础命题，它使得别的命题得到辩护，然而它本身不受质疑。但是一个命题在某个语境（context）中充当基础命题不代表它能在所有语境中充当基础命题，意识到这一点具有两个积极意义。首先，这一想法有助于我们打破对于基础命题的过度着迷。如果把基础性看作是一个命题的本质属性，那么我们势必只会由其开始，并进而审视别的命题的真假。也就是说，基础命题决定了探究的起点，从而也决定了探究的方向。如果意识到基础性只是语境赋予命题的一个角色，那么我们就能放弃对于某些命题的执着。其次，一个命题在某个语境充当基础时是不可置疑或不可辩护的，但是如果转换语境后它卸下规则的角色，它的真假就是可被检验的。这意味着，当我们身处一个语境时，我们会意识到此时使用的基础命题是可错的（fallible），但是由于语境限制，不仅对这一危险的评估无法进行，对这一危险的意识甚至都显得不合理。因此，一种转换语境后对原有基础命题展开考察的冲动也就开始萌生。

借用威廉姆斯的话，虽然语境主义仍然支持基础主义，但是这种基础主义只体现在形式结构上，而不体现在内容上。内容上的基础主义会根据内容的特征让某些命题充当永恒的基础，但是形式结构的基础主义只是留下了基础的角色，具体由哪个命题来担任则是留白的。因此，语境主义可以被看作是流动的基础主义。也正是在这个意义上，语境主义批判并继承了传统的基础主义。[1]

---

[1] 参见 Williams（2011，57）。

2. 无限主义与基础主义的和解

克莱因（Klein 2014b）曾尝试在基础主义与无限主义之间做一个和解。这样一个工作包括三个步骤。首先，识别出两个理论之间的共同点。其次，刻画两个理论的差别。最后，给出两个理论之间转换的方法。

无限主义与基础主义有几个相同点。[1] 第一，在命题辩护层面，无限主义与基础主义就一个命题在什么条件下是另一个命题的好的理由可以达成一致。对此问题的回答依赖于学界理由观的大浪淘沙后留下何种理论。[2] 第二，在信念辩护层面，大家关心的是信念的可允许性。无限主义者同意，有一些暂时的被非推论辩护的信念，它们不需要理由的支持，但却是被语境中的认知规范所允许的。也就是说，存在某些命题，它们拥有认知的特殊性，但却是在提供理由的语境之中的。第三，两者都承认信念被理由提升是一个宝贵的性质，但除此之外，还有别的宝贵性质。比如，对于基础主义者来说，信念产生的机制是可靠的也可以成为一个积极的认识论性质。第四，无限主义者承认基础主义所说，信念的某些认知性质可以被传递。比如，"是可靠的形成的"这一性质就是一个可传递的性质。如果一个有关外部世界的信念是经由可靠的认知官能形成的，那么基于此的好的推论可以传递可靠性。这一想法我们在讨论推理工具主义时已经详细讨论过，无限主义者也并不否认这一点。

---

[1]　参见 Klein（2014b, 120 - 121）。
[2]　可参见本书讨论无限主义命题辩护观时所列举的诸多理由观。

但两个理论之间还是存在一个关键的差别。无限主义者认为基础信念之为基础，并非是由其内容决定的，而是由某个命题在语境中所扮演的角色决定的。可以发现，克莱因这一想法与维特根斯坦和威廉姆斯是一致的。并且由于语境转换（context-shift）机制的存在，我们可以在新的语境中评价以前充当枢纽的命题。在原有语境中，充当枢纽的命题拥有默认的辩护或确定性，合适的追问到此为止。但是在新的语境中，由于卸下枢纽的外衣，这一命题的真假问题可以合法提出，其辩护地位也会受到评估，追问程度继续加深。

此时我们可以轻易意识到，（语境中的）基础命题拥有的辩护只是暂时的，是依赖于特定前提的。因此，克莱因（Klein 2014b，122）评论道，只要基础主义者意识到在别的语境中为下面两个问题寻找答案是合法的，那么他就开始变成无限主义者。第一个问题是，原有语境中的认知规则是否是助真的？第二个问题是，是否我们善于探知这些认知规则的适用情景？克莱因认为，一旦开始回答这些问题，我们或者会重新确认原先充当基础的命题为真，或者会撤销原先充当基础的命题在认识论上享有的特权，但无论如何我们的探究都更进了一步。也正是经由信念转换的机制，基础主义者会像无限主义者一样认识到理由之链是没有界限的。

3. 语境主义与无限主义之争

无限主义与语境主义共同承认基础命题的暂时性或语境依赖性，在这一点上两个理论是同盟军。但是作为语境主义者的威廉姆斯（Williams 2014）却认为无限主义不是解决阿格里帕

三难的最优进路。威廉姆斯对无限主义的批评主要体现在两点
上。首先，威廉姆斯认为无限主义者错误地预设了一种怀疑论
式的认知探究模式。其次，威廉姆斯认为克莱因宣称的"理由
之路"思想是错误的。基于以上批评，威廉姆斯认为语境主义
的思想资源足够解决阿格里帕三难问题，而无限主义的思想资
源其实是多余的。下面我们分别展开讨论。

首先，威廉姆斯采取了一种诊断式的反怀疑论进路。他认
为，无论是皮浪式怀疑论还是当代笛卡尔式怀疑论都具有理智
上悖论的形式。看起来怀疑论悖论只依赖于我们习以为常的知
识论学说。因此，从一些我们不会反驳的前提开始，怀疑论者
偷偷地将有问题的预设藏于其中，最后导致怀疑论的结论无法
避免。也正是由于怀疑论攻击依赖于日常理解的框架，怀疑论
问题很难被反驳。那么具体说来，在阿格里帕难题中隐藏了哪
些理论前提呢？威廉姆斯认为，在日常情景中，如果一个人的
断言（信念）遭受合适的询问但他无法为之提供理由时，他的
断言（信念）就会被当作是认知不负责的。[1]

那么哪些询问是合适的？威廉姆斯把认知的询问（epistemic
queries）分为两类，一类是带敌意的询问（hostile queries），也
可以称之为挑战。另一类是和平的询问（eirenic queries），也可

[1] 这是一种典型情况，而不是一种普遍情况。小孩和老人也许无
法提供理由，但是如果因此认为他们是认知不负责的却显得不合适。这一
事实解释了为什么他们不处于理性谈话的领域之内，但是他们却可以享受
另外一种辩护，比如外在主义的辩护。这是一种要求信念可靠但是不要求
过多的理智参与的辩护。

以称之为解释性问题。[1] 在挑战之中，询问者怀疑断言者并不拥有知识，因此他的怀疑必须基于理由才能成为合适的怀疑。此时询问者可以怀疑断言者的信念形成是不可靠或不负责的。和平的询问承认断言者拥有知识，但是却要求认知者给出一个自己如何获得知识的解释。此时，只有断言者获取知识的方式不是显然的（obvious），询问者的要求才是合理的。不过无论是哪一类询问，它的产生都不是毫无认知前提的，都不是从威廉姆斯口中的"认知的真空"（epistemic vacuum）中产生。

那么由这一典型事实是否能推出任何信念都是可怀疑的？是否一个认知负责的人需要检查任何一个信念才能成为认知负责的呢？对于威廉姆斯来说，日常的认知挑战与回应是以零敲碎打（piecemeal）的方式进行的。在这样的模式中，针对一个指向明确的问题存在一个明确的答案。并且日常的认知实践在本质上受到情境因素的限制。但是，怀疑论者以及传统的知识论学者却主张一种全局式（wholesale）的认识论考察，而这种考察方式却是不受限的。[2] 此时的怀疑论挑战不同于日常的挑战，因为前者产生的理由是一些很一般的考虑（比如，一个人可能受到恶魔欺骗或处于梦境之中），而针对这样的挑战并不存在一个明确的答案。特别值得注意的是，也许有人会把怀疑论的挑战看作是日常认知评价的纯粹化版本，但是通过反思我们可以发现，怀疑论的

---

[1] 参见 Williams（2014，222）。

[2] 这一解读方式也可以参见 Pritchard（2015b）和 Wang（2017；2020）。

认知评价与日常认知评价存在种类上的差别，而非仅仅是程度上的差别。怀疑论的评价并不预设任何东西，而是质疑一切。可是日常的认知评价却像维特根斯坦所言，需要依赖于某些命题充当枢纽不被怀疑才能展开。回想来看，克莱因指出认知责任要求认知者针对所持信念要展开反思，看这些信念是否值得相信，这一想法当然比日常认知责任要求更高，但是这一想法会直接导致威廉姆斯所说的怀疑论审查吗？我们在下文会展开详细的回应。

其次，克莱因认为存在一个理由的链条，但威廉姆斯对这一点也有质疑。我们在介绍无限主义的命题辩护观时已经指出，命题辩护是命题之间的关系，也即一个命题是另外一个命题的理由。虽然克莱因在具体的理由观上有选择的余地，但是威廉姆斯认为无论克莱因选哪一个，都会与维特根斯坦的下述评论相冲突：

> 当人们说不能证明如此这般的一个命题时，这当然并不是说它不能从其他命题推导出来。任何一个命题都可以从其他命题推导出来，但是这些命题却不比该命题本身带有更多的确定性。（Wittgenstein 1969，§1）

维特根斯坦在这里指出，理由的支撑要求的不仅是命题之间的演绎或者概率式的依赖。给定一个命题 P，如果 P 蕴含 Q，或者 P 为 Q 提供了概率上的有力支持，那么 Q 就有很大概率为真。但是，如果 Q 是维特根斯坦所说的枢纽命题，并且 P 的确定性程度低于 Q，那么 P 就无法充当 Q 的正面或反面理由。假想下面的一个对话场景：

警察探案

赵四正好在家看电视剧，此时警察敲响了门，赵四开门后警察开始了问询。

警察：请问你叫什么名字？

赵四：我叫尼古拉斯赵四。

警察：请提供你的身份证明，我们在调查隔壁的一桩刑事案件。

赵四：这是我的身份证。

警察：很好，谢谢你的配合。我有一些问题需要你回答。

在上面的对话中，双方争论的话题是开门的人是否是赵四。正是对此表示怀疑，警察才要求开门的人出示证件。通过检查身份证，警察也相信眼前之人是赵四，并获得了一个被证实的陈述。但是同样的对话在赵四这里却有着不一样的意义。开门的人是不是赵四对于赵四来说根本不是一个问题，对此他毫不怀疑，这是他十分确信的知识。因此，即使身份证上的信息提供给警察一个相信〈开门的人是赵四〉的理由，它并不提供赵四任何相信〈开门的人是赵四〉的理由。恰恰相反，正是因为身份证上的信息与赵四知道的内容相一致，赵四才会把这张身份证当作是自己的身份证。倘若这张身份证上写着另外一个名字或者有一个差距明显的头像，那么赵四就会根据自己所知相信这不是一张自己的身份证。但对于警察来说，这样一张身份证却会成为指示赵四在说谎的理由。那么为何在这个案例中，赵四和警察的处境会有这么显著的差别呢？原因在于，〈开门的人是赵四〉这个命题对于赵四来说是一个枢纽命题，但是这却不是警察的枢纽命题，因此即使命题 P〈身份证上的人叫赵四〉与命题 Q〈开门的人是赵四〉之间的逻辑关系是不变的，P 却不会成为赵四相信 Q 的理由。值得注意的是，正如奥斯汀所言，此时的情况并不是说有一个理由让赵四相信〈开门的人是赵四〉但是他恰好不需要，而是说由于他已经知道该命题为真，对此没有怀疑，因此无论他如何做都不能算作是一种基于理由的相信。[1]

基于同样的理由，威廉姆斯认为克莱因对认知理由的要求太弱了。他认为只有信念才能为信念提供理由，而信念的内容之间的逻辑关系并不足以构成理由链条。[2]

面对威廉姆斯的批评，我尝试基于无限主义的立场做出辩护性的回应。

首先，威廉姆斯认为无限主义对于认知责任的追求是一种怀疑论的追求方式，因为无限主义者认为任何信念在任何情况都是可以被挑战的，而且只要有挑战出现，无论该挑战是否有理由支持，断言者都有责任继续提供理由。对比来看，威廉姆斯的语境主义却不认为总是需要给出理由。如果对话者的质疑在语境中是不合适的，那么断言者可以无视这一挑战且不妨碍认知负责。不过需要注意的是，无限主义者虽然主张（A）没有任何命题是不能被追问的；（B）当 S 真正知道 P，那么有一个开始于命题 P 的无限长度的理由链条对 S 可通达。这两个主张容易被误读为：

---

[1]　参见 Austin（1962，118）。
[2]　参见 Williams（2014，238）。

（A*）一个人可以一次性探究所有命题；（B*）当 S 真正知道 P，那么所有命题对于 S 来说都是可通达的。让我们先看（B）。假设 S 真正知道 P，那么一个支持 P 的无限长度的理由链条对 S 可通达。此时原则上他能找到无穷的理由，只是实际上无法完成这一活动。不过，支持 P 的无限理由链条并不是所有的命题集。虽然两者都可以被看作是无穷的，但是某些属于后者的元素并不在前者之中。倘若我们把这两个命题集合等同，那就意味着任何命题都是 P 的支持理由。这显然是荒谬的。在所有的命题集里面，首先有一些反对 P 的命题，比如非 P 就与 P 不相容。其次，该命题集里面还有一些与 P 不相关的命题，此时这些命题与 P 为真不产生证据上的支持或反对关系。所以（B）不能被误解为（B*）。再来看（A）与（A*），这应该是引起威廉姆斯批评的主要原因。首先，当无限主义者指出没有命题是不能被追问的，他们并不是否认语境之中的基础命题，而是说由于语境转换机制的存在，在原先语境中不能或不合适追问的命题就成为了可以被追问的命题。所以，语境中的基础命题只是探究的暂停点，却不是终结点。也就是说，由于语境转换机制的存在，没有命题是不能被追问的。

其次，即使承认任何命题都可以被追问，但是这并不意味着在追问的时候所有的命题被一起追问，或者用维特根斯坦的话来说，这并不意味着有一种追问是不需要任何预设的。正如维特根斯坦所说，"某些东西事实上不被怀疑是属于我们的科学探究的逻辑"。因此，任何的追问都需要承认枢纽命题，都需要满足方法论上的前提，都需要尊重科学探究的逻辑。当一个语境中的基础命题被放入到另一个语境中进行考察，并不意味着后一个语境和前一个语境不共享任何基础命题。普理查德对维特根斯坦的枢纽命题进行了分类。他区分了三种枢纽承诺：超级枢纽承诺（über hinge commitment）、个人枢纽承诺（personalhinge commitment）和反怀疑论枢纽承诺（anti-sceptical commitment）。[1] 普理查德用"承诺"表示认知主体与枢纽命题之间的命题态度。承诺的态度与相信的态度是不同的。在普理查德的理解中，信念本质上是相信某命题为真，并且信念态度是对证据和理由敏感的。也就是说，随着证据力度的变化，我们对于一个命题的相信态度会随之变化。但是由于枢纽命题的确定度最高，别的更不确定的命题无法为它提供正面或反面的理性支持，所以我们对于枢纽命题的态度也就不会对证据和理由产生任何的回应。因此用"承诺"这个词表示我们对于枢纽命题的接受，一种不是基于理性考虑的接受。

超级枢纽承诺说的是一个人的信念中不会有彻底或根本性的错误。[2] 这一承诺是最普遍的枢纽承诺，不过该承诺可以

---

[1] 参见 Pritchard（2015b，95 - 97）。

[2] 如何理解这一承诺也是值得讨论的。维特根斯坦在这里说得并不多，但是参照戴维森对于宽容原则（principle of charity）的讨论，这一承诺不应该理解成信念中大多数的命题为假。这是因为很难计算我们拥有的信念的数量，所以也无从谈论是不是大多数信念为假。一种比较可行的理解方式是，如果我们形成信念所用的主要方式是有问题的，比如基于官能失常的知觉或错误的推理，那么基于这种方式形成的信念也无法有效地避免错误。另外，错误的程度有大小之分。比如，如果我面前摆着一个苹果，而我对苹果的味道、产地或价格判断错误，这都并不是很严重，但如果我连这是可以吃的东西都判断错误，那么信念出错就比较严重了。也就是说，如果连比较基本的信念都出错，就可以被看作是犯了根本的错误。

用更细化的个人枢纽承诺表现出来。比如我可以通过我有一双手，或者我的名字是 XX 的个人枢纽承诺来展现超级枢纽承诺。个人枢纽承诺是在具体语境中展现超级枢纽承诺的，但是两者间有一个不可忽视的差别。个人枢纽承诺会随着语境而改变。在语境 A 中，我有一双手是我的个人枢纽命题。但是想象另外一个语境 B，当我经历了一场严重的车祸，医生告知说我的双手都被截肢了。此时语境 B 和语境 A 就有巨大差别了，因为在语境 B 中命题我有一双手不再成为个人枢纽承诺。当然，这并不意味着在语境 B 中不存在个人枢纽承诺，因为别的命题会替代我有一双手来发挥个人枢纽承诺的角色。从这个例子中我们可以发现，即使一个命题在某个语境中充当个人枢纽命题，但它可以随着语境的变化不再充当个人枢纽命题。但普理查德认为超级枢纽承诺总是保持不变的。对某人超级枢轴承诺的否定相当于将此人视为不可理喻和非理性的。试想如果我的信念有着彻底或根本性的错误，那就意味着我形成信念所用的方式或准则都是错误的，都应该被抛弃。抛弃了形成信念的诸多方式，也就意味着我无法拥有信念了，这样一个结果即使连怀疑论者也会觉得是不可理解的。

反怀疑论枢纽承诺是对类似我是缸中之脑或我被恶魔欺骗等怀疑论假设的否定，是超级枢轴承诺的一种否定表现形式。在日常的语境下，我们并不会考虑怀疑论的可能性，但是当我们面对怀疑论挑战时就会被迫意识到这些可能性。针对具体的怀疑论挑战，我们就会展现出否定的态度，以此来保护超级枢纽承诺。与个人枢纽承诺相反，反怀疑论枢纽承诺是以否定的方式来展现超级枢纽承诺的。

此时，一个自然的问题是，许多个人枢纽看似是可以被语境转换后进行审查的，但是形如〈我的信念不是普遍出错的〉超级枢纽以及形如〈我不是被恶魔欺骗的〉反怀疑论枢纽可以被审查吗？我们不妨看看下面的推理。

（1）我的感觉经验好像手里拿着一支三不猴书签。

（2）我手里拿着一支三不猴书签。

（3）因此我不是缸中之脑。

该推理尝试为〈我不是缸中之脑〉提供一个证据式的支持。但此处的关键问题是，该推理本质上是窃题论证（question begging）。也就是说，之所以（1）能为（2）提供证据式的支持，是因为在论证的时候我们已经预设了（3），因此并非是前提（1）单独地为（2）提供证据支持，而是（1）和（3）共同为（2）提供支持。倘若我们不预设（3），那么（1）同等地支持两个命题，它们分别是〈我手里拿着一支三不猴书签〉和〈我有手里拿着一支三不猴书签的幻觉〉，所以仅仅依赖（1）不能充分决定哪个命题更可能为真。但是如果（1）为（2）提供的证据支持要依赖于（3），而我们又反过来想把（1）为（2）提供的证据支持传递给结论（3），就会使得整个论证成为循环论证，从而无法将证据式支持从前提成功地传递给结论。这一现象被怀特（Crispin Wright）称为（担保）传递失败。[1] 可以看到，我们对于我不是缸中之脑一类的命题是在原则上，而非只是偶尔地缺乏证据支持，因为任何想通过经验手段提供证据支持的想法都会面临传递失败问题。按照怀特的想法，这样的命题就成为了我们有资格接受（entitled to accept）但是缺乏证据相信的命题。[2]

那么是否由于传递失败现象的存在，这类命题就成为了不可追问的命题呢？无限主义者在这里有两个潜在回答。第一，虽然这类命题对于认知者本身是不可追问的，但是它们对于别的认识者来说却是可以追问的。也就是说，对于 S1 来说，S1 的任何探究必须预设〈S1 的信念不是普遍出错的〉。但是对于 S2 来说，是否〈S1 的信念不是普遍出错的〉却是可以被追问的，S2 可以检验是否 S1 在某些基本的信念上出现了差错，只不过 S2 的追问还是得预设〈S2 的信念不是普遍出错的〉。此时我们应该意识到，针对一个命题是否可以被追问，我们还应该区分追问的对象。在一个对话情景中，既要考虑断言者，也要考虑挑战者。对于断言者来说，某些命题是不会被追问的，但是即使这样的命题具备了相对于断言者来说的确定性，它也可能缺乏相对于挑战者来说的确定性，因此挑战者的质疑并非完全是荒谬和不合理的。第二，当克莱因谈论每个命题都可以被追问，有一个隐含的限制，即对于那些可以在拷问式的对话活

---

[1] 关于传递失败这一现象的讨论，参见 Wright（2002）和 Davis（2004）。

[2] 关于认知资格（epistemic entitlement）的探讨，可参见 Wright（2004）。

动中给出的理由，每一个都可以继续被追问。虽然这个表述看起来甚是平凡无奇，但是却提供了关键的躲避策略。在对话活动中，断言者不一定要诉诸超级枢纽承诺或反怀疑论承诺，因此挑战者无法开启针对这类命题的追问。之所以这类命题不会被涉及，是因为它们更多是一种背景性的框架，而非具体可以发挥辩护作用的理由。

综上所述，威廉姆斯对无限主义的第一个批评站不住脚。无限主义承认语境转换机制，并且不认为有理性追问的终点，但是这不等于是笛卡尔式的全局式考察，而是仍然基于方法论前提的不断拓展和深化认知探究。当然，威廉姆斯的批评也引出了无限主义的一个亟待澄清之处。无限主义者认为，语境转换机制是基础主义向无限主义过渡的关键，但是这一机制也可以理解为基础主义向语境主义转换的关键。那么什么样的语境转换才能超越语境主义，从而迈向无限主义呢？很明显，并非任何一种语境转换都构成无限主义需要的语境转换。考虑如下一个语境转换。在语境 C1 中，命题 P1 是枢纽，而命题 P2 是基于枢纽被检查的对象，在语境 C2 中，命题 P2 成为了枢纽，而命题 P1 成为基于枢纽被检查的对象。这样一个转换很符合语境主义的想法，即语境的转换表现为被预设的命题的改变，同时由于预设决定了探究的方向（the direction of inquiry），在 C1 和 C2 中探究的命题也发生了改变。但是这样一个语境转换机制却并不支持无限主义的想法，因为从基于 P1 评判 P2 转换到基于 P2 评判 P1，语境的转变并不构成认知理由的延伸，因为从总的视角来看，这是一个循环论证。无限主义者需要的语境转换要让理由链条继续延伸且不回溯。让我们做一个类比。想象我们站在某地，向前望去我们能看到已经给出的理由，但是此时我们站的地方是当前的立足点，我们只能身处其中，而不能以抽离的方式旁观立足点。那么要如何摆脱原有的立足点呢？语境主义允许我们一百八十度转身，然后开始倒退。但是无限主义者并不需要这样的一种走法。他们所希望的恰是我们从原先的点继续后退，然后逐步看清先前我们停留的每一个点。此时我们每走一步都超越了前面考察的深度，都将前面的立足点当作是新的审查对象。如果把每一步后退都看作是一个新语境的产生，那么每一个新语境都可以看作是对前一个语境的超越和进步。这里的进步体现在，前一个语境可以审查的对象在新语境中也能审查，但是在新语境中能审查的对象却包括前一个语境中的盲点。如果盲点是安全可靠的，那么我们获得了更多的确信和理智上的安慰。如果盲点包含致命的错误，那么我们则可以排除认知风险。也就是说，无论如何，这种语境的转换都构成了认知上的进步。由此可见，无限主义者所追求的是满足进步式超越的语境转换，而并非任何一种语境转换都可以满足这一要求。

我们再来看第二个问题。威廉姆斯认为克莱因对认知理由的要求太弱。对于威廉姆斯来说，只有信念才能为信念提供理由，而信念的内容之间的逻辑关系并不足以构成理由链条。威廉姆斯借助〈警察探案〉一类的对话展现了这一要点。威廉姆斯之所以认为只有信念才能提供信念的理由，并不是因为信念和信念之间有基于命题内容的逻辑关系从而能作为理由发挥作用，而是因为信念总是被某个人在具体场景所持有的。也就是说，对于同样的命题，不同的认知主体赋予的确信程度可以产生差别，而由于这种差别，同样一个命题在不同的认知主体那里所发生的认识论作用也会具有差别。但是，针对〈警察探案〉这类案例的存在，我们应该做出什么样的结论呢？克莱因采取了一种客观性的视角，承认有一个客观的理由链，而随着认知主体的活动可以在主观上逐步通达这些客观的理由链。威廉姆斯则更注意到认识主体所处的语境对其产生的限制。由于语境的限制，认知主体确信的东西就成了它们审查的预设，而这个预设由于逻辑原因就成为了探究的起点，但同时这个起点也是盲点。可以说，正是这个盲点阻碍了认知主体在客观理由链上继续前进。正是由于看到每个语境中盲点的不可摆脱，威廉姆斯否认克莱因提出的理由链条。相反，正是由于看到了人们不断摆脱原有语境中的盲点，不断深化探究和打破原有桎梏，克莱因提出了理由链条的想法。如何在这两个对立的想法中做出抉择呢？我认为，就每个单独的语境来看，威廉姆斯追寻维特根斯坦的想法指出了每种语境中的逻辑结构。但是语境转换的方式有很多，有些转换是语境的跳跃，当中存在语境的断裂，有些转换是语境的循环，而无限主义者关注的是那些我们可以通过语境转换实现认知前进的情况，这种情况彰显着信念辩护的不断加深，而且只有按照这种转换的模式，我们才有可能达到知识的完满状态。因为随着理由链条的不断追溯，我们对最初的问题的讨论越来越深入，我们回答了越来越多与之相关的疑问和挑战，而且我们所提供的理由越来越强。毫无疑问，这样的追溯也许不是一个人能完成的，也许不是一个时代能完成的，但却对整个人类来说是开放的，是可能的，也是具有引导性的。所以，只要我们还未放弃这样一种完满知识的可能性，我们有理由承认无限主义者刻画的理由链条。

总结来看，语境主义对无限主义的两个批评都不成功。通过与传统基础主义的对比，我们发现语境主义与无限主义之中都蕴含了对绝对基础的拒斥精神并寻求一种超越原有基础的冲动。两者的差别在于，语境主义有很多种摆脱基础的方法，但是并非每一种超越都是对原有探究的推进。无限主义则限定了超越的方向，在此意义上无限主义可以被看作是一种独特的语境主义。到此为止，我们已经完成了对于无限主义的批判性考察和辩护工作，下一章将会探讨无限主义的理论价值。

第四章 无限主义的价值与意义

经过前面三章的阐述与分析，我们已经了解了皮浪式怀疑论的思想根源与核心挑战，无限主义的大致想法，面临的主要困难以及可能的回应方式。在本书的最后一章，我们将阐发无限主义的价值与意义。

第一节 无限主义与阿格里帕难题的消解

与基础主义和融贯主义一样，无限主义旨在回应阿格里帕三难问题，或者称之为认知倒退问题。虽然这三种理论分别都有自己的困难，但是他们的支持者也在竭尽全力为各自的理论进行辩护。此处我们暂且放下无限主义理论面临的困难，只考察其初衷是否已经实现。

按照克莱因的想法，基础主义和融贯主义都认为理由的无限倒退是荒谬的，是应该不惜一切去避免的。所以，这两个理论为阿格里帕三难当中的另外两条进路做出辩护，并努力表明自己的选择并非像最初看起来那样糟糕。如果说基础主义和融贯主义旨在解决（solve）无限倒退难题，那么无限主义则是旨在消解（dissolve）无限倒退难题。对难题的解决预设了有一个实质的困难，但是对难题的消解旨在表明"困难"只是表面的，通过理论的分析，并没有实际上的困难。

在无限主义者看来，理由链条的无穷倒退并不是一种理论的弊病，相反这是一个理论的优势。因为这正是展现认知者履行认知责任的最佳方式，是彰显认知者理性精神的最好体现。[1] 因此，与其说我们要避免无穷倒退问题，不如说我们反而应该提倡无穷倒退的理由链条。正如无限主义者所说，当一个人拥有真正的知识时，有无穷的理由链条可通达，但是在实际的对话过程中，我们只是循着这一理由链条提供有限的理由。如果有需要，我们可以继续，但不是必须的。按照这样的思路，没有什么理由是被最终给定的，是不可以被追问的。这样一来，根本就不存在一个无穷倒退难题等待我们去解决。一个理论难题是我们需要克服的困难，但现在需要克服这一困难的理论担忧已经被消解了。因此，无限主义并不是解决阿格里帕三难，而是消解了我们对于理由无穷倒退这个现象的担忧。

1. 认知倒退与论辩倒退

上面的回答只是初步的刻画，我们需要更深入刻画无限主义的消解式工作是如何完成的。这里有必要引入瑞斯克拉对于倒退问题的区分。[2] 引入这一问题有助于我们澄清两个子问

---

[1] 参见 Klein（2007a，6）。

[2] 对这一问题的更早讨论可见 Alston（1989）、Audi（1993）和 Rescorla（2009a）。

题。第一，皮浪式怀疑论到底造成的是什么挑战？第二，无限主义消解的倒退问题到底是什么意义上的倒退？瑞斯克拉（Rescorla 2014，189）区分了两类共四种倒退问题：

（1）静态的认知倒退（the static epistemic regress）
什么使得认知者 S 拥有辩护相信 P？
（2）动态的认知倒退（the dynamic epistemic regress）
当考察是否 P 为真时，S 应该怎么做？
（3）静态的论辩倒退（the static dialectical regress）
什么使得一个说话者 S 的断言 P 是被辩护的？
（4）动态的论辩倒退（the dynamic dialectical regress）
当说话者 S 的断言 P 遭受挑战，S 应该如何回应？

静态的认知倒退刻画的是共时的认知辩护（synchronic epistemic justification），而动态的认知倒退刻画的是历时的认知辩护（diachronic epistemic justification）。按照传统对于阿格里帕三难问题的看法，这个问题关心的是在时刻 t，S 的理由以什么样的方式排列时其信念 P 是获得认知辩护的。很明显这是一个有关共时的认知辩护的问题。静态的论辩倒退关心的是 S 的断言行为的合适性，比如 S 的断言是否遵循了断言的规范。一些备选的答案包括断言的知识规范、断言的信念规范或断言的确定性规范。动态的论辩倒退关心的是断言者与挑战者之间的对话结构问题，正因为这样的对话是有来回的，所以展现出了动态的特质。

总的说来，认知的倒退与辩护理由的结构有关，此处的辩护独立于语言层面上论辩活动的进行，关心的是知识论层面的性质。论辩的倒退则是涉及理性的论辩活动（dialectical rational discourse），此处的辩护涉及说话者如何在面临挑战者时为自己的断言做出辩护，关心的是理性谈话中的性质。

根据上述区分，我们可以重新写出认知的无穷倒退论证与论辩的无穷倒退论证。

认知的无穷倒退

如果认知者 S 的信念 P 拥有（基于推理的）辩护，那么支持 P 的理由链条是下列结构之一：

（A）一个无限长且不重复的理由链。

（B）一个循环的理由链。

（C）一个开始于某个假设的理由链。该假设或者拥有直接辩护，或者缺乏。

如果我们认为（A）—（C）都不是产生认知辩护的令人满意的方式，那就意味着 S 的信念 P 不可能获得基于推理的辩护。本书前面内容已经对认知倒退问题的多种回答方案逐一刻画，此处不再重复。此时，我们对比来看论辩活动中的无穷倒退。

论辩的无穷倒退

如果说话者 S1 的断言 P 受到 S2 的不断质疑或挑战，那么 S1 可能的应对方式有：

（A*）S1 不断给出不循环的理由辩护 P。

（B*）S1 给出循环的理由辩护 P。

（C*）S1 给出的理由停止于语境基本命题。

（D*）S1 给出的理由停止于非语境基本命题。

（E*）S1 不为 P 提供任何论证。[1]

　　让我们分别评估 S1 为自己的断言 P 提供辩护的几种可能方式。（A*）所说的是 S1 不断给出论证，并且不给出循环的论证。这不同于让 S1 给出无穷的论证。S1 不断给出论证说的是一种继续找理由和提供理由的能力，而 S1 给出无穷的论证则是指 S1 需要给出的论证数量是无穷的多。后者的要求更强，而前者是无限主义提倡的认知责任典范。[2]（B*）给出的路由是循环的，犯了论辩中窃题论证的毛病，所以是应该先被排除的。（C*）是一种可能的方式。我们有不同的方式刻画语境基本命题，但对于基本命题的作用，不同的学者有不同的看法。（D*）提供的理由停在了一个任意之处，而缺乏对这一前提的辩护会使得整个提供理由的活动无法为 P 提供辩护，因此也是失败的方式。（E*）可谓是最差的选择。面对质疑 S1 选择什么也不做，这无异于让自己的信念在论辩活动中显得毫无根基，仅仅是一个随意的断言。现在看来，只剩下（A*）和（C*）

────────────

　　[1]　有学者认为，这里的 S2 并不一定要是不同于 S1 的另外一个认知者。当一个人假想一个对话者时，此时论辩活动也能产生，克莱因（2014a，276）称之为低语沉思（*sotto voce* meditation）。

　　[2]　关于这一区分，可参看本书第一章第二节对无穷后退式的讨论。

两个选择了。其他选项都不是论辩活动中令人满意的辩护方式，也就意味着 S1 无法辩护自己的断言 P。

出于某些理由，我们也许会倾向于把这两个倒退活动密切联系，甚至等同起来。比如，我们可能会认为一个拥有认知辩护的人也能在理性的论辩活动中捍卫（defend）自己的信念。反过来看，一个人之所以在理性的论辩活动中得以胜出，一个好的解释就是因为他持有的信念本身是获得认知辩护的。虽然这个想法有一定的合理性，但是做出区分是有必要的。我们在本书第三章第三节已经指出，除非承认辩护的论辩观这一本身有争议的论题，否则我们不能直接从理性对话模式中的性质引申出知识论层面的性质。也正是这两个领域的独立性，使得我们可以在两个领域采取不同的理论。比如，我们可以在认知的领域选择基础主义，而在论辩的领域选择无限主义。或者，我们在两个领域都选择无限主义。

毫无疑问，皮浪主义者所追求的知识并非是动物之知，而是在由于分歧引发的论辩活动中足以摆脱独断论弊病的信念或知识。这意味着辩护的论辩观已经被皮浪主义者所采纳。因此，与其通过放弃辩护的论辩观从而避免皮浪式怀疑论，一种更好的回应怀疑论方案应该认可这一前提。

2. 理解人类知识：知识的可挫败理论的拓展

在讨论无限主义时，克莱因曾提到人类知识，并把这种知识看作受到最高程度赞赏的真信念。他对人类知识的定义如下：

S真正知道P当且仅当

（1）P为真；

（2）S相信P；

（3）P对于S来说是被辩护的；

（4）P的辩护是未被挫败的；

（5）事态P和S的信念P有着合适的因果联系；

（6）S只相信那些对于它来说是被辩护的命题，而且S正是因为这些命题是被辩护的才相信这些命题，此外S还相信这些命题是被辩护的；（Klein 1983，156）

这里所考察的知识并没有明确提及辩护的论辩维度，因此可以说仍然是从个人的视角来考察人类知识的。此处，我想做一个尝试性的工作，将辩护的论辩维度添加进去，从而更好地彰显人类知识的社会性维度。如果这一工作得以顺利完成，那么我们就可以更好地实现从知识论领域的人类知识向理性对话领域的人类知识的过渡。

这一工作可以围绕"挫败者"这一概念展开。让我们先简要回顾知识的可挫败理论。一些知识论学者认为，在葛梯尔案例中，虽然史密斯拥有被辩护的真信念，但是他所拥有的辩护是被挫败的（defeated），[1]而知识要求的是未被挫败的辩护。这一理论把传统三元定义扩展为：

_____

[1]　这一分析进路参见 Lehrer and Paxson（1969）和 Klein（1976）。

S 知道 P 当且仅当

（1）P 为真；

（2）S 相信 P；

（3）S 的信念 P 是被辩护的；

（4）S 的信念 P 的辩护是未被挫败的。

条件（4）需要进一步的解释。一般来说，证据可以为命题提供辩护，而挫败者则是以负面的方式影响原证据为命题所提供的辩护。那么挫败者（defeater）的本质是什么？就文献看来，可以区分出三类挫败者，它们分别是事实型挫败者（factive defeater）、信念型挫败者（doxastic defeater）和规范型挫败者（normative defeater）。[1]

事实型挫败者是一个真命题，它是外在于认知者的视角的，并且由于该命题的存在使得认知者的被辩护的真信念无法成为知识。这里要注意，事实型挫败者并不挫败信念的辩护，而是挫败信念的担保（warrant），也就是使得真信念成为知识的性质。严格来说，事实型挫败者并不算辩护的挫败者，但是可挫败理论的文献却主要围绕事实型挫败者展开讨论。

规范型挫败者是认知者并未拥有，但可以轻易获取的认知理由，比如是认知者所在社会中绝大多数成员所意识到的证据。该理由所支持的命题会影响认识者相信的命题的辩护地位。规

---

[1] 相关文献参见 Plantinga（2000）、Bergmann（2006）和 Lackey（2008，44－46）。

范型挫败者可以是一个心理理由，也可以是一个事实。规范型挫败者是认知者虽然实际未拥有，但应当（should）拥有的证据。

信念型挫败者是认知者实际相信的命题，是内在于认知者的视角的。[1] 并且由于该挫败者已经进入了认知者的信念系统，它就可以挫败认知者信念的辩护地位。信念型挫败者不要求为真或拥有积极的认知地位，只要被认知主体所拥有即可。也就是说一个假信念，一个缺乏辩护的信念都可以充当信念型挫败者。我们通过下面案例来展示两种挫败者的区分。

掩盖真相案例

某国总统竞选现场参选人 A 被枪杀。比尔在家看到一个独立媒体撰稿人的文章说 A 被枪杀了，但是政府部门为了维持国家稳定，就在多个官方渠道发布假消息说，被枪杀的并不是参选人 A，而是其替身。该独立撰稿人发布的大多消息是可靠的，因此比尔相信 A 被枪杀。

此时，比尔的信念既是真的又是被辩护的，但他的信念不能成为知识，因为存在着规范型挫败者。参选人 A 的替身被暗杀这一证据由于被官方大肆宣扬，就是轻易可获取的，也会是比尔所在社会大部分人所相信的。所以，比尔的信念被规范型挫败者挫败了。让我们进一步假设比尔的朋友看到官方消息后

---

[1] 在克莱因的论文中，他用"overrider"来代表信念型挫败者。

告诉比尔说只是 A 的替身被枪杀了，那么此时比尔的信念系统中就多了一个证据〈我的朋友说被枪杀的是 A 的替身〉，而比尔的信念就被信念型挫败者所挫败了。可以注意到，由于规范型挫败者的存在，我们甚至可以从这里进一步挖掘社会因素对知识范围的影响。

此时，让我们假设 S_1 的信念 P 没有事实型挫败者，没有信念型挫败者，也没有规范型挫败者，也就是说 S_1 拥有的真信念是未被挫败的。那么按照知识的可挫败理论来看，S_1 拥有知识。但是 S_1 的知识是否可以从个人领域转移到公共对话领域呢？特别是当 S_1 牵涉到有关 P 是否为真的分歧之中时，他是否仍然能保持自己的知识呢？倘若 S_2 表达了自己对于 P 为真的质疑，而 S_1 与 S_2 开始了理性的论辩活动，那么 S_2 的挑战也可以转变为挫败者。一方面，S_2 所提出的挑战或许会被 S_1 严肃考虑后采纳，从而成为 S_1 的证据，那么此时 S1 就获得了针对 P 的信念型挫败者。另一方面，S_2 所提出的挑战或许会被 S_1 直接无视，那么此时 S_2 所提出的挑战虽然实际上没有成为 S_1 的证据，但是出于理性论辩的规则，S_2 的反对理由成为 S_1 应当考虑的证据。此时，S_1 就获得了规范型挫败者。

与传统的可挫败理论类似，挫败者有三种发挥挫败作用的方式。反驳式挫败者是直接显示原信念为假的证据，消解式挫败者削弱原有证据的支持力，而理由挫败式挫败者显示原信念的证据为假。面对 S_2 的挑战，S_1 的信念辩护是否因此就被最终挫败了呢？此时让我们考虑两个情况。在第一种情况中，S_1 已经拥有了针对 S_2 反驳意见的挫败者。由于我们在例子最初预设

S_1 的信念是真的，这也意味着 S_2 的反驳意见是误导的挫败者，然而误导的挫败者会被另一个挫败者所挫败——挫败者的挫败者（defeater-defeater）。这里的核心想法是，虽然误导的挫败者 D_1 可以挫败 S_1 原有证据 E 为 P 提供的辩护，但误导的挫败者会被另一个挫败者 D_2 所挫败。这样一来，虽然 E 为 P 提供的辩护会被误导的挫败者 D_1 所挫败，但 D_2 的添加会使得 E 为 P 提供的辩护得以恢复。当然，此时如果 S_1 给出 D_2，从而挫败 S_2 的反面证据 D_1，那么 S_1 就能恢复自己信念 P 拥有的辩护，使之成为最终未被挫败的。但是如果 S_1 出于各种原因不给出 D_2，那么即使在认识论层面他的信念 P 拥有的辩护仍然是未被挫败的，但在论辩语境中，他持有的信念由于未受到足够的辩护，也就无法获得社会的承认。也就是说，即使 S_1 拥有知识，这种知识无法通过论辩语境的检验，无法获得社会的认可，也就无法被承认为知识。在第二种情况中，S_1 没有针对 S_2 反驳意见的挫败者，这意味着 D_1 挫败了 S_1 原有证据 E 为 P 提供的辩护，因此 S_1 的信念 P 拥有的辩护最终是被挫败的。这样一来，不仅在个人的认识论层面 S_1 缺乏知识，在社会的论辩层面 S_1 也缺乏知识。当然，S_1 不必保持坐以待毙的姿态，他完全可以发挥自己理性思考和探究的能力，去发掘进一步的证据，从而挫败 D_1。此时，第二种情况转化为第一种情况。不过要使得 S_1 的知识在论辩语境中被认为是知识，或者说转化为被社会认可的知识，他不能仅仅拥有挫败者的挫败者，而必须在论辩语境中捍卫自己的信念。

　　这样看来，无论是哪种情况，在面对论辩者的挑战时，说话者 S1 都必须发挥自己的辩护能力，挫败论辩者提出的挫败者，从而维持自己信念的辩护属性。当然，这里的维护不是在个人的层面，而是在社会层面。通过给出理由，认知者原有的被辩护的信念（知识）在论辩活动中得到了认可和生成，从而转化为获得社会认可的被辩护的信念（知识）。由此过程生成的社会性的人类知识具有了更进一步的价值。

3. 论辩的基础主义与论辩的平等主义

如果坚持辩护的论辩观，那么在论辩领域我们应该选择论辩的基础主义还是论辩的平等主义呢？论辩的基础主义认为存在论辩意义上的基本命题。[1] 这类命题可以终止论辩的无限倒退，并且把举证责任转移到挑战者身上。除非挑战者有特别的理由怀疑基本命题，否则即使有被辩护的要求，基本命题也不需要认知者的捍卫。论辩的平等主义认为在理性对话中，不论一个挑战是否有理由支撑都是合法的，并且没有任何一个命题享有不被质疑的特权。[2]

对上述问题的回答取决于理性的论辩活动的构成性目的（constitutive goal）。很显然，如果一个论辩活动产生于分歧，那么自然而然该论辩活动的目的就是要通过理性和批判的讨论达

---

[1] 哪些命题可以成为语境基础命题呢？不同的哲学家有不同的选择。这里我列出一些备选的：用于证明的第一原则、关于自我当下的感觉经验、关于确定不可怀疑的命题、描述清晰分明的观念的命题、充当枢纽作用的命题。

[2] 这一定义方式参见 Rescorla（2009a，46 - 47）。

到观点一致，从而解决分歧。按照这样的刻画方式，通过暴力、威逼、利诱、欺骗、洗脑等方式实现的分歧消除都是不合法的，都是应该被禁止的。通过对解决分歧方式做出限制，我们意识到人类理性商讨活动的特质并进而理解了由此产生的人类知识的独特性。

论辩的基础主义承认理性讨论的重要性，但是该理论同时设立语境中的基础命题以避免论辩的无限倒退。可以发现这一理论的一大初衷是防止怀疑论的结果。初步看来，这一理论有两个优势。第一，避免了某些无意义的追问。当说话者宣称了一个基础命题，此时挑战者的追问在对话层面上会显得不合适。这样一来，论辩基础主义者守护了基础命题在论辩语境中的特殊性。第二，如果论辩的基础主义者同时支持辩护的论辩观，那么由于阻止了论辩的无穷倒退，就使得说话者的某些基础信念可以保持在认知层面的辩护属性。

论辩的平等主义则是旨在让商讨者自由地表达意见，从而尽可能地消除分歧。让我们以弗朗斯·范爱默伦（Frans van Eemeren 2004；2018）的理论佐证论辩平等主义的想法。

根据范爱默伦的想法，分歧的解决过程有四个阶段。第一个阶段是冲突阶段（the confrontation stage）。在这一阶段，不同的观点被展现出来，因此产生了需要被解决的观点分歧，这也使得批判讨论变得必要。第二阶段是开始阶段（the opening stage）。在这一阶段，讨论者需要承认相应的角色。支持者需要承担捍卫观点的义务。反对者或质疑者也有自己需要承担的义务，即对观点本身展开批判，以及对支持者的辩护展开批判。第三阶段是论证阶段（the argumentation stage）。在这一阶段，支持者以系统的方式捍卫观点，他可以做出论证来消解反对者的疑虑。如果反对者未被说服，那么支持者可以给出进一步的论证。这样的过程可以不断重复。第四阶段是结束阶段（the concluding stage）。在这一阶段，支持者与反对者做出判断，是否相对于反对者的批评来说，支持者的观点得到了充分的捍卫。如果没有，支持者的观点必须被撤销，那么该分歧的解决就偏向反对者。如果反对者的疑虑都被打消，那么该分歧的解决就偏向支持者一方。但是如果双方没有做出结论，那就表明批判讨论并没有完成。但值得注意的是，无论是哪种结果，论辩的参与人都可以开始一个新的批判讨论。

为了让批判讨论过程得以顺利进行，并最终实现这类活动的目的，范爱默伦提出了一些规范原则。这里我们列举最相关的两条：

1. 商讨者不能阻碍对方提出观点或质疑观点。
2. 如若被要求，提出观点的人不能拒绝捍卫自己的观点。[1]

第一条规则也被称为自由规则（freedom rule）。它意在保证任何想法都可以自由表达。因为如果观点得不到自由表达，那

---

[1] 参见 van Eemeren（2004，190–191）。范爱默伦早期提到了 10 条规则，后期扩充到了 16 条。早期的讨论可见 van Eemeren and Grootendorst（2004，190–195），后期的可见 van Eemeren（2018，54–58）。

么观点之间的差异也就很难被彰显，更不用说差异被解决。此时，提出观点与质疑观点是所有商讨者的基本权利，这是每个商讨人都应该无条件赋予别人的。为了贯彻自由规则，我们不必限定讨论者本身是否可信，也不必限定商讨的内容。

第二条规则被称为捍卫义务规则（obligation-to-defend rule）。它旨在保证冲突不仅被彰显出来，而且还会被尝试解决。如果仅仅表达不同的观点不足以解决分歧。因此，为了要使得解决得以可能，提出观点的人自动成为支持者，并且如有需要，就要捍卫自己提出的观点。

可以发现，论辩的基础主义和论辩的平等主义具有相同的部分。倘若不涉及语境中的基础命题，那么两者都支持开放的对话，并且都把 S 的信念辩护与 S 为自己的信念做出辩护的能力密切相连。但是遇到语境基础命题时，论辩基础主义者主张反对者需要承担额外的论证负担，但是论辩平等主义者仍然认为说话者有义务继续回答挑战。

那么为了实现论辩活动的构成性目的，我们应该选择论辩平等主义还是论辩基础主义呢？

我们可以发现，论辩的基础主义对于独断论的克服并不彻底，只有论辩的平等主义才能将反独断论精神一以贯之。论辩的基础主义承认语境中的基础命题，它们拥有默认的辩护，除非对它们的挑战是有理由支持的，否则说话者有默认的断言资格。正如威廉姆斯所说：

在许多语境中，针对很广的一系列信念，主体拥有并

　　且被合适地赋予了默认的信念辩护。默认的辩护是不依赖于认知主体所做的任何证据的工作，并且也不要求认知主体拥有或寻找支持他的信念的可援引的证据。一般来说，在认知上负责地相信某事并不要求某人的信念要奠基于理由之上。（Williams 2014，232）

　　但是由于设定了语境基础命题，论辩的基础主义为独断论留下了一个避风港。因为论辩的基础主义者把对基础的无根据挑战看作是不合适的，也是不用回答的。这一想法恰恰违背认知者在面对挑战时的责任，滋生了独断论的弊病。仅仅从个人主义的认识论框架来看，一个不承认语境之中基础命题的对话者也许会被看作是非理性的，不知道如何使用语词的，因此与之多言无益。但是如果放入社会认识论的框架中，对于无根据的挑战的禁止则会带来许多意料不到的弊端。让我们考虑那些处于被边缘化的认知主体。他们也许没有足够的身份和地位提出质疑，他们也许没有足够的语言能力和概念思考能力支撑他们提出质疑，他们也许没有足够的机会参与到理性的商讨活动之中，他们也许受教育程度很低，在学习的过程中被屏蔽了许多关键的信息。无论是哪一种情况，他们完全有可能是真诚地并不认同语境之中的基础命题，但是他们不仅很难提出有根据的挑战，甚至还不会被赋予进行理性商讨的身份。这无疑是一种认知的不公正（epistemic injustice）。[1] 此外，当对话者发起

————————

　　[1]　对这一问题的经典讨论可见 Fricker（2007）和 Medina（2012）。

对基础的无根据挑战时，说话者拒绝为基础命题做出辩护与指明该命题的基础位置展现出同样的独断论特色。在后一种情况中，说话者很可能只是再次重申自己给出的断言是不可怀疑的，也是一个有理性的人不应该质疑的。但这样的回答用于辩护非基础命题时完全就是独断的。这也就意味着，论辩的基础主义者还是没有丢弃独断论的影子。或者基础主义者认为对于基础命题的挑战虽然看似不合理，但却可以进行，只不过需要更多的时间思考，需要在更适合的场合继续推进。这样一来，随着原有基础命题被当作探究的对象，发生了语境的转换，论辩基础主义就变成了论辩的平等主义。这一转换的好处是摆脱了理性商谈活动中的独断论倾向，但也留下了怀疑论的危险。

不过，此处怀疑论的危险远远没有我们最初设想得那么严重。一方面，除非遇上执着的挑战者（persistent challenger），我们的辩护活动不会总是以失败告终。在生活之中，如果产生了分歧，那么我们经常可以通过理性的方式解决分歧。这是因为分歧双方有许多共享的前提，而从共享的前提我们可以借助证据理性地解决分歧。一个执着的挑战者就像一个彻底的怀疑论者，和他找到一个共同的前提十分困难。他的提问也许是病态的，只是为了挑战而挑战，而不是为了克服分歧达成一致。那么即使我们在面对执着的挑战者时无法辩护自己的信念，无法拥有知识，这并不意味着我们在面对任何挑战者时都无法辩护自己的信念，都无法拥有知识。此时，怀疑论的攻击范围得到了很大程度的限制。正如皮浪主义者所说，分歧更可能出现的地方是科学和哲学的谈论，而在这些领域我们只有持续探究，但不能轻易认为自己已经解决了所有相关的分歧，已经可以做出知识的陈述。

另一方面，我们可以从论辩的平等主义出发分析执着的挑战者的行为。这意味着论辩的平等主义同样可以解释论辩基础主义所意欲尊重的一些直觉。针对一个执着的挑战者，我们可能会有两个直觉：

没有不可以追问的前提，没有讨论的禁区。［平等主义直觉］

在某些语境中，对断言的前提做出无根据的挑战在语境之中是令人无法容忍的，是不合适的。而针对断言的前提做出的无根据的挑战，我们不去为之做出任何辩护也是合理的。［基础主义直觉］

第一个直觉是平等主义直觉。按照这一想法，挑战者一开始对语境中的非基本命题提出挑战是完全合乎自由表达规则的。正是因为这一规则构成了解决分歧活动中的根本规范，所以即使这一挑战最后涉及语境当中的基础命题，论辩平等主义者仍然认为持续的挑战者的行为是合法的。

第二个直觉是基础主义直觉。按照这一想法，挑战者如果对语境中的基本命题做出无根据的挑战，那么这一挑战是不合适的，而断言者也可以合理地无视这一挑战。毫无疑问，我们作为理性商讨活动的参与者，可以感受到这里所说的不合适。试看下面的三个对话：

对话 A

在新生迎新晚会上，小勤碰到了一堆陌生人，正在介绍自己。

小勤：你好，我叫小勤，很高兴认识你。

小马：你说你叫小勤，这个名字很好听，但是你怎么确定你叫小勤？

对话 B

在宿舍里，小勤正在忙于准备论文，室友小张打算邀请她去看电影。

小张：今晚去不去看名侦探柯南剧场版？

小勤：我生病了，不想出去了，要不你自己去看吧？

小张：我前面约了你好几次你都不去，你是不是对我有意见？你说你生病，但是你还在这里写论文啊。

小勤：可是我真的感觉很难受，我也是带病写论文。

小张：口说无凭，你能证明你感觉难受吗？

对话 C

在电影院里，小勤终于和室友小张约成功看电影《盗梦空间》。

小张：这部电影真是脑洞大开。我们会不会也在做梦呢？我也想旋转一个陀螺检测一下。

小勤：没这个必要吧，我当然没有在做梦。

小张：你如何证明呢？

　　在上面的对话 A - 对话 C 中，小勤分别断言了自己的名字，自己当下的感觉经验，以及自己不在做梦。所断言的命题都可以被当作是语境中的基本命题，然而这些断言都受到了挑战。我们可以很自然地设想，小勤此时大概会感觉到挑战者的无理取闹，她甚至可以不去理睬这些无端的挑战。但是为什么小勤会有这些感觉呢？一种潜在的解释是，如果挑战者对一些容易产生分歧的命题表达质疑，那么断言者一般也会接纳这一质疑的合理性，也愿意给出回应。然而，挑战者与说话者的对话交流本身是一个寻找共同前提从而解决分歧的过程。如果说话者尽其所能给出理由，不断给出他自己认为更有说服力的理由还无法寻找到具有共识的前提，那么此时他会逐渐开始怀疑寻找这一前提的可能性，也会怀疑分歧解决的可能性。

　　更突出的要点是，挑战者在这样的一个对话中也需要做出一定的贡献。按照威廉姆斯的想法，断言者与挑战者都有义务。断言者有给出理由支持自己断言的义务，而挑战者也有义务给出有理由的挑战。威廉姆斯指望通过消除挑战者与断言者之间的义务不对等。不过这里我认为挑战者的贡献不在于为自己的挑战给出理由，而是为了帮助断言者寻找到双方共同的前提。正如前文所说，理性对话活动要解决分歧，但是如果缺乏共同的前提，分歧不可能被理性地解决。正是为了寻找共同的前提，断言者才不断在面对挑战时提出进一步理由。可是如果语境当中的基本命题也无法成为双方共识，那么断言者就会感到迷惘和错愕。他不知道自己还能往什么方向寻找共同的前提，他也因此会觉得挑战者的需求是无法满足的，所以很自然会催生出

挑战者是无理取闹的想法。如果挑战者将自己的质疑说得更清
楚一些，将自己会接受的前提摆明，那么这毫无疑问会帮助断
言者找到共同的前提。此时，我们很容易看出，如果一个执着
的挑战者只会不断重复发问"你如何知道？"，"你如何证明这一
点？"，那么他根本没有表明自己具体质疑哪一点，也根本没有
帮助断言者寻找共同的前提。他只不过是让断言者像无头苍蝇
一样转来转去，最后不得不停止讨论，让分歧继续遗留下去。

　　恰如瑞斯克拉所言，执着的追问者虽然符合理性论辩活动
的构成性规则，但却违背了理性论辩活动的构成性目标。自由
质疑是理性论辩活动的构成性规则，但是论辩双方共同努力寻
找共同点从而解决分歧却是论辩活动的构成性目标。值得注意
的是，参与论辩活动的人可以既符合构成性规则但又违背构成
性目的。这就类似一个参加象棋比赛，每一步落子都符合象棋
游戏的构成性规则，但是却不打算将死对方的棋手一样。针对
这样一个棋手，我们不能说他违反游戏规则，但却可以批评说
他违反了象棋的目的，也即通过合法的走子战胜对方。当然，
有人可能会反对说，一个人可以在不违反象棋规则的前提下实
现自己不同的目的，因为象棋游戏本身没有一个固定的目的。
正因如此，我们才有不以获胜为目的的棋手。这一想法固然有
道理，不过在理性论辩活动中却不一样。如果不是为了理性地
解决分歧，那么我们根本没有必要展开理性的论辩活动。如果
可以任由分歧存在，那么讨论实无必要。如果只是为了消除分
歧，不限定消除的方式，那么理性的讨论也是多此一举，因为
有别的更加直接和彻底的消除分歧的方式。正是因为处于文明

社会的人们意识到用理性的方式消除分歧的重要性，理性的论辩活动才被创造出来，并在特定的构成性规则的引导下前进。因此，任何不遵循该活动的构成性目标的做法都是破坏性的，都是应该受到批评的。这正是执着的挑战者的错误所在。他们虽然遵守了这一活动的规则，但却妨碍了这一活动目标的实现。也正是如此，断言者往往会把执着的挑战者当作是非理性的人，也即没有严肃对待理性论辩活动的人。值得注意的是，虽然我们批评执着的挑战者，但这一批评并不延伸到那些没有成功解决分歧的活动之中。挑战者也许很乐于指出自己所承认的前提，并且断言者也承认这一前提，但是如果两人就公共前提是否能解决处于分歧的问题并没有达成一致，那么原初的分歧最终无法得到解决。不过在这种情况中，断言者和挑战者都为了分歧的解决尽己所能，所以双方并无过失。这就好像在一场象棋比赛中，双方都在无作弊的情况下尽可能战胜对方，但是到残局阶段势均力敌，只好握手言和。

综上所述，论辩的平等主义很好地解释了平等主义直觉与基础主义直觉，而且这一理论更彻底地贯彻了理性论辩活动的反独断论初衷。这意味着，如果要在论辩的活动中克服分歧达成一致，催生出有认知责任和非独断的人类知识，那么论辩的平等主义才是我们应该坚持的道路。

4. 皮浪怀疑论的论辩式挑战

在本书第一章中，我们对于皮浪式怀疑论的相关内容进行了深入探讨，但是有一个问题还未涉及，即皮浪式怀疑论的挑战应该被如何解读？根据拉曼雷塔（Lammenranta 2008）的诠释，有三个备选答案。

第一种解读方式把皮浪式怀疑论看作是理论式的（theoretical）。这种解读把皮浪主义看作是支持信念不可能获得辩护的正面论证。此时，皮浪主义者被看作是承诺自己的论证前提为真，推理有效，并且结论也为真。当皮浪主义挑战被看作是理论式的挑战，反怀疑论者会批评说皮浪主义者的结论是自我驳斥的，因为他们的论证看似为自己的怀疑论结论提供了辩护。我们已经在第一章第四节表明，这种解读误解了怀疑论者的论证目的和论证策略，因为怀疑论者只想要指明他的论辩对手——独断论者的错误。恰如弗雷德指出的那样：

> ［怀疑论者］不仅不承诺论证的前提与结论为真，他们同时也不想承诺论证的有效性。更一般说来，他们认为自己的对手认可了一些特定的观点，例如什么算作知识、什么算作好的理由、什么算作充足的理由、什么是辩护以及他们的对手还发展出'逻辑学'来系统表述论证与辩护的原则与标准。这些原则和标准的严格运用被认为是可以保证结论为真。因为怀疑论者想看清楚是否根据对手自己给出的标准和原则来说他们会拥有知识，所以怀疑论者在自己的论证中遵循了这些标准。但是这并不意味着怀疑论者自己要接受这些东西。他清楚地意识到这样一个事实，即在日常情况中我们并不运用这些标准，但是因为他的对手们所追求的东西超出日常所有，所以他们受制于更加严格

的原则。这些对手想要'真正的'知识,确定的知识。
(Frede 1987,204)

由此可见,怀疑论者并不承诺自己的结论为真,它们的论证只是论辩的工具,只是完成攀爬后便可丢弃的梯子。因此,对皮浪式怀疑论的理论式解读是不准确的,应该被抛弃。

第二种解读方式把皮浪式怀疑论看作是心理式的(psychological)或实践式的(practical)。根据这种解读来看,皮浪式怀疑论并非旨在提出一个关于辩护不可能的论题,而是一种把事物对立起来的能力。此时,怀疑论的能力是一种理智层面的实践活动,并且在十式和五式的指导下,怀疑的能力不断地在怀疑论者的心理层面产生相反者同效的心理感受,并促使他们悬置判断。此时两个具有相反者同效的论证不一定在客观意义上具有同等的支持力度,只是需要对于具体的认知者来说拥有同等的说服力。

这一解读方式拥有较好的文本证据,也被众多学者所采纳。但是根据这一解读来看,皮浪式怀疑论攻击并不彻底。拉曼雷塔认为,虽然有许多例子是我们必须悬置判断的,但是在很多例子中我们并不会感受到相反者同效,而更倾向于相信其中一方。这就意味着,一个厉害的皮浪式怀疑论者不仅要是思想领域诸多分歧的记录者,也是分歧的创造者,并且他要善于摆脱那些不具有相反者同效的论证,这样才能让他保持悬置判断和心灵宁静。根据拉曼雷塔的解读来看,如果一个人对真理感兴趣,那么他就会考察和一个问题有关的正反论证,并且由于这些论证经常是说服力不相等的，因此这个人不会总是陷入悬置判断。那么此时皮浪式怀疑论对普通人的影响力在哪里呢？如果说怀疑论者想追求心灵宁静，但是他们认为实现心灵宁静的唯一方式就是悬置判断，而悬置判断进一步要求他们对立起同样有说服力的论证，那么这样的实践模式对普通人来说有规范力吗？

拉曼雷塔认为普通人会承认寻找真也是求得心灵宁静的方式，因此他们不会接受皮浪式的悬置判断，不过这一回应忽视了一个重要的点。普通的认知者很可能是轻易地认为自己发现了真理，而皮浪式怀疑论者则是意识到在众多冲突的看法中要找到唯一的真理所面临的重重困难，所以我们不能把皮浪主义者和普通认知者简单地对立起来。毕竟皮浪主义者把自己看作是继续探究的人，这恰恰表明他们没有放弃对真理的追求。如果放弃了对真理的追求，他们就会沦为教条的怀疑论者。此外，日常的认知者也会随着探究的深入，逐渐意识到自己以前对某一立场的认可太过草率，并逐渐展露出皮浪主义者的审慎态度和怀疑精神。此时，我们可以做的一个结论是，把皮浪式怀疑论看作是心理式或实践式的挑战并不会引发普遍的怀疑论结论，因为从实际发生的情况来看，人们并不会普遍地陷入相反者同效引发的悬置判断之中。皮浪主义顶多可以被看作是提供了一种实践的教导，那么这种教导适合于什么活动？基于这种教导的活动目的又是什么？普通人是否应该接受皮浪式教导呢？正是对这些问题的回答过渡到对皮浪式怀疑论的第三种解读。

第三种解读方式把皮浪式怀疑论看作是论辩式的（dialectical）。

根据这种解读来看，皮浪式怀疑论所提出的问题既不预设对于知识或辩护的某些理论前提，也不是在描述面对冲突命题时心灵感受到的相反者同效以及由此带来的悬置判断，而是指出我们无法以不窃题的方式理性地解决对于实在本性的分歧。[1]回想对于阿格里帕五式的讨论。一种解读认为分歧式和相对式让我们意识到有冲突的看法，因此产生了辩护的需要，这两式被称为挑战式（the challenging modes）。然后无穷倒退式、循环式与假设式又告诉我们辩护总是有缺陷的，这三式可以被称为论辩式（dialectical modes）。[2]但是学者们倾向于认为挑战式不是必要的，因为怀疑论者已经潜在地相信辩护既不能是循环的，也不能基于任意的假设，而无限倒退又是荒谬的，因此只需要后面三式就可以呈现对于辩护可能性的怀疑论攻击。[3]

拉曼雷塔认为这种解读忽略了皮浪式攻击的论辩维度。根据他的解读，分歧式才是五式当中的核心，其余几式都是从属于分歧式并为之服务的。根据拉曼雷塔的解读，分歧式的运用方式如下（此处假设对于 P 只有两个答案）：

（1）S_1 相信 P。

（2）S_2 相信非 P。

（3）两人之中最多有一人是正确的。

---

[1] 这一解读的主要支持者是 Lammenranta（2008）。

[2] 这一命名和分类方式可见 Fogelin（1994，116）。

[3] 这一解读在当代知识论较为常见，例如 Sosa（1997）、Greco（2000）和 Williams（2001）。

（4）S_1 与 S_2 之间的分歧是不可解决的。

（5）所以，我们应该对 P 悬置判断。[1]

　　如果人们认为 S1 与 S2 之间的分歧是可以解决的，也即对（4）有所质疑，那么就会开始涉及循环式、假设式与无穷倒退式，而这些式都会按照我们在第一章的分析所示引向悬置判断。拉曼雷塔的解读中涉及一个视角的转变，即如何从 S_1 与 S_2 之间的分歧不可解决转向我们对 P 的悬置判断呢？我们不妨采取一种对比的方式来理解。在第一种情况中，S_1 与 S_2 之间陷入了不可解决的分歧，此时作为客观的探究者 S_3 对 P 没有自己的看法，但是他也无法在 S_1 与 S_2 之间判断谁对谁错，或谁的理由更有说服力，那么 S_3 是否应该悬置判断？如果这里的答案是应该，那么倘若 S_3 身处同样的争论之中，他的做法是不是也应该一样呢？倘若是 S_1 与 S_3 处于不可解决的分歧之中，虽然 S_3 已经有自己的看法和理由，并且他已经在争论前偏爱了自己的观点，那么面临对方同样有说服力的观点，S_3 是不是也应该悬置判断呢？

　　拉曼雷塔总结说，皮浪式挑战意在指出当争论双方都有同等好的论证支持自己观点时，虽然从分歧一方的视角来看或许会感觉自己的论证更好，而别人的论证缺乏说服力，但是对于一个中立的观察者来说却是同等好的。此时如果要在两者之间做出抉择是任意的，因此探寻真理之人应该从客观的视角来看

---

[1]　Lammenranta（2008，18）。

待争论并悬置判断。根据这一解读，皮浪式怀疑论攻击的是存在分歧的研究对象。

在我看来，拉曼雷塔的观点是很有意义的，因为他成功注意到皮浪式怀疑论在深层所依赖的论辩特色，这意味着对怀疑论问题的纯个人主义式认识论刻画是不足的。不过我有一些补充的评论。

首先，皮浪式怀疑论攻击的对象不仅是事实上存在分歧的研究对象，更包括可以产生分歧的研究对象。如果仅限于前者，那么皮浪主义者就只是分歧的记录者，而无法发挥自己的对立能力。对于皮浪主义者来说，独断论者犯了一个错误。在针对那些还不清楚的研究对象的分歧还没有被理性解决之前，独断论者就做出了独断的判断。这些对象产生分歧是研究对象之所以不清楚的一个重要证据，但是并非每一个不清楚的对象都业已产生了分歧。换句话说，只要能产生分歧的对象都是不清楚的对象，也就都可以成为被探究的对象。所以，即使承认论辩的维度在皮浪式怀疑论中的重要地位，我们也应该拓宽至潜在的分歧领域。

其次，第二种解读与第三种解读虽然强调的重点不同，但却是相辅相成的。身处论辩的一方或者由于一方的理论较有说服力，或者由于偏爱自己的观点，并没有事实上处于相反者同效的心理状态，因而也没有悬置判断。但是如果补上论辩的维度，加上怀疑论者诸式的帮助，一个客观的探究者应该悬置判断，而处于论辩当中的一方也应该和客观的探究者一样悬置判断。这就意味着，虽然实际上处于相反者同效的论辩较少，但是加以论辩的中立性原则以及怀疑论者的构造论证能力，处于相反者同效的分歧会越来越多，悬置判断的领域也会逐步扩大。

最后，随着皮浪怀疑论的论辩特色被突出以后，把认知倒退看成是皮浪怀疑论的核心挑战是有缺陷的。这个缺陷具体表现在这么几个方面。第一，认知倒退仅仅是信念内容之间的关系，不涉及语用层面信念与理由的表达，但是在进行论辩活动时后者是必不可少的。第二，论辩层面所要求的中立性，或非窃题性，是在认知倒退中难以刻画的。[1] 第三，皮浪式怀疑论者的论敌是独断论者，但是对于独断论者的批评不能仅仅在认识论层面展开，还需要在论辩的对话活动中展开。

---

[1] 在讨论非窃题时，拉曼雷塔偶尔理解为分歧一方既是裁判又是需要被裁决的一方，此时非窃题被理解为不公平（unfair），即预设了需要被证明的东西。在十式当中的第一式我们可以发现支持这一理解的文本证据（PH I. 90）。但同时他又把非窃题看作是面对两个具有同等说服力的正反论证时的不偏不倚，以及不能因为身处其中一方则偏好自己的论证。可以发现，在前一种理解中，即使分歧双方论证不是同等有效，也能诉诸不公平的批评来避免任何一方以窃题的方式解决分歧。但是在后一种理解中，悬置判断的必要前提是从中立的视角来看相反者同效。也就是说如果从中立的视角看正反双方说服力有强弱之分，那么强的一方坚持立场是合理的。这两个理解并不完全重合，拉曼雷塔没有指明自己用"非窃题"时到底意味着哪一种解读。不过我的建议是，由于相反者同效这一方法在怀疑论这里被反复用到，第二种解读明显更符合怀疑论的立场。此外，要使得不公平的批评更具有说服力也需要诉诸相反者同效，否则就会沦为一种没有说服力的批评。比如，假设掌握真理一方 A 与 B 产生分歧，如果 A 作为裁判方，那么无论如何 A 的论证都会显得不公平。但是如果真理一方能战胜谬误一方，真理一方势必要借助自己的框架展现出极强的说服力。可见，公平并不总是有利于冲突的正确解决，反而基于相反者同效来匹配信念态度才是更加合理的指导原则。

基于上述讨论，我们重新刻画了皮浪式怀疑论的核心挑战，那么无限主义对皮浪式怀疑论的消解到底是如何展现的呢？我将给出一个新的回答。

5. 重看无限主义的消解

上面的讨论识别出了这样几个要点。第一，皮浪式怀疑论攻击的对象是独断论者的独断态度，而独断的态度包括论辩层面的错误。第二，我们需要区分认知的倒退与论辩的倒退。皮浪式怀疑论关注的是论辩的倒退，而处理论辩的倒退时预设了辩护的论辩观，此时论辩的平等主义更能贯彻反独断论的初衷。

在这一节，我将重新刻画无限主义对皮浪怀疑论的消解。这样一个消解可以概括为，无限主义秉承了皮浪主义者的精神，在理性的论辩活动中展现出认知负责的态度，保持开放的心态，不断加深探究，从而为创造非独断的人类知识留下了空间。下面，我将进一步展开这一核心想法。

纵观皮浪主义者的思想可以发现，他们自始至终都是渴望真理的人，因此成为了不断探究的人。皮浪主义者发现独断论者错误地以为并宣称自己已经获得了真理，从而停止了探究。独断论者的错误在于没有意识到自己宣称知道的东西仍然处于分歧之中，而且分歧还未解决。也就是说，独断论者犯了论辩层面的错误，他们以非中立的方式承诺自己的理论前提为真，承诺自己的理性推理方式，并最终承诺自己的结论为真，但这一切都是以独断的方式进行的。皮浪主义者看清了独断论者的错误，但是他们同时意识到独断论者的反面，即宣称真理不能获得也是独断的。皮浪主义者意识到自己还未达到下最终论断的时刻，他们没有放弃对于真理的追寻，所以他们仍然满怀希望继续探究。

在皮浪主义者探究的过程中，很重要的一点是由于相反者同效所引发的悬置判断。这里我们不必太过在意相反者同效与悬置判断之间的联系是心理的还是规范的，因为关键在于相反者同效感觉的产生。皮浪主义者把怀疑论看成是一种能力，一种把东西对立起来的能力，而非一个抽象的论题。因此，怀疑论者会不断运用这一能力去审视一个观点是否能站得住脚。此时怀疑能力运用的方式不是全局式的（wholesale），而是零敲碎打的（piecemeal）。而且为了要让对立起来的观点具有相同说服力，怀疑论者要像一个老练的医者，针对独断论病症灵活下药。针对强的论证对立起强的反面论证，针对弱的论证对立起弱的反面论证。怀疑论者不仅要博闻强识，通晓不同理论家之间的交战，从而以思想编纂者的身份记录下那些具有同等说服力的正反观点，同时他们也要主动创造出具有相同说服力的冲突论证。这一切都是为了克制理论研究者心中轻易会产生的独断态度，也是为了堵住怀疑论者心中自然而然的独断倾向。就此看来，怀疑论者可谓是用心良苦。

既然怀疑论者追求的价值是积极的，我们又何必为了躲避怀疑论结论而完全拒绝这一有价值的诉求呢？这无异于倒脏水时连同洗干净的孩子一起倒掉，犯了把精华当糟粕的谬误。无限主义者十分认同皮浪主义者在认知层面提出的价值，以至于他们看起来很像皮浪主义者，但是无限主义者潜伏在怀疑论者的阵营中悄悄展开了对皮浪式怀疑论的消解工作。

　　既然皮浪式怀疑论所说的怀疑是种能力，那么消解这种怀疑论就不能仅仅是在理论层面，而必须落实在实践层面。怀疑论者通过对立冲突论证的方式从而获得相反者同效的心理感受，并进而过渡到悬置判断。然而无限主义者也主张一种理性人特有的能力，即理性探究的能力。通过理性探究的方式，认知者不断挖掘支持原信念的理由以及对于理由的进一步理由。有趣的是，这样的一个探究之中包含了另外一个认知者，他可以是实际的对话者，也可以是心中的对话者。正是由于对话者的质疑和询问使得认知者的探究不断加深。此处的关键在于，如果不能打消对话者的质疑，让他得到理智上的安慰和满足，那么从认知者主观的视角来看，自己的认知状态是有缺陷的。这里的缺陷体现在，自己如果真的知道 P，为什么却不能理性地排除和 P 有关的挑战呢？因此，认知者会找寻和给出可通达的理由，从而满足对话者的要求。在某些情况下，由质疑和回应组成的对话会停止于某处。但是如果有需要，认知者可以继续往下探究。一个真正的无限主义者知道没有探究的终点，因此会在自己或他人的促使下继续探究。这样一个无止境的探究并不要求人们完成无限的步骤，而只是提醒人们不要误以为某个点是探究的终点，无法继续往下走。

　　当认知者相信某命题 P 为真，那么对 P 的质疑与挑战都可以被看作是支持非 P 的冲突论证。此时认知者给出支持 P 的理由，就等同于在与支持非 P 的理由进行抗衡。如果认知者给出的理由是循环的，那么这样的理由给出方式本身就是窃题的，犯了论辩层面的错误，无法成功回应支持非 P 的论证。如果认知者给出的理由到某一步不再有理由支撑，那么认知者只能以独断的方式宣称这个理由，进而展现出了独断论的弊病，这也是论辩层面的错误，同样无法成功回应支持非 P 的论证。如果认知者不断地给理由，挑战者当然也可以不断地挑战，但是这只是一种逻辑上的可能性。正如我们前面的讨论所指出的那样，认知者只需要根据挑战者的挑战给出理由，因此如果挑战者不能提出无限多的挑战，认知者也不必给出无限多的理由。此外，倘若挑战者以破坏理性论辩活动目标的方式进行提问，那么虽然认知者可能会无法继续给出理由，但是这并不妨碍他本身信念的辩护，而只是使得有关某命题的知识无法在社会层面生成。就三种辩护结构来看，哪一种最有可能打消怀疑论者相反者同效的心理感受呢？显然，一种可以持续进行的、不带有论辩缺陷的方式最能打消这种心理。做出假设的方式展现出独断论的论辩缺陷，并且怀疑论者可以对立起一个同等带有假设的冲突论证，这使得相反者同效心理感受在假设树立之处保持留存，从而无法被打消。循环论证的方式可以不断将论证的链条进行下去，有着可以打消相反者同效心理感受的可能，但是循环论证是窃题的，所以即使论证不断进行下去也消除不了窃题的原罪。无限倒退的论证（或者说不断推进的论证）有两个好处。一方面，无论何时正反论证处于相反者同效的状态，说话者都可以将探究再进一步，从而暂时打消这一状态。另一方面，无限主义式探究并不要求一个人完成无限的步骤，而只是随着情境需求把探究不断深入，所以这不会触碰逻辑的不可能。并且无限主义式探究没有以独断的方式终止会话，也没有以循环的理由窃题自保，所以这是唯一可能打消相反者同效的心理状态的模式。这里的打消运用的是理性考察根据和公开表达理由的活动，这与怀疑论者的怀疑活动其实是同一种活动，都是以破除独断论为目标的理性思考与断言的活动。也就是说，无限主义者正是使用怀疑论者所主张的活动来消解怀疑论者达到的相反者同效状态，从而避免反复落入悬置判断的状态。

不可否认，这是一种对怀疑论问题的怀疑论解法。这种解法秉承了怀疑论者的初衷和抱负，用的是怀疑论者所珍视的活动方法，但是却带出了走出悬置判断状态的关键因素，即不断地通过理性对话活动寻找分歧双方的共同前提，并从而达成共识，成就人类知识。这里的人类知识，不仅需要认识论层面的理由支持，还需要在公共领域的自由对话。这样的人类知识，既是克服独断、克服谬误和无知的真正有价值的知识，也是消弭分歧、赢得社会认可、具有公共影响力的知识。正是在这个意义上，无限主义完成了对皮浪怀疑论，特别是阿格里帕三难问题的消解。

第二节　无限主义与反独断论

本书处理的主要问题是怀疑论问题，我们在皮浪主义怀疑论的视野中分析阿格里帕三难问题，继而又在阿格里帕三难问题中讨论无限主义。以反怀疑论为切入点展开研究分析是很有意义的，但是如果我们的视野中只有这一点，那么我们注定要损失另外一个重要的维度——反独断论。

一般来说，我们可以注意到这样一对张力。当怀疑的倾向越来越强，我们宣称知道的东西就会经不住怀疑，最后被拉下知识的神坛。因此，人们往往认为，正是因为怀疑论者很少承认理论前提，我们才会陷入怀疑论危机，而反怀疑论的要旨就在于坚决守住某些理论前提，比如一些怀疑论者也不能否认的认识论的原则和概念并进而重新构建知识概念。此时，对于这些最后的理论前提，反怀疑论者需要展现出独断的态度，以防怀疑论者继续展开那不合时宜的追问，继续摧毁宝贵的根基。当然，独断的倾向有强弱之分，独断的对象也有差别。我们可以意识到正是独断的态度帮助我们堵住了怀疑论的冲击，然而我们同样可以意识到，正是独断的态度让我们的认知生活失去了某些宝贵的价值。

我们不妨扪心自问，当我们独断的时候，是否一定拥有知识？一种独断的知识是否比非独断的知识更值得欲求？如果面对这两个问题我们都倾向于给出否定的回答，那么反独断论就是有意义的。这样看来，在刻画和追求有价值的知识的过程中，我们需要满足两个要求。第一，我们首先需要满足反独断论的要求；第二，如果借助怀疑的态度来克服独断论，那么我们必须限制怀疑的程度，以防止怀疑论的倾向产生。当然，这两个要求可能互为掣肘，而且也允许不同程度的搭配。较强的反独断论倾向会促成较强的怀疑，而怀疑论的威胁也就近在咫尺。较弱的反独断论倾向会阻挠过多的怀疑，而怀疑论的威胁也就不足为虑。这样的图景可以用一句话来概括，真正值得追求的人类知识摇摆于独断论与怀疑论之间。太偏向怀疑论则没有知识可言，太接近独断论，即使有知识，其价值也很有限，甚至颇有危害。

上面的概述需要进一步发展，接下来我们将从三个方面展开这一维度。首先，我们界定独断论的含义。其次，我们分析独断论的影响。最后，我们分析无限主义的思想如何有助于克服独断论。

1. 何谓独断论？

那么什么是独断论（dogmatism）呢？我们不妨列举一些关于这个词的解释。

在汉语的语境中，独断论也被理解为教条主义，教条主义亦称"本本主义"，是主观主义的一种表现形式。坚持教条主义意味着不分析事物的变化和发展，不研究事物的特殊性，只是套用抽象的原则和概念来处理问题。[1] 黑格尔对于"外在反思"的批评也与这一想法有密切联系。仅仅知道外在反思的人是"门外汉"，而"对于门外汉，反思就是忽此忽彼地活动着的推理能力，它不会停留在某个特定的内容之上，但知道如何把一般原则运用到任何内容之上。黑格尔认为这种外部反思的过程是诡辩论的现代形式，因为它任意地把给定的事物纳入一般原则之下。"[2] 可以发现，外在反思的实质就是预设一般原则

---

[1] 毛泽东同志 1930 年曾经撰文《反对本本主义》批评当时共产党员的教条主义的倾向，他主张没有调查就没有发言权。

[2] 转引自吴晓明（2020，42）。

是放之四海而皆准的，所以它可以抽象地脱离于一切内容，而具体的经验多样性是无足轻重的。正是这种外在反思的形式催生了形式主义的学术研究或生活方式。

在英语的语境中，独断论的意思是具有独断色彩（dogmatic）的行为和态度，它往往是与教条（dogma）相联系的。对于教条，我们可以识别出几个重要特征。第一，教条是一群人所坚信的、不容置疑的观念。我们经常可以看到政治的、宗教的、人生的信条，对于信奉教条的人来说，这些观念是绝对正确的，是不可能错的，也是不容修改的。第二，教条往往是由具有权威的个人或集体所颁布的，正是由于和权威相联系，我们才能理解教条在确立与传播过程中所展现出的专制。第三，教条具有特殊的认识论地位，持有教条的人期望他人不经过（甚至不能经过）论证就加以接受。由于论证是和使用理性密切相关的，那么和论证绝缘的教条也就不允许理性的质疑和挑战。至少对于坚持信条的人来说，对教条的挑战不是一个合理的表现，而是一个异端的、癫狂的、反叛的表现。

虽然说人们对于教条的态度自然会是独断的，但是独断的态度不仅体现在持有教条之上。我们可以列出下面的一些彰显独断色彩的行为特征：

（1）做出缺乏根据或傲慢的断言。

（2）基于未加审查的前提形成的观念和思想。

（3）由于缺乏证据或忽视异见所导致的一种把某些原则当作是绝对正确和不可置疑的倾向。

（4）确信自己的想法是正确的。

（5）不愿意倾听别人意见或者忽视反面意见。

（6）遭遇质疑或挑战时，不愿意给出理由和证据。

（7）对新想法缺乏开放性，不愿意放弃自己已有的观点。

上面列出的特征并不完备，甚至互相之间有重叠。但是无妨，我们只是把常见的一些特征整理起来，然后基于这些特征逐渐形成对独断论的理论把握。毫无疑问，这里最相关的是怀疑论者视野中的独断论。皮浪主义者正是把自己看作是拒斥独断论的探究者。在相关文献中，这么一些特征是与独断论相联系的：

（8）独断论者认为自己已经发现了真理。[1]

（9）独断论者赞同科学研究中的不明白的对象（比如事物的本性）。[2]

（10）独断论者承诺自己使用的理论框架是对的，并且对这一理论框架产生了归属和认同。[3]

可以发现，皮浪主义者正是对独断论者的独断态度感到不满，而这些态度和我们上面（1）—（7）刻画的特征是密切相关的。现在我们已经大致了解了独断论的内涵，那么独断的态度或行为有什么影响呢？

---

[1] 参见恩披里克（2017，1）。

[2] 参见恩披里克（2017，6）。

[3] 参见 Frede（1987）对独断的怀疑者的相关讨论。

2. 独断论的影响

独断论与怀疑论一样都被看作人类在理智领域的敌人，但是哪种倾向更甚呢？也许我们会发现，在我们的日常生活中，真正的怀疑论者很罕见，但是独断论者却很多。乃至于我们都不用教人如何变得独断，但是我们却要专门开设类似《批判性思维》的课程去引导人们展开怀疑和反思活动。这也许意味着，独断的态度乃是一种人们自然的倾向，一种不学而能的习惯。那么独断论会有哪些方面的损害呢？让我们逐一考察。

首先，当一个人展现出独断态度时，他的认知会受到负面的影响。这里我们可以区分幸运的独断论与不幸的独断论。不幸的独断论者在自己缺乏真信念时认为自己已经拥有知识。幸运的独断论者也认为自己拥有知识，但是他已经正确地相信了 P 为真，只是缺乏理由或证据表明 P 为真或有相关的理由但不愿给出。当然，这里幸运的独断论仍然是有缺陷的，只不过是相对于不幸的独断论来说更好。对于两者来说，由于他们都认为自己知道 P，那么他们就有很强的理由相信任何反对 P 为真的证据都是误导证据，而任何反对 P 为真的断言或陈述都是错的。[1] 因此，他们会认为别人的质疑和反对意见都是缺乏合理根基的，是不应该被严肃考虑就可以直接忽略的。但是，虽然两者都忽略反对意见，此时的独断态度对两人来说却有不同

---

[1]　这一现象在学界被称为独断论困惑（the dogmatic puzzle）。相关讨论参见 Harman（1973）、Assaf and Spectre（2010）和 Ye（2016）。

结果。对于不幸的独断论者来说，由于他原先缺乏知识，特别是在他持有假信念的情况下，由于拒绝正确信息的帮助，他将一直坚守谬误，拒绝真理的光顾。也就是说，正是由于独断论的影响，他一直被阻隔在知识的大门之外，深陷无知的泥潭。这还仅仅是在个人认知方面的损害。倘若他基于自己的无知行动，那么可以设想的是，他所传播的信息也将是自己的无知。按照我们熟悉的话语来看，不幸的独断论者很可能是谣言和谬误的传播者。此时，对于集体的认知环境来说，不幸的独断论者就成为了认知污染的源头。

那么幸运的独断论者呢？幸运的独断论者既然已经获得了真信念，那么由于他忽略反对意见，他守住了真信念，这无疑是好处之一。但是幸运的独断论者的缺陷体现在别的方面。在一个认知群体之中，由于幸运的独断论者在面对挑战和质疑时选择视而不见，选择不给出任何进一步的解释，那么从别的认知者的视角看来，他的行为恰恰和不幸的独断论者一样。两人都是固执地坚持己见！密尔曾把这样的真理持有方式称之为死亡的教条（dead dogma），而非鲜活的真理（living truth）。[1]此时，我们可以注意到这样一个关键性的事实，即从个人认知领域来看，虽然幸运的独断论者和不幸的独断论者有着明显差别，但是从他人的视角（此时同时也是论辩的视角）来看，作为分歧一方的独断论者，无论幸运或不幸，其表现是一样的。这意味着，就两人在论辩活动中的表现来看，他们是无法被区

---

[1] 参见 Mill（2003，103）。

分开的。他们在知识论上的性质差异被他们在论辩活动中的相同表现所淹没（swamped）了。[1] 不仅如此，即使一个幸运的独断论者拥有很强的理由并因此获得了认知辩护，却出于种种原因不愿意在论辩活动中给出理由，那么他的信念的辩护属性也无法在论辩活动中得到表现。这一结论对于拥有被辩护的假信念的不幸的独断论者同样适用。这意味着，拥有被辩护的真信念的幸运的独断论者，拥有仅仅真信念的幸运的独断论者，拥有被辩护的假信念的不幸的独断论者，和仅仅拥有假信念的不幸的独断论者，这四类人的认知性质上的相关差异在论辩活动中全被淹没了，他们都会被自己的对话者看作是仅仅拥有假信念的不幸的独断论者。

但是我们所珍视的知识概念包含反独断论成分吗？借用埃德瓦德·克莱格（Edward Craig 1990）的知识概念起源的系谱学解释也许可以帮助我们理解知识所具有的这一特性。设想一个缺少知识概念的虚构的社会。如果最开始的时候缺乏这一概念，那么为什么那个社会中的人会需要引入这一概念呢？克莱格的假设是，那个社会中的人需要用这一概念挑选出优秀的信息提供者（good informant）。那么为了达到这一目的，我们的知识概念应该满足哪些条件呢？首先，我们希望信息提供者针对我们所感兴趣的话题拥有真理，这样我们才能借助他的证言更好地获得实践的成功。但是，克莱格继续指出，我们还希望

---

[1] 这里使用"淹没"一词，受到知识的价值问题中淹没论证（the swamping argument）的启发。相关讨论参见 Zagzebski（2003）和 Goldman（2012，155）。

优秀的信息提供者身上拥有识别性特征，这一特征不仅与真有可靠的联结，而且我们可以通过这一特征将他与别的我们不应该寻求建议的人区分开。[1] 按照这一思路，可靠主义的理论受到了支持，因为看似具有可靠认知能力的人自然会成为优秀信息提供者的候选人。比如，当我们想要知道一场秘密会议的内容，那么在会场内参会，具有良好听力和记忆力的人自然会成为优秀的信息提供者。[2]

然而，更为仔细的审查可以表明，可靠主义受到支持的表象是具有欺骗性的。因为依赖于一个借助不可靠的认知能力形成真信念的信息提供者也可以是合适的，而依赖于一个通过可靠的认知能力形成真信念的信息提供者也可以是不合适的。[3]这里的关键在于运气所扮演的角色。一方面，当信息提供者拥有可靠的认知能力时，我们也许拥有未消除的误导的挫败者并且信息提供者不知道误导的挫败者的存在，那么此时我们依赖信息提供者是不合适的。另一方面，当信息提供者缺少可靠的认知能力，但依然在好运气的帮助下为我们提供了可信赖的信

---

[1] 参见 Craig（1990，18‐19）。
[2] 当然这里还有一个额外的前提——这个人愿意告诉我们真相。
[3] 关于这一点的深入批评，可参见 Pritchard（2012）。

息时，我们相信他提供的信息也是不合适的。[1]

抛开可靠性不谈，这里更值得关注的是，当我们无法判断信息提供者是否拥有可靠的认知能力时，或者当我们对信息提供者的证言将信将疑时，或者当社会上充斥着不可靠的信息提供者时，好的信息提供者能做些什么呢？显而易见，那些可以并愿意为自己的信念提供辩护的人，那些可以并愿意应对挑战的人，那些可以并愿意在分歧对话中用理性方法捍卫自身立场的人更可能被我们挑选为好的信息提供者，也因此更配得上拥有知识的人。此处诞生的知识概念是与辩护的论辩观有着紧密联系的，也是与反独断论有着密切联系的。

此外，独断的态度有碍于民主社会的构建。随着社会的不断发展，我们逐渐看到意识形态、政治体制、文化和信仰的多样性，并且这种多样性无法被简单地整齐划一。卢风指出，独断的理性主义是对话的障碍和民主的大敌。按照卢风（2018，22）的理解，"独断的理性主义往往以真理的垄断者自居，认为他们已找到了通往真理的唯一正确的道路，或发现了真理大全的基本公理，于是从这些基本公理出发，按照逻辑规则即可无限逼近真理大全。"自视甚高的独断理性主义者否认对话、商谈

---

[1] 想象一个信息提供者错误地认为自己拥有预知未来的能力，进一步假定我们也知道这个信息提供者的父亲是一个特别有权有势的人，他希望自己的儿子继续保持这种自信，因此他用了各种手段尽可能使所有事情如他儿子所预言的那样发展。最后，假设我们知道这个信息提供者的父亲能够操纵校内篮球比赛的结果。在已有的知识下，关于下一场校内篮球比赛的结果，信息提供者的证言无疑是我们能够信赖的信息，即使他自己关于此的真信念绝非来自于可靠的认知能力。

和论辩的必要性，他们把异己之见看作是错误的观点，不愿虚心倾听，更不愿把他人看作是自己的商谈对象或批判对象。这样一来，独断的理性主义者在政治层面上倾向于不把民主当成是现代政治的必需品，而是放弃以对话的方式谋求和平共处，更可能以强权或武力的方式把自己的想法灌输给别人。

可见，独断的态度不仅是认识论层面的缺陷，它会进一步发酵，变成民主生活的拦路虎，成为现代政治生活的绊脚石。我国正在构建社会主义民主法治社会的建设过程中，这是一个激发社会活力、实现社会和谐的宏伟蓝图。为了这一目标得以顺利推进，很有必要破除独断论的倾向，减少独断态度在公共生活中出现的频率。

通过上述的讨论，我们展现了独断论的一些弊端。虽然此处的讨论还有遗漏，但足以让我们认识到克服独断论的必要性。正是秉承这一精神，无限主义者展现出自己思想的独特价值。

3. 无限主义与反独断论

在《怀疑论概要》一书的开端，恩披里克就指出，对于任何探究，有三种可以设想的结果：或者是认为发现了真理，或者是认为真理不可知或不可理解，或是继续从事探究。认为发现了真理的一方是独断论者，认为真理不可知或不可理解的是学园派怀疑论者，而皮浪式怀疑论者则是继续探究。皮浪主义者既不在肯定的意义上肯定对真理的发现，也不在否定的意义上否认真理的可知。对于他们来说，上面的两种选择都是一种独断的选择，都是承诺于一个最终的标准。既然分歧业已普遍存在，并且可以通过怀疑论的十式与五式继续构造，因此我们不能独断地宣称已经发现了最终的标准，而只能秉承反独断的态度继续探究。在这样的一幅图景中，哲学的探究始终是开放的，始终指向对当下认知处境的超越，始终指向在追求真理的道路上更进一步。

这一精神同样感召了无限主义者。无限主义者坚持认为探究的道路应该保持开放性，正如克莱因所说，负责的认知者努力相信且只相信那些值得相信的命题。这里重要的是做出认知努力，最后的成功不是必要的。而且无限主义者同时承认，他们并没有完成为信念提供辩护的所有工作，他们能做的只是将这一工作不断推进。我们可以将无限主义者反对独断论的努力归纳为下面三个维度。

首先，无限主义者在命题辩护的层面不承认有基础命题的存在，继而奠定无穷追问的可能。因此，一个真正的无限主义者能认识到，支持自己信念的理由链条是不重复且无止境的。这就意味着，在原则上自己可以不断追问，不断获取支持自己信念的理由，从而提升自己信念的可信度。虽然在实际的生活中，受制于实践的因素，这样的追问是不经济的，是不合适的，但这不等于在认识论层面是不可能的。承认无穷的理由链条打破了认知者将某个探究的点固化成特殊的点，并进而一劳永逸地停止探究，这也在根本上堵住了独断论产生的一个关键要素，即承认最终根基的存在。虽然从个人层面来看，承认最终根基的存在是很自然的选择，甚至能带来我们心灵深层所需要的确定性和归属感，但这种倾向同样藏着独断的危险。

其次，无限主义者在信念辩护的层面要求认知者以理性的方式回应挑战，满足具体情境中对话者的质疑。根据前面的讨论来看，这一要求不仅有知识论维度，还有语用的、论辩的和社会的维度。当认知者面临挑战时给出理由捍卫自己的信念，这不仅意味着在知识论层面自己的信念辩护是未被挫败的，还意味着信念持有者在认知共同体中是一个负认知责任的人。他的断言不是恣意妄为的断言，而是有理有据的断言。在面临挑战的时候，他不是傲慢不理，置若罔闻，也不是有所隐瞒，知而不言。相反，有认知责任的人不仅愿意展示出自己的信念理由，还愿意用理由来完成对于公共认知环境的建构。此处的建构核心在于对观点的理性表达和商讨。理性的表达使得信念的传播摆脱了强制灌输的色彩，理性的商讨使得观点的冲突得到最大程度的（理性的）消弭。正是经由这样的过程，才能在公共领域诞生有辩护的信念。正是经由这样的过程，在鱼龙混杂的信息泥潭之中，在诸多意见杂糅的公共领域中，真正的知识才得以脱颖而出。在公共领域之中，独断论及其衍生的知行态度足以将潜在的知识拉下舞台，从而变得和无知一样，最终没落在意见的领域。

最后，无限主义者对于真正知识的理解也暗藏了反独断论的维度。这一点虽然在文献中没有直接证据，但是结合克莱因对无限主义的定位以及他对于真正知识的刻画可以被挖掘出来。克莱因认为，无限主义所追求的真正知识是最受赞赏的真信念，并且他认为基础主义者的基础命题不是被理性提升的，所以无法解释最受赞赏的真信念是如何产生的。当然，我们不必仅仅把这一想法限定在个人主义的框架中。如果把视角拉到公共领域之中，我们会发现，即使一个内心中肯为自己的信念不断寻找理由，但是却不肯表达理由和捍卫自己信念的人，所拥有的知识也不是最受赞赏的真信念。因为这种知识无法在公共领域彰显自身，无法在与无知的交锋之中胜出，无法得到社会的认可。因此在公共领域，它顶多是一种伪装成无知的知识。相反，真正能在公共领域把自己彰显为知识的那种真信念，一定是与众多意见通过理性的方式"厮杀"而出，而这种"厮杀"活动是与独断的方式不兼容的。因此，最受赞赏的真信念一定需要在公共领域当中理解和追求，才能展现其最高的价值。

在结束这一段的讨论前，我想做一点必要的补充。独断的态度或独断论的产生并非只是一种观念上的错误，似乎借助哲学的批判就能完全消除。借鉴社会心理学领域对人们抵制改变（resistance to change）的现象所做的研究，我们可以更好地理解独断倾向在神经学层面的机制。[1]

人的大脑调控着人们赖以生存的很多机体功能，比如感官的运动，呼吸的节奏，有规律的心跳，肌肉的收缩等等。经验研究表明，大脑的这一系列调控功能是很消耗能量的，所以进化适应的结果就是大脑必须高效利用有限的能量。[2] 当人们开始学习的时候，记忆也随着开始形成。刚开始的时候，通过学习获得的记忆容易被影响和打乱，但是随着记忆的巩固

---

[1]　在这一话题上较好的描述性研究可见 Tobore（2018）。

[2]　Aiello and Wheeler（1995）表明每个单位的脑组织消耗的能量是同等单位的肌肉组织的消耗量的 25 倍。

（consolidation），便有了对于干扰的抵抗力。[1] 记忆巩固的主要神经机制是：新近编码的记忆痕迹首先经过海马区的回放得到暂时的保存，随后记忆痕迹被海马投射到前额叶，由前额叶再将记忆痕迹分布式地储存在新皮层。但被巩固之后的记忆并非一成不变，我们每一次对记忆痕迹进行提取都在一定程度上对其进行改写，被提取的记忆痕迹需要经过再一次的巩固才能被存储，这一过程就是记忆再巩固（reconsolidation）。记忆的形成和巩固都需要花费大量的能量，因此大脑遵循高效利用有限能量的进化性适应就表现为对记忆扰乱的抵抗越来越强。这也意味着，如果在记忆巩固和再巩固后缺乏对记忆扰乱的抵抗，大脑可能需要更多的身体能量，这就势必会影响大脑发挥其他功能，从而阻碍了有机体在环境中的生存和繁荣。

如果缺乏对记忆扰乱的抵抗，人们就无法保持情景记忆或长期记忆，但这些记忆对人们的生活有着重要的作用。首先，这些记忆对于人们思考、推理、预测未来以及建立社会关系网络来说都是必不可少的。[2] 其次，高效的长期记忆使得人们能发展出对环境事件的最合适的反映，并且促成了注意力、知觉、语言和智能的出现。

由于进化的结果，我们的大脑发展出了对于记忆扰乱的抵抗，这样的机制促发了一些典型的行为，比如拒绝相反信息（知识）的倾向，对于与已有知识（信息）相融贯的信息的快速

---

[1] 关于记忆巩固的研究，可以参见 McGaugh（2000）。
[2] 相关研究参见 Allen and Forlin（2013）。

巩固，而这些行为与独断论有着密切的联系。[1] 换句话说，人们的独断论倾向在神经科学层面可以看作是大脑按照能效进化适应的结果。因此，在某种意义上来说，有意识地克服独断论的倾向是需要额外耗费身体能量的，这不是一件轻松的事，甚至会让生活变得更加复杂和辛苦。但其好处也很明显，正因为对独断论的克服，我们变成了更加开明的认知者，掌握最有价值的知识的认知者。这里的抉择是在身体的闲逸与心灵的求索之间的抉择，这不禁让人想起爱默生（Ralph Waldo Emerson）的一段相关论述：

上帝给了每个人在真理与安宁间选择的机会。任选一个，但不能兼得。在真理与安宁之间，人如钟摆一般摇摆。如果一个人偏爱安宁，那么他会接受他听到的第一个信条，第一个哲学理论，他遇上的第一个政党。这些很有可能都来自他父亲。他可以获得闲暇、商品和荣誉，但是通向真理之门却对他紧闭。如果一个人偏爱真理，他便不会让心灵的船只停泊，而是不断漂泊。他摆脱了独断论，并且辨别出所有对立的否定意见。这些意见就像墙壁，而他的生命便在其间摇摆。他忍受着焦虑与不完善的看法所带来的不便，但是他是获得真理的人选，而别人不是，并且他遵

_____

[1]　关于拒绝相反信息的研究参看 Shing and Brod（2016），关于接受融贯信念的研究参见 Wang and Morris（2010）。

从了他存在的最高法则。[1]

综上所述，遵从人类求知原则的心灵，注定要在一定程度上抵抗大脑在进化中形成的抵抗改变的倾向。这是一件费力的事，是抵抗自然倾向的事，但其结果却是值得欲求的，也是我们应该不断努力追求的。

第三节　无限主义与理智谦逊

在无限主义的思想中，我们发现了一种获取最有价值的人类知识的引导性规则，这种规则旨在构建的是非独断且有高度价值的知识。按照这一规则探究的人不认为关于某物为真的事情被永久地确定了，而是愿意继续往下探究。这不禁让我们联想到一种古今中外都赞颂的美德——理智谦逊。因此，在这一段，我将展开对理智谦逊的刻画，从而展现无限主义所推崇的知识中所蕴含的德性成分。

1. 何谓理智谦逊？

对理智德性的研究既可以在一般的层面上刻画其结构与特征，也能对具体的理智德性展开研究。本节我们将对理智谦逊这一理智德性展开专题研究。谦逊（humility）这一德性在中西方文化中广为流传，让我们看一些例示：

---

[1]　参见爱默生（2015，215）。

1. 满招损，谦受益——《尚书·大禹谟》

2. 伟大的人是绝不会滥用他们的优点的，他们看出他们超过别人的地方，并且意识到这一点，然而绝不会因此就不谦虚。他们的过人之处愈多，他们愈认识他们的不足。——卢梭《爱弥儿》

3. 当我们是大为谦卑的时候，便是我们最接近伟大的时候——泰戈尔《飞鸟集》

4. 人生之大病，只是一"傲"字——王阳明《传习录·门人黄以方录》

理智谦逊可以看作是谦逊的精神在认知领域的展现，那么理智谦逊的内涵是什么呢？要回答这一问题，我们可以关注两方面的背景。

一方面，谦逊概念在西方传统文化中受到了很多的关注。在宗教里面，谦逊被看作是信徒面对神灵（比如上帝）时的美德。其核心思想是，人们不应该认为自己有什么独特的价值，也不应该为自己所取得的成就感到自豪或骄傲，因为这些成功都是来自于神灵的恩惠。此外，人的能力、知识、眼界和智慧相比于全能、全知、全善的神灵来说是微不足道的。因此人应该向神灵屈服，并且保持卑微的姿态去膜拜和敬重神灵，而不应该妄自称大。在这样的一幅图景中，谦逊的实质就是把自己的能力和价值对比于无限的存在物来理解，从而认识到自己的渺小、卑鄙和微不足道。

那么这样一种对于谦逊的看法，如果限定在理智领域，我们是否应该说理智谦逊就是意识到在理智领域，就认识能力、知识范围、理解深度和智慧等方面来说，我们相对于无限存在物来说是毫无价值的？虽然这种理解方式不能说毫无道理，但是我们有理由怀疑理智谦逊按照这种方式理解无法成为美德。因为这样一种"美德"恰恰可以被看作是一种使得主体"去力量化"的因素。当我们拥有谦逊时，我们必须把自己看得很弱小，必须认为自己缺乏任何优势与价值，那么我们不是把自己贬低到最低处了吗？这样一种理解尤其与文艺复兴时期以来的精神是不一致的。文艺复兴时期倡导人的自由发展与理性精神，并且鼓励人运用自己的理性能力去实现自己的潜能，成为有价值的独立个体。但是如果我们意识到我们在无限存在物面前并无任何价值，所谓的理性能力也是有着诸多限制的，那么我们作为人的独特价值又从何而来？面临这样的挑战，我们必须在当下的理智谦逊定义中，避免出现这样的情况，即这一美德仅仅让我们意识到我们的不足和缺陷，并最终让我们无法看到自己的任何优势和价值。我们可以把这个要求称之为，定义理智谦逊的积极性要求。

另一方面，我们还得尊重关于理智谦逊的日常理解。萨缪尔森等人（Samuelson et. al 2015）对于理智谦逊的经验研究指出，当普通民众去描述具有理智谦逊的人时使用的词汇可以归纳为两个维度：一是认知维度，二是社会维度。在认知维度中，人们会用例如"有知识的"，"追求真理的"，"有理解力的"等一些词汇去描述具有理智谦逊品格的人。在社会维度中，人们会用例如"友善"，"公平"，"不爱炫耀"，"不自夸"，"承认错误"，"不矫饰"等一系列词汇去描述具有理智谦逊品格的人。[1]

在认知维度中，我们可以发现，理智谦逊首先要与人的认知活动相联系。大概来说，理智谦逊必须展现在人的认知活动之中，例如对自我和他人的认知能力的评价，对自我和他人的信念的认知属性（是否为真、是否是辩护的、是否构成知识）的评价，以及自我和他人的认知地位的评价（比如就某个争论来看，自我是否与他人构成认知同辈关系）。[2] 所以定义理智谦逊时，我们必须包含认知方面的刻画与要求。

在社会维度中，萨缪尔森进一步区分人内维度（intra-personal dimension）和人际维度（inter-personal dimension）。前者指的是自我与自我的关系，后者指的是自我与他人的关系。就人内维度来说，一个理智谦逊的人至少需要认识到自己在认知领域的不足，认识到自己所持有的并非全部是真信念；就人际维度来说，一个理智谦逊的人不应该夸耀自己的认知成就，不应该掩饰自己的理智局限，也要公平地看待别人的认知成就。[3] 这里的两重维度区分很重要，因为对于理智谦逊的完整把握，不能

---

[1] 参见 Samuelson et. al（2015，402）。

[2] 认知同辈（epistemicpeer）是社会知识论的术语。两个认知者成为认知同辈需要满足下列要求：i）证据论题：在产生争论的领域，A 与 B 拥有大致持平的相关证据。例如支持自己观点的可靠证据、背景知识等。ii）能力论题：在产生争论的领域，A 与 B 拥有大致持平的相关能力。例如对某领域内一些理论及材料的好的思考和处理能力。参见 Carter and Pritchard（2016，50-52）。

[3] 需要注意的是，这里的经验研究并未进一步展开这些概念的内涵。因此我们不必把这里的描述词当作最后的有关理智谦逊的定义，而只需要当作一个辅助理解理智谦逊的思想资源。

偏废其一。

我们可以对比下面四个认知者：

情况 1

A 认为自己在物理学领域具有绝对的权威，并且所持有的信念都是正确的，所获得的理解也是最深的。但由于家庭教养以及绅士风度的熏陶，当与别人讨论物理学问题时，A 不咄咄逼人，愿意倾听别人的看法，也愿意友善地阐述自己的观点。

情况 2

B 认为自己在物理学领域只有中等程度的知识，并且所持有的信念并非完全正确，对该领域也是一知半解。但出于自己就读学校的国际声誉以及自己的较高智力，当与别人讨论物理学问题时，B 却认为自己是掌握真理的一方，不愿意倾听别人的反面意见。

情况 3

C 认为自己在物理学领域只有中等程度的知识，并且所持有的信念并非完全正确，对该领域也是一知半解。但出于自己家庭的教养以及不想破坏自己的绅士形象，当与别人讨论物理学问题时，C 不咄咄逼人，愿意倾听别人的看法，也愿意友善地阐述自己的观点。

情况 4

D 认为自己在物理学领域只有中等程度的知识，并且所持有的信念并非完全正确，对该领域也是一知半解。由于对自己在物理学领域理智局限的了解，并且为了寻求更好的机会弥补自己的不足，当与别人讨论物理学问题时，D 不咄咄逼人，愿意倾听别人的看法，也愿意友善地阐述自己的观点。

在上述四个案例中，A 缺乏人内维度的理智谦逊，而他的外部行为表现虽然类似于理智谦逊，我们却会进一步思考这是否是真正的理智谦逊。也正是基于这个理由，仅仅从外部视角来刻画理智谦逊这种认知品格，难以分辨真正的理智谦逊与虚伪的理智谦逊。斯宾诺莎恰当地指出，许多以谦逊闻名的人，其实是常怀嫉妒之心、异常有野心的人。这恰是因为谦逊的外表成为了他们沽名钓誉的工具，成为了他们掩盖野心的笑脸。

B 拥有人内维度的理智谦逊，但他缺乏人际维度的理智谦逊。这主要是因为他的自我评价并没有影响到他人际维度的行动，因此我们有理由反思，一种只反映在自我评价层面的理智谦逊，其价值和作用究竟有多大。

在 C 的情况中，他兼具人内维度和人际维度的理智谦逊，但值得注意的是，他在人际维度的表现却不是由于人内维度的谦逊所引起的，反而是出于对自己形象的维护才这样做。因此，这样一种动机的不相关使得 C 面临的问题与 B 有类似之处。

在 D 的情况中，我们可以发现他兼具人内维度和人际维度的理智谦逊。并且最关键的是，他在人际维度展现出来的理智谦逊恰恰是来源于自己在人内维度的理智谦逊。也正是因为这一特征，我们才在 D 身上发现了那种（理智）谦逊人格所具有的独特价值，即一个人的优良品格促使这个人以与这种品格相符的方式行动。

总结来看，如果想要给出一个对于理智谦逊的令人满意的理论刻画，那么我们既要满足定义的积极性要求，也要尊重关于理智谦逊的日常理解。前者要求我们说明理智谦逊的正面价值是什么，后者要求我们阐述在认知领域我们对于自我的理智谦逊态度如何影响我们和别人交往时所展现出的理智谦逊。

2. 三种理智谦逊观

在当今知识论学界有三种对于理智谦逊的观点，它们分别是无知观，承认局限观和非自我中心观。接下来我们首先回顾这三种理论的要点。

（1）无知观

根据无知观来看，理智谦逊要求我们在相当程度上低估自己的能力或成就。也正是在这个意义上，理智谦逊的人的自我评估是自我贬低的，也是不准确的。由于理智谦逊的人对于自己的自我价值是缺乏知识的，所以称之为无知观。这种思想的源泉至少可以追溯到茱莉亚·德莱芙（Julia Driver 1989，376），她曾经这样看待谦虚：

> 谦虚的人低估自己的个人价值。当他说话时，他对事实轻描淡写但却不自知。这意味着，在某个程度上谦虚的人对自己的自我价值是无知的。他对自己的评价较低，并因此只承认本该归属于他的功绩的一部分。

把德莱芙的观点往认知领域拓展，理智谦逊的无知观强调的是，谦逊的人不仅仅是在外在行为上保持较低的自我评价，更关键的是他外在的轻描淡写是由于他内在对自己价值的低估。[1] 所以往往由于对自己的无知，理智谦逊的人在言谈和做事时表现出一种对自己能力和成就的轻描淡写。

（2）承认局限观

根据承认局限观，惠特康姆等人（Whitcomb et al. 2017，520）把理智谦逊定义为：理智谦逊是一个人对自己的理智局限的适度关注与承认。我们可以从下面三个方面来阐述此观点。

首先，理智局限（intellectual limitations）的含义。理智局限是一个人在认知方面的缺陷与不足。例如，我们作为一般的认知者，可能对当下热点时事或新的科学发现并不知悉；或者我们进行数学计算时由于粗心大意犯错，进行逻辑推理时并未遵循有效的推理规则；又或者我们由于受到认知偏见的影响，倾向于相信具有高学历的人提供的信息。各种各样的理智局限都是平常人所具有的，因此与其忽视它们，我们更应该关注它们。

其次，对理智局限的关注有适度性要求。对于惠特康姆等人来说，如果一个人总是看到自己的理智局限，那么这个人就会是理智屈从的（intellectually servile）；如果一个人从来看不到自己的理智局限，那么这个人就会是理智傲慢的。所以，理智谦逊需要以理智屈从与理智傲慢的中道形态出现，即一个人不能满眼都是自己的理智局限，也不能从未意识到自己的理智局

---

[1]　值得注意的是，德莱芙并没有直接谈论谦逊（humility），而是谈论谦虚（modesty）。她区分说，谦逊的人可以对自己有一个准确的评价，但谦虚的人需要低估自己。因此，严格来说，她并不支持谦逊的无知观。但是如果取消谦逊和谦虚的差别，仍然可以发展出一种谦逊的无知观。

限。当然，具体需要意识到多少理智局限才是适度的，不仅有上述的一般性要求，更会受到具体的情境限制。比如，在一个合成物化学结构分析的任务中，我们需要意识到的是自己在化学知识和仪器操作等相关方面的理智局限，而不需要意识到自己在历史知识或哲学知识等方面的缺乏。

第三，除了关注自己的理智局限，我们还要在社会交往领域承认自己的理智局限。"承认理智局限"要求认知者在关注到自己的理智局限后，做出认知的、行为的、动机的、情感的四方面的反应：

1. 认知性反应：承认理智局限的人倾向于相信并接受自己确实拥有这些局限，且相信某些负面结果正是由于自己的局限所导致。

2. 行为性反应：跟随情境的要求，承认理智局限的人愿意向他人坦诚自己所具有的局限，并在具体认知过程中倾向于做出能体现认知到自己局限的行为。

3. 动机性反应：承认理智局限的人看重自己的理智局限，会严肃认真地对待，并做出努力克服这些理智局限的行为。

4. 情感性反应：承认理智局限的人倾向于对指出自己局限的人持有感激而非敌对的态度，对自己拥有这些局限的事实持有适度的沮丧情感。[1]

（3）非自我中心观

根据谦逊的非自我中心观，谦逊的人应该避免过度的自我

---

[1] 参见 Whitcomb et al.（2017，517-518）。

关注，比如自负和傲慢。相反，谦逊的人不以自我为中心，而倾向于关注别人，愿意倾听别人的意见和看法。

罗伯特·罗伯茨与杰·伍德（Robert Roberts and Jay Wood 2007）支持这种想法。在他们的论述中，理智谦逊是与恶习相对立的。他们将这一系列与理智谦逊相对的品格统称为不适度的骄傲（improper pride）。其中，傲慢（arrogance）与虚荣（vanity）是勾勒理智谦逊最具代表性和重要性的对应恶习，因而他们着重借由这两个恶习对作为其对立面的理智谦逊进行了细致分析。傲慢与虚荣的定义分别如下：

> 虚荣是过度沉迷于想要获得他人对自己的正面评价，从而导致对他人（对自己）的观点过度敏感。[1]
>
> 傲慢是一种倾向，该倾向基于某人的优越假设推出一些不合法的资格的断言，并以此断言为基础去思考、行动和感受。[2]

通过将虚荣和傲慢进一步限定为认知领域的虚荣与傲慢，并将理智谦逊同理智虚荣、理智傲慢进行对比，他们对理智谦逊这一德性提出两层要求：（1）作为理智虚荣的对立面，理智谦逊是在品格上对一个人理智方面身份地位的异乎寻常的低关注；（2）作为理智傲慢的对立面，理智谦逊是一种品格，拥有

---

[1]　Roberts and Wood（2007，259）。
[2]　Roberts and Wood（2007，265）。

该品格的人不会出于其（或有误的）出众和卓越而做出未经担保的资格的断言。

3. 三种谦逊观的困难

上述的三种谦逊观，都对我们理解谦逊做出了重要的贡献，因此一个好的理智谦逊观需要汲取上述理论深刻和正确的部分。但由于这些观点也面临着一些棘手的问题，因此在理智谦逊的定义问题上仍不令人满意。下面让我们简要回顾它们所面临的困难。

谦逊的无知观有两个困难。首先，由于该理论要求谦逊的人低估自己的自我价值，因此谦逊的人就无法正确认识自己的能力和成就。这样一个理论可能在伦理学领域行得通，但放在知识论领域却会面临困难。这主要是因为，如果一个人总是对自己的认知能力和认知成就缺乏正确的认识，并进而低估自己的认知地位，那么这样一种认知的倾向会破坏我们认知活动的一个重要目标，即对真的追求。特别是当我们把认知德性看作是本质上与追求真相关的德性的话，一个自然产生的问题就是，如果理智谦逊导致我们总是无法准确地看待自己的认知表现，那么它还是认知德性吗？难道它不会因此变成认知恶习吗？

其次，谦逊的无知观会面临理智屈从（intellectual servility）这个问题。而这个问题也是承认局限观所共同面临的。承认局限观认为，理智谦逊是一个人对自己的理智局限的适度关注与承认。但不可否认的是，一个人除了有理智局限，还有自己的理智优势。对比理智局限来看，理智优势是一个人在认知方面的优秀能力与好的品格，比如具有好的记忆力或视力、能符合逻辑地思考、有很多知识或深入的理解。虽然在逻辑上可能有一个人只有理智局限，但在实际生活中我们可以忽略这样一个毫无理智优势的人。如果一个人总是关注自己的理智局限，看不到自己的理智优势，那么这样一个人就会是理智屈从的，会变得对自己的认知能力缺乏信心，并且面对别人的不同意见时很容易放弃自己的想法。在承认局限观这里，对自己的理智局限的适度关注和承认与对自己理智优势的适度关注和承认是分开且独立的，所以一个人可以在同一领域对自己的理智局限进行适度的关注与承认，但同时对自己的理智优势缺乏足够的关注与承认。但两者是否真的是相互独立的？

读者也许会提出一个自然的疑问，为什么不能把理智谦逊的定义修改为一个人对自己理智局限与理智优势的适度关注与承认呢？这样一来，我们就不会面临过于理智谦逊这个问题了。但是，惠特康姆等人认为，这样的修改会导致该理论的经验不适用。试看下面一个例子：

小乔是某大学的一个哲学本科生。她发现哲学课的阅读材料晦涩且很难理解，并且她相信自己也不能按照哲学的标准方式去思考和写作论文。她总是意识到自己在哲学理解方面的积累与天赋不足，因此她上课很胆怯，也不敢发言。在小组作业中，她也认为自己并没有做出任何实质贡献。但在整个学习过程中，她一直积极努力，同学和老师都认可她的学习能力和水平。

通过这个例子，我们可以把惠特康姆等人的归谬推理重述如下：

（1）理智谦逊是对自己理智局限与理智优势的适度关注与承认。【修改的定义】

（2）小乔并没有对自己的理智局限与理智优势给予适度的关注和承认。

（3）小乔做的不好的地方是由于没有适度地关注和承认自己的理智优势。

（4）因此，小乔还不够理智谦逊。[1]

我们来简要分析该论证。就上述例子中的小乔来看，我们的一个直觉看法是，小乔过多地注意到自己的理智局限，而没有适当地关注自己的理智优势，因此是理智屈从的。进一步地，我们希望小乔做的是更多地关注自己的理智优势，从而实现理智谦逊这个中道状态。但这样一个日常的直觉却与理论的判断相左，根据修改后的理智谦逊定义，惠特康姆等人认为我们必须判断说小乔还不够理智谦逊，应该更谦逊一点，这似乎与我们的直觉是完全相反的判断，因此修改的定义会面临棘手的困难。但我们经过细致的分析，可以发现上述论证犯了模棱两可的错误，因此修改的定义所面临的完全是一个虚假的困难。为说明这一点，我们可以对"更理智谦逊"一词做出如下区分：

（A）更理智谦逊（日常使用）：往远离认知傲慢的方向改变；

---

[1] 需要注意的是，这里的例子是我改写的，但受惠特康姆等人的启发。

（B）更理智谦逊（理论使用）：往更靠近理智谦逊的点（作为理智傲慢与屈从的中道）改变。

这样一来，我们可以基于理智谦逊的两种使用分别改写上述的归谬论证：

【理论使用版本】

（1*）理智谦逊是对自己理智局限与理智优势的适度关注与承认。

（2*）小乔并没有对自己的理智局限与理智优势给予适度的关注和承认。

（3*）小乔做的不好的地方是由于没有适度的关注和承认自己的理智优势。

（4*）因此，小乔还不够理智谦逊。她应该更靠近理智谦逊的中道。（小乔应该更关注自己的理智优势。）

【日常使用版本】

（1♯）理智谦逊是对自己理智局限与理智优势的适度关注与承认。

（2♯）小乔并没有对自己的理智局限与理智优势给予适度的关注和承认。

（3♯）小乔做的不好的地方是由于没有适度的关注和承认自己的理智优势。

（4♯）因此，小乔还不够理智谦逊。她还应该更远离理智傲慢一点。

在惠特康姆等人的归谬论证中，之所以结论与日常判断出现了矛盾，只是因为（4♯）和日常判断之间存在冲突。但需要注意的是，无论是在（1*）还是（1♯）中，我们对于理智谦逊的理解都是遵循理论使用的，那么为什么在论证过程中要突然更换对于这个概念的理解，并从理论使用跳跃到日常使用呢？如果严格遵循这个概念的理论使用，我们所得出的结果会是（4*），而这恰恰是我们直觉上对小乔的判断，即她过多地关注了自己的理智局限，从而落入了理智屈从的一端。因此我们希望小乔更多地关注自己的理智优势，从而更接近理智谦逊这个中道状态。显而易见的是，从（1*）到（4*）的推理，并不会对新的理智谦逊定义造成任何困扰，因此惠特康姆等人的担心是不必要的。一种更合理的观点是，即在同一时间和同一领域内，一个人的理智优势和理智局限是不可分开的。[1]一个人对任何一方面缺乏适当关注或承认，那么另一方面也会因此缺乏合适性。所以，当一个人对自己的理智优势关注不够时，势必会引起对自己的理智局限的过多承认，从而造成理智谦逊向理智屈从的滑坡。因此，为了避免引起理智屈从这个问题，我们需要把理智谦逊当作是理智傲慢和理智屈从的中道，一种对自我理智优势和局限的适当关注和承认。

就非自我中心观来说，它有两个问题。首先对自己的较低关注对于理智谦逊是不充分的。一个人可以由于自己太着迷于认知上的探索，或者认为自己是某个领域最天才的人物，从而并不关心别人对自己的看法，也不关心自己的地位。但由于他同时拥有好的家教，想以一种礼貌和有教养的方式与人对话和

---

[1] 详细的讨论参见 Wang and Yang（2019）。

讨论，因此在面对别人的挑战时，他愿意倾听别人的意见和看法。值得注意的是，他之所以这么做，并不是因为他意识到自己的局限与不足，而只是出于礼节性因素的考虑。那么这样一个人，可以算是理智谦逊的吗？

此外，仅仅把理智谦逊理解为虚荣和傲慢的对立面，并不足够。一个人向远离傲慢和虚荣的方向改变，这当然是好的。但如果陷入了另一个极端，即理智屈从，就同样远离了理智谦逊。因此，必须要把理智谦逊当作是理智傲慢和理智屈从的中道，才真正切中理智谦逊的要害。鉴于上述理论的困难，接下来我将会给出一种理智谦逊的新观点。

4. 理智谦逊的新观点

鉴于上述三种谦逊观的弊端，本书主张的理智谦逊观包含以下两个要点：

A. 理智谦逊是一种内在的对自己的认知表现进行准确评价的倾向。

B. 由于对自己的准确评价所引起的外在的典型的行为。

A 是理智谦逊的内在方面，而内在方面可以分为三点来谈。

首先，理智谦逊是一种倾向，所以我们并不要求一个谦逊的人实际上总是持有对自己的认知表现的准确的评价。这样的要求太高，也难以达到。该理论所要求的仅仅是谦逊的人倾向于准确地把握自己的认知表现。也就是说，谦逊的人总是尝试以某种方式去看待自己的认知表现，而正是这种持续且稳定的倾向使得一个人成为了谦逊的人。因此我们可以发现，真正谦逊的人总是试图成为谦逊的人，而不会对自己已经展现了谦逊这一品质感到自足或自满。理智谦逊的人总是试图在更广阔的框架中评价自己的认知表现。因此，我们经常容易在这类人身上发现不断努力，不断取得成就却越发不自满的特征。倘若一个人总是止步于在当下的框架内评价自己，或逐渐采用更小的框架评价自己，那么他很容易故步自封，逐渐养成自满的恶习。

其次，一个人的认知表现包括自己在认知领域的成功和失败，因此这两方面都应该成为自己评价时所考虑的内容。理智谦逊的承认局限观太过关注认知失败，而中国文化中谦逊又是和取得认知成功密切相连的。但这两者不能偏废其一，需要同时关注。

最后，如何准确地评价自己的认知表现呢？一个人除了要准确地认识到自己的理智优势和理智局限，他还需要把自己的认知表现放到一个自然的和社会的环境中去。这里分开来谈。一方面，当我们失败的时候，理智傲慢的人往往看不到认知失败与自己的理智局限之间的关系，而理智屈从的人会把失败过多地归因于自己的理智局限。所以，在面临认知失败的时候，理智谦逊的人能准确地识别出自己的局限在多大程度上导致了最后的失败，从而避免推卸自己应付的责任或承担不属于自己的责任。

另一方面，当我们取得认知成功的时候，理智傲慢的人倾向于认为成功是完全归因于自己的杰出认知能力，从而看不到自我之外的因素的帮助和贡献。理智屈从的人则会把功劳过多归属于自我之外的因素，从而并未看到自己真正的价值和贡献。

　　为了准确地看到自己的能力或局限与认知活动之间的关系，一个关键之处在于，我们应该在一个自然的和社会的背景中来进行上述判断。约瑟夫·库普佛（Joseph Kupfer 2003）提出"彻底的依赖"，即"承认我们的成功有很大一部分依赖于超出我们控制之外的人、机构与环境。我们应该认识到，如果不是家长的抚养、社会的关照、基因的赋予、或者是降临在身上的幸运，我们并不会取得太多的成绩。"[1] 毫无疑问，当我们发挥自己的能力来进行认知活动时，我们总是在一个自然环境中进行的。按照索萨的 3S 分析，一个人的能力的完整展现包括三重因素。最内在的部分是能力的处所，然后是认知主体的状态，其次是环境的情况。即使发挥我们一般的视觉能力准确地获取周围的环境信息，比如查看花园里郁金香的颜色，我们也依赖于周围有充足的光线，且缺乏干扰色彩。如果环境不合适，那么我们很难获得认知的成功。当然我们不必把环境看作一个具有能动性的个体，从而把功劳的一部分归属给它。但我们必须意识到，我们是依赖于环境的配合，才能发挥自己的能力取得成功的。更有趣的是，如果自然环境以一种葛梯尔案例的方式配合我们的能力的话，即使我们取得成功，这种成功也会由于

────────────

[1]　参见 Kupfer（2003，252）。

太依赖于环境因素从而不属于自己。[1] 可见，无论是环境因素太差或太好，我们想要把认知成功归属给自己都会面临困难。

此外，当我们行使自己的能力来进行认知活动时，我们经常需要依赖于别的认知者的帮忙。这种帮助有多种多样的形式。比如，当我们需要借助他人获取信息时，我们可以从别人的可靠的证言当中迅速获取准确的信息，此时我们的认知成功主要依赖于别人的认知能力，而非自己的认知能力。又比如，当我们和别的认知者组成一个探究的共同体时，比如在一个课题组的科学家们，大家需要共享信息并且互相帮助，才能共同就一个问题取得认知成功。仅仅依靠一个人的能力，很难在困难和复杂的问题上取得最终的成功。此时，如果一个认知者不能看到自己的认知活动中所渗透着的别的认知者的帮助，就会忽略了自己对于他人的依赖性，从而高估了自己对于某项任务的贡献，或者失去了参与某项探究的勇气。无论是何种结果，就长远来说都会对一个认知者在认知领域的探究产生负面的影响。

接下来看 B，这是理智谦逊的外在方面。我们会直观地认为，有谦逊品格的人一定伴随着某些谦逊的行为，比如会承认自己的错误，会由于认识到自己的不足从而努力改正，并且不会否认别人对自己的帮助的重要性，更不会宣称自己是最优秀的。这些都是一些与谦逊的品格密切联系的外部行为。但是值

––––––––––––––––

[1] 这里我们可以考虑射箭案例。一个有能力的射箭者，即使他的一次射箭展现了自己的技能，但由于在箭矢的飞行过程中，产生了方向相反的两阵风，使得箭矢先偏离轨道后又回归轨道从而射中箭靶。此时由于环境因素的干扰，我们会倾向于不把这个成功归功于射箭者。

得注意的是，真正的谦逊需要与虚伪的谦逊相区分。一个人如果缺乏内在的对自己的认知表现进行准确评价的倾向，而是出于别的因素（例如保持绅士风度、伺机利用别人或者塑造好的社会声誉）表现出上述行为，那么这就是一种虚伪的谦逊。一个真正的谦逊的人，是由于对自己的认知表现有了准确评价后，进而以此为基础去与别人交往。由于认识到自己的理智局限，谦逊的人会在失败时承认自己能力的不足与失败的关系，也会努力去克服自己的理智局限，并且乐意看到别人指出自己的不足。谦逊的人同样会意识到自己的成功是依赖于自己之外的认知者的帮助的。因此当取得巨大的成就时，他会意识到这个成就不是依靠自己的一己之力就获得的，而是凭借其他合作者的鼎力支持。所以他会乐意把一部分的功劳归属给这些合作者。所以，正是由于限定了具有谦逊特质的外部行为的内部动因，我们才能刻画真正的谦逊。更进一步来说，谦逊的人甚至不会简单地断言自己的优越和杰出，比如"我很厉害"或者"我比这些人都杰出"。因为这种断言往往由于其不加限制而展现出一种不准确的自我评价。谦逊的人会认识到，一次或几次的成功顶多表示自己在某个阶段和某个领域的某个方面有一定的能力优势，但是这并不意味着在别的阶段、别的领域或别的方面自己也是更优秀的。更何况当一个人把自己放在一个广阔的背景中来考察自我时，自己就会更多地看到那些具有更杰出能力和更大成就的人，此时不是更容易意识到自己的不足和缺陷吗？

上文大致刻画了一种新的理智谦逊的观点。接下来，我们将继续探索这样一个新观点所具有的积极意义。

5. 理智谦逊的价值

在当代知识论领域，理智德性的作用之一是帮助我们获得有价值的认知状态，比如知识、理解或智慧。那么理智谦逊能促成什么有价值的认知状态呢？

第一，理智谦逊有助于获取更多的知识。这一作用在古代中国思想家那里已经被多次谈及。韩愈在《古今贤文·劝学篇》中说："书山有路勤为径，学海无涯苦作舟。"孔子也说，"学而不厌。"既然为学的道路是没有尽头的，那么一个人只有保持谦逊的态度，认识到自己的学问和知识不够，才能获得更多的学问和更深的理解。缺乏谦逊好学之心的人则会认为自己的知识已臻圆满，不必学，也不用学。

清初唐甄在《潜书》中如此谈论谦逊对于求学的价值。"学问之道贵能下人。能下人，孰不乐告之以善。池沼下，故一隅之水归之；江汉下，故一方之水归之；海下，故天下之水归之。自始学以至成圣，皆不外此。"由他的叙述可见，秉承谦虚好学的姿态的好处之一是，求学之人放低姿态，展现出自己虚心好学的精神，则别人乐意告知。一旦别人乐意告知，岂不是可以更快地获取所需信息？反过来想，如果求学态度傲慢，则别人不愿意倾囊相授，这反而是妨碍了求学者获取有用信息。荀子在《荀子·解蔽篇》同样认为求学者需要培养谦虚的能力，否则就会因为已有的知识阻碍了还未获得的知识，"人生而有知，知而有志。志也者，臧也，然而有所谓虚，不以所已臧害所将受谓之虚"。

此外，当我们把目光拉到无限主义的理论中，理智谦逊的人还将增加自己业已拥有的知识的价值。换句话说，无限主义者不仅旨在获得知识，还旨在不断增进自己知道的程度。那么通过什么样的方式可以提高知识的程度呢？让我们考虑一种最显然的方式，即增加支持自己信念的理由的质量和数量。比如，我们可以为自己的信念寻找更多的证据，或者排除信念出错的更多可能性。这些都是提升信念理由数量的好的方式。此外，我们可以寻找更加可信的理由或更加可靠的信息来源，这样一来信念获得的支撑就更强。或者我们可以把针对某命题的二手证据替换为一手证据。这些都是提升证据质量的方式。一个理智谦逊的人会意识到自己对于命题考察的程度还有提高的空间，也会严肃思考别人提出的错误可能性。因此，他会继续进入挖掘更深或更好的理由，也会尝试排除别人提出的错误可能性。经过这样的过程，一个人对所持命题的辩护也就越来越强，也展现出无限主义者所赞赏的更佳之知（knowing better）的精神。[1]

　　总结来看，谦逊在内外两方面皆对为学有帮助。对内谦逊的人认识到自己还有很多没有掌握的知识和智慧，对自己的认知状态不满足，从而促进了进一步的学习。对外谦逊的人表现出虚心好学的态度，让别人更愿意提供真知灼见，继而拓宽了自己的知识获取渠道。

　　第二，理智谦逊能促进自我理解与自我接受。当我们顺应理智谦逊的要求，把自己放在一个自然和社会的网络中，我们开始打破以自己为中心的狭隘的视角。这种视角不仅是时间的，

---

　　[1]　关于如何获得更佳之知的讨论，参见 Aikin（2014）。

也是空间的。当我们以自我为中心去审视外部环境或别的认知者，我们很容易局限于自己所熟悉的空间范围，或者只注意到在时间长河中的一个短暂的阶段。正如前面所说，当一个人觉得自己很杰出时，他看到的只不过是短暂的时间内，在某个领域与目所能及的区域中的人相比时自己的优越。但随着这个人逐渐采取更广阔的自然与社会的视角，甚至到了宇宙的视角，那么他就会逐渐意识到自己的所作所为虽然在狭隘的视角来看是不可思议的，但在一幅广阔的图景中来看并没有极其突出的地位，也没有无可媲美的特性。比如，当一个制药者发明出了可以解决百草枯中毒的药剂，从自我的视角甚至是当代社会的视角来看，这算是解决了一个医学领域的疑难问题，是一个了不起的成就。但当他注意到发明青霉素的科学家，注意到提高水稻产量解决粮食问题的科学家，都会进一步意识到自己所做的成就并不具有唯一的重要性，甚至在某些衡量标准来看（比如造福人口数量的多少）还不是最重要的。或者，当他注意到自己在挽救服用百草枯自杀的人时，却看到有另外一些人努力在立法和执法层面禁止百草枯的生产和使用，也会让他感觉到别人所做的事情的意义所在。毕竟挽救服毒自杀的人，不如预防这种自杀的方式来得更有效。

此时，自我被放置在一个宏大的历史与社会的图景中，自我与其他众多因素相联系在一起。对于这种联系的把握，不仅仅是意识到这些元素的存在，还要意识到这些元素之间是如何相互影响的，在这种意义上我们理解了我们之所是，理解了我们如何与周围的元素相互联系。用当代知识论的术语来说，这种理解是对象性的理解（objectual understanding），它要求"我们掌握在大量复杂信息中的解释性关系或使得融贯性增加的关系"。[1]对于自我的理解也能促进对于自我的接受，自我接受意味着承认我们之所是，而不是试图去不接受或否认自己的特征，去假装好像这些特征不是自我所拥有的。谦逊的人意识到自己并非是不受束缚的杰出的个体，而是受制于一个广阔的自然的、社会的和历史的舞台。因此承认自己的某些局限是不可避免的社会文化或历史阶段的局限，或者承认自己的成就是由于机构与国家的支持，都有助于我们更好地接受自我，从而帮助自我的完善，而不是煞费苦心地隐藏。[2]

理智谦逊还可以促进另外一种理解，即对原因的理解（explanatory understanding）。正如前文所说，理智谦逊的人能意识到自己的理智局限并且会因此改变自己在认知方面的不足，并且理智谦逊的人会认识到自己的认知活动是依赖于别的认知者的。试以证言知识为例。当蓉蓉基于可靠信息提供者的证言，知道了上海的梅雨气候，比如梅雨季节通常为每年六月到七月，天空阴沉，降水连绵不断，空气中湿度很大，衣物容易发霉。此时，蓉蓉当然可以算是拥有知识的，但是她也会意识到自己至少在两个方面的不足：i）自己只拥有二手知识，而非亲眼所见之知（see it for oneself）。因此如果能有更好的基于自己亲眼所见或所感的证据，自己有关梅雨的认知状态会更加完善。ii）

---

[1]　参见 Kvanvig（2003，192）。
[2]　参见 Hill（1991，104 - 118）。

自己只知道梅雨气候是什么，但关于梅雨气候如何形成，为什么会大致在六月中旬到七月中旬发生在上海区域则并不了解。因此，谦逊的蓉蓉会意识到自己的知识范围或探究深度并不是令人满意的，甚至是有着很大的不足，因此对于自己无知的部分会展开进一步探索，以弥补自己的不足。[1] 假设我们的主角蓉蓉亲自来到了上海。一方面她亲自观察了梅雨季节上海的温度、湿度、气压与风力等因素，并因此获得了亲眼所见的知识。另一方面，蓉蓉好奇自己亲眼所见的情况的原因，开始探究梅雨形成的原因。她查阅相关资料，咨询气象局专家，最终意识到梅雨气候是由于同时受到从寒带南下的冷空气影响和从热带海洋北上的暖湿空气影响，两者相遇产生的锋面降水。并且由于副热带高压北移到长江中下游地区，相对稳定，所以降雨时间较长。这样一来，蓉蓉不仅知道了梅雨气候的成因，还知道梅雨季节开始和结束早晚，梅雨的强弱变化的影响因素。所以她成功地掌握了原因和结果之间的依赖关系，或者说她可以回答如果原因变得不同，结果会怎样的问题。

在上述寻求解释性理解的过程中，理智谦逊帮助主角蓉蓉从基于证言的二手知识上升到基于亲眼所见的知识以及理解。相比于证言知识，这两种认知状态都有其内在价值。主要的原因是，在依靠证言所获得的知识中，我们并不需要依靠太多的

---

[1] 特别值得注意的是，这里对无知的弥补并不是杂乱无章的。虽然广泛地学习新知识是无可厚非的，但这种无规律的学习方式也可能受到诟病。在我的案例中，理智谦逊的人首先是对自己已经知道的命题 P 发出为何 P 的疑问，进而由于自己对 P 的原因的无知开始新的探究。

技能或行使过多的认识能力，因此整个过程是相对简单的。主要的功劳是归于提供信息的人，而不是听话的人。但随着我们把证言知识变成亲眼所见的知识或者是理解，我们就必须在这个转变过程中有意识地去运用我们的认知能力。在上述例子中，蓉蓉需要有意识地去观察上海的湿度、温度、降雨量和气压，而不是观察别的不相关的方面（比如上海的地铁线路、河水流速和人口密度）。这种有意识的观察需要以某种特定的方式去运用我们的感官，或者是使用某些科学仪器去测量读数，这远比刚开始时接受别人的证言来得困难。并且，仅仅观察到每个方面的数据还不够，她还必须要努力找到这些因素之间的复杂的因果联系，从而理解梅雨气候相关特征的影响因素。毫无疑问，这也是需要较高强度地运用自己的认知能力。这种基于自己能力并且克服一定程度的认知困难所达到的成功，可以看作是有较高价值的认知成就。

　　总结来看，理智谦逊的价值体现为两点。第一，理智谦逊可以帮助认知者保持谦虚好学的态度，积累更多的知识。第二，理智谦逊可以帮助认知者获得关于自我的理解，获得关于事物原因的一种作为认知成就的解释性理解。

结语

到此为止，本书已经完成了围绕"无限主义"和"人类知识"两个关键词的漫长的哲学考察。让我们简要概括每个部分的成果。

在第一章中，本书梳理了皮浪主义怀疑论。通过刻画皮浪主义怀疑论产生的思想史背景与核心想法，皮浪主义怀疑论的主要论证策略和当代回应，我们对无限主义产生的背景有了更好的把握。在这一章中有如下几个重要的结论：

（1）皮浪式怀疑论意在通过十式和五式引发悬置判断，但是我们需要区分独断论者可使用的式和怀疑论者可使用的式。

（2）文献中回应阿格里帕三难的主要进路包括基础主义、融贯主义、无限主义，还有语境主义。

（3）我们要区分古典的怀疑论和独断的怀疑论，皮浪式怀疑论攻击应该被理解为古典的怀疑论，并被理解为怀疑论悖论。

在第二章中，本书考察了当代无限主义理论的图谱，并且以克莱因的方案作为重要考察对象。从范特尔，艾金到克莱因，我们总结出支持无限主义的一些论证和重要精神：

（4）支持无限主义的论证有范特尔的基于辩护特性的论证、艾金的来自认知抱负主义的论证与克莱因的倒退论证。

（5）克莱因的无限主义追求人类知识。人类知识要求认知责任的信念，也即被理由提升的信念。

在第三章中，本书主要考察了无限主义面临的几个核心困难，并尽可能为无限主义做出了辩护。这些困难分别是有限心灵问题、冲突理由链归谬问题、辩护的来源问题，无限主义与基础主义和语境主义的理论优势。几个重要的结论是：

（6）基于弱可通达性、语境主义因素和辩护的论辩观，无限主义可以回避有限心灵问题。

（7）冲突理由链归谬问题使得单纯的无限主义不可取，因此无限主义必须承认额外的辩护来源。

（8）推理可以传递辩护，也可以创造辩护，前者反映出辩护当中与真有关的维度，后者反映出辩护当中与负责有关的维度。

（9）无限主义与语境主义都想打破传统基础主义，但是并非每一种语境转换都能促成无限主义。

在第四章中，本书探索了无限主义具有的理论价值。这里的探索部分超出了无限主义者明确探讨的范围，加上了很多我自己的延伸理解。严格来说，这里所阐发的价值很可能为无限主义带来更多理论上的问题，所以别的无限主义者也许会反对此处的阐述。坦诚的说，这些错误只是我理解的无限主义的错误，并非三个无限主义者本人的错误。本章所带出的重要结论包括：

（10）我们需要区分认知倒退与论辩倒退。阿格里帕难题不能脱离开分歧式来理解，而分歧式当中包含辩护的论辩观。所以无限主义真正要消解和能消解的是论辩倒退。

（11）无限主义包含反独断论的成分。反独断论是皮浪主义怀疑论的重要组成部分，无限主义在继承这一特点的基础上完成了对怀疑论的消解。

（12）无限主义的辩护观中蕴含着理智谦逊的美德。

在本书写作之前，我坚定地认为自己不是一个无限主义者。我更倾向于维特根斯坦式的语境主义，或称之为流动的基础主义。我是本着一种旁观的态度，一种怀疑论者批评独断论者的态度来考察无限主义的。我能清楚地意识到，无限主义面临的批评都是棘手的批评，对这些问题的成功回应或会引发知识论内部的重要变革。因此，除了中立地考察批评者与支持者之间的对话，我还尝试站在无限主义的立场上尽可能加强该理论的辩护。正是在这样冥思苦想的过程中，我逐渐发现无限主义越来越多的闪光点，并最终爱上了这个理论。可以说，到了本书完结之时，我很钦佩无限主义的哲学精神，也很认同该理论的出发点，但是我不能把可爱的与可信的相等同。正如无限主义精神所要求的那样，没有任何东西可以被一劳永逸地确定下来。这也就意味着，真正具有无限主义精神的人需要持续用这个理论去进行哲学思索，而不是认为已经发现了新的归宿，可以停下来享受闲适。在这个意义上，我为无限主义而论战，但我不承诺于无限主义的真。这样的立场听起来很像古典怀疑论者所做的事情，但谁又知道这不是无限主义者所希望达到的局面呢？

　　一颗探究的心灵，不应该停在真理的温暖怀抱之中。恰恰相反，它应该在迷雾漫布的意见海洋中四处漂泊但无时无刻不渴望真理，它应该做好每时每刻与异见展开交锋的准备。此时，它走出的道路，就是真理的道路。

参考文献

Adler, J. (2002). *Belief's Own Ethics*. Cambridge: MIT Press.

Adler, J. (2008). 'Introduction' in *Reasoning* (ed) by Adler, J. and Rips, L. Cambridge: Cambridge University Press, 1 – 34.

Aiello, L. C. and Wheeler, P. (1995). The expensive tissue hypothesis: The brain and thedigestive system in human and primate evolution. *Current Anthropology* 36, 199 – 221.

Aikin, S. (2009). 'Don't Fear the Regress: Cognitive Values and Epistemic Infinitism' *Think* 23(8), 55 – 61.

Aikin, S. (2011). *Epistemology and the Regress Problem*. New York: Routledge.

Aikin, S. (2014). 'Knowing Better, Cognitive Command, and Epistemic Infinitism,' in Turri, J and Klein, P. (ed.) *Ad Infinitum*. Oxford: Oxford University Press, 1 – 17.

Allen, T. and Fortin, N. (2013). 'The evolution of episodic memory', *Proceedings of theNational Academy of Sciences of the United States of America*, 110(Suppl 2), 10379 – 10386.

Almeder, R. (1983). 'Basic Knowledge and Justification.' *Canadian Journal of Philosophy* 13(4), 115 – 127.

Almeder, R. (1987). 'Blind Realism.' *Erkenntnis* 26(1), 57 – 101.

Alston, W. (1989). *Epistemic Justification: Essays in the Theory of Knowledge*. Ithaca: Cornell University Press.

Armstrong, D. (1968). *A Materialist Theory of Mind*. New York: Routledge.

Assaf, S. and Spectre, L. (2010). 'Dogmatism Repuzzled', *Philosophical Studies* 148(2), 307 – 321.

Austin, J. L. (1961). 'Other Minds', in J. O. Urmson and G. J. Warnock (eds.) *Philosophical Papers*. Oxford: Oxford University Press, 76 – 116.

Austin, J. L. (1962). *Sense and Sensibilia*. Oxford: Oxford University Press.

Audi, R. (1983). 'Foundationalism, Epistemic Dependence, and Defeasibility.' *Synthese* 55(1),119 – 139.

Audi, R. (1993). *The Structure of Justification*. New York: Cambridge University Press.

Barnes, J. (1976). 'Aristotle, Menaechmus and Circular Proof,' *The Classical Quarterly*36(2),278 – 292.

Barnes, J. (1990). *The Toils of Scepticism*. Cambridge: Cambridge University Press.

Beddor, Bob. (2015). 'Process Reliabilism's Troubles with Defeat.' *Philosophical Quarterly* 65(259),145 – 159.

Bergmann, M. (2006). *Justification without awareness*. Oxford: Oxford University Press.

Boghossian, P. (2014). 'What is Inference?' *Philosophical Studies*169(1),1 – 18.

BonJour, L. (1980). 'Externalist Theories of Empirical Knowledge.' *Midwest Studies in Philosophy* 5(1),53 – 73.

BonJour, L. (1985). *The Structure of Empirical Justification*. Cambridge, MA: Harvard University Press.

Brennan, T. and Lee, J. (2014). 'A Relative Improvement', *Phronesis* 59(3),246 – 271.

Burnyeat, M. (1980). 'Can the Sceptic Live his Scepticism?' In *Doubt and Dogmatism: Studies in Hellenistic Epistemology*. Schofield, M., Burnyeat, M., and Barnes, J. (ed.)Oxford: Clarendon Press, 20 – 54.

Carroll, L. (1995). 'What the tortoise said to achilles', *Mind* 104(416),691 – 693.

Carter, A. and Pritchard, D. (2016). 'Intellectual Humility, Knowledge-How, and Disagreement', in Chienkuo Mi, Michael Slote and Ernest Sosa eds. *Moral and Intellectual Virtues Western and Chinese Philosophy*. New York: Routledge, 50 – 52.

Cassam, Q. (2007). *The Possibility of Knowledge*. Oxford: Oxford University Press.

Castagnoli, L. (2010). *Ancient Self-Refutation*. Cambridge: Cambridge University Press.

Cicero, M. (2006). *On Academic Scepticism*. Translated by Brittain, C., Hackett Publishing Company.

Chisholm, R. (1977). *Theory of Knowledge*. Second Edition, Englewood Cliffs, NJ: Prentice-Hall.

Cohen, S. (1988). 'How to Be a Fallibilist.' *Philosophical Perspective* 2(1), 91 – 123.

Collins, A. (1997). 'The Psychological Reality of Reasons', *Ratio* 10(2), 108 – 123.

Cornman, J. (1977). 'Foundational versus Nonfoundational Theories of Empirical Justification', *American Philosophical Quarterly* 14 (4), 287 – 297.

Cornman, J. (1980). *Skepticism, Justification and Explanation*. Dordrecht: D. Reidel.

Craig, E. (1990). *Knowledge and the State of Nature*. Oxford: Oxford University Press.

Dancy, J. (1985). *Introduction to Contemporary Epistemology*. Oxford: Blackwell.

Dancy, J. (2000). *Practical Reality*. Oxford: Oxford University Press.

Davies, M. (2004). 'Epistemic Entitlement, Warrant Transmission, and Easy Knowledge.' *Aristotelian Society Supplementary Volume* 78 (1), 213 – 245.

DePaul, M. (2011). 'Foundationalism', in S. Bernecker and D. Pritchard (eds.) *The Routledge Companion to Epistemology*. London and New York: Routledge, 235 – 244.

DeRose, K. (1995). 'Solving the Skeptical Problem.' *Philosophical Review* 104(1), 1 – 52.

Descartes, R. (1985). *The Philosophical Writings of Descartes*, vol. 1. Translated by J. Cottingham, J., Stoothoff, R., and Murdoch, D. Cambridge: Cambridge University Press.

Driver, J. (1989). 'The Virtues of Ignorance.' *The Journal of Philosophy* 86 (7), 373 – 384.

Van Eemeren, F. and Grootendorst, R. (2004). *A Systematic Theory of Argumentation*. Cambridge: Cambridge University Press.

Van Eemeren, F. (2018). *Argumentation Theory: A Pragma-Dialectical Perspective*, Springer.

Empiricus, S. (2000). *Outline of Scepticism*. Annas, J. and Barnes, J. (eds.) Cambridge: Cambridge University Press.

Empiricus, S. (2005). *Against the Logicians*. Bett, R. (eds.) Cambridge: Cambridge University Press.

Fantl, J. (2003). 'Modest Infinitism', *Canadian Journal of Philosophy* 33 (4), 537 – 562.

Feldman, R. (1995). 'In Defence of Closure.' *Philosophical Quarterly* 45 (181), 487 – 494.

Feldman, R. (2002). *Epistemology*. Prentice-Hall.

Foley, R. (1978). 'Inferential Justification and the Infinite Regress', *American*

Philosophical Quarterly 15(4),311 – 316.

Foley, R. (1987). *The Theory of Epistemic Rationality*. Cambridge, MA: Harvard University Press.

Frede, M. (1987). *Essays in Ancient Philosophy*. University of Minnesota Press.

Frege, G. (1979). *Posthumous Writings*. Chicago: University of Chicago Press.

Fricker, M. (2007). *Epistemic Injustice*. Oxford: Oxford University Press.

Fogelin, R. (1994). *Pyrrhonian Reflections on Knowledge and Justification*. Oxford: Oxford University Press.

Gettier, E. (1963). 'Is justified belief knowledge', *Analysis* 23(6), 121 – 123.

Ginet, C. (2014). 'Infinitism Is Not the Solution to the Regress Problem.' in M. Steup (eds.) *Contemporary Debates in Epistemology*, Second Edition, Wiley-Blackwell, 283 – 291.

Gillett, C. (2003). 'Infinitism Redux? A Response to Klein'. *Philosophy andPhenomenological Research* 66(3),709 – 717.

Gilbert, D. (2002) Inferential correction. In: *Heuristics and biases*, ed. T. Gilovich, D. Griffin & D. Kahneman, pp. 167 – 84. Cambridge University Press.

Goldman, A. (1988). *Empirical Knowledge*. Berkeley, CA: University of California Press.

Goldman, A. (2012). *Reliabilism and Contemporary Epistemology*. Oxford: Oxford University Press.

Greco, J. (2000). *Putting Skeptics in Their Place*. Cambridge: Cambridge University Press.

Hankinson, R. (1995). *The Sceptics*. London and New York: Routledge.

Harman, G. (1973). *Thought*. Princeton: Princeton University Press.

Harman, G. (1986). *Change in View*. Cambridge: MIT Press.

Huemer, M. (2019). 'Finite Minds' in Fitelson, B., Borges, R. and Braden, C. (eds.) *Themes from Klein*. Springer. 171 – 187.

Hill, T. (1991). *Autonomy and Self-Respect*. New York: Cambridge University Press.

Howard-Snyder, D. and Coffman, J. (2006). *Three Arguments against Foundationalism*. *Canadian Journal of Philosophy* 36(4): 535 – 564.

Kahneman, D. (2003). 'A perspective on judgment and choice: Mapping bounded rationality'. *American Psychologist* 58(9),697 – 720.

Kahneman, D. (2011). *Thinking, fast and slow*. UK: Penguin Random House.

Kekes, J. (1977). 'Recent Trends and Future Prospects in Epistemology.' *Metaphilosophy* 8(2), 87 – 107.

Kelly, T. (2006). 'The Epistemic Significance of Disagreement' in Hawthorne, J. and Gendler, T. (eds). *Oxford Studies in Epistemology (Volume 1)*. Oxford: Oxford University Press. 167 – 196.

Kersten, D., Mamassian, P. and Yuille, A. (2004). Object perception as Bayesian inference. *Annual Review of Psychology* 55(1), 271 – 304.

Klein, P. (1976), 'Knowledge, causality, and defeasibility.' *The Journal of Philosophy* 73(20), 792 – 812.

Klein, P. (1983). 'Real Knowledge'. *Synthese* 55(2), 143 – 164.

Klein, P. (1999). 'Human Knowledge and the Infinite Regress of Reasons'. *Philosophical Perspective* 13(epistemology), 297 – 325.

Klein, P. (2007a). 'Human knowledge and the infinite progress of reasoning'. *Philosophical Studies* 134(1), 1 – 17.

Klein, P. (2007b). 'How to be an infinitist about doxastic justification'. *Philosophical Studies* 134(1), 25 – 29.

Klein, P. (2014a). 'Infinitism Is the Solution to the Regress Problem', in *Contemporary Debates in Epistemology*. Second Edition. (Ed.) Steup, M. Wiley-Blackwell, 274 – 283.

Klein, P. (2014b). 'Reason, Reasoning and Knowledge: A Proposed Rapprochement between Infinitism and Foundationalism', in *Ad Infinitum*, ed. Turri, John and Klein, Peter (Oxford: Oxford University Press), pp. 105 – 124.

Klein, P. (2014c). 'No Final End in Sight', in *Current Controversies in Epistemology*, ed. Neta, Ram. (Routledge), 95 – 115.

Kölbel, M. (2011). 'Global Relativism and Self-Refutation', in S. Hales (eds.) *A Companion to Relativism*. Wiley-Blackwell, 11 – 30.

Korcz, K. (2000). 'The causal-doxastic theory of the basing relation'. *The Canadian Journal of Philosophy* 30(4), 525 – 550.

Kupfer, J. (2003). 'The Moral Perspective of Humility.' *Pacific Philosophical Quarterly* 84(3), 249 – 269.

Kvanvig, J. (2003). *The Value of Knowledge and the Pursuit of Understanding*. New York: Cambridge University Press.

Lackey, J. (2008). *Learning from Words. Testimony as a Source of Knowledge*. Oxford: Oxford University Press.

Lammenranta, M. (2008). 'The Pyrrhonian Problematic', in Greco, J. (ed.) *The Oxford Handbook of Skepticism*. Oxford: Oxford University Press, 9 – 33.

Lammenranta, M. (2011). 'Disagreement, Skepticism and the Dialectical

Conception of Justification'. *International Journal for the Study of Skepticism* 1 (1): 3 – 17.

Lehrer, K. and Paxson Jr., T. D. (1969). 'Knowledge: Undefeated justified true belief.' *The Journal of Philosophy* 66(8), 225 – 237.

Lehrer, K. (1974). *Knowledge*. Oxford: Clarendon Press.

Lehrer, K. (1990). *Theory of Knowledge*. Boulder and San Francisco: Westview Press.

Leite, A. (2005). 'A Localist Solution to the Regress of Justification'. *Australasian Journal of Philosophy* 83(3): 395 – 421.

Lewis, C. (1946). *An Analysis of Knowledge and Valuation*. La Salle, IL: Open Court.

Lewis, D. (1996). 'Elusive Knowledge.' *Australasian Journal of Philosophy* 74(4), 549 – 567.

Long, A. and Sedley, D. (1987). *The Hellenistic Philosophers, Vol. 1*. Cambridge: Cambridge University Press.

Mackie, J. L. (1964). 'Self-Refutation: A Formal Analysis.' *The Philosophical Quarterly* 14(56), 193 – 203.

May, J. (2017). 'Reasons as premises of good reasoning'. *Pacific Philosophical Quarterly* 98(2), 251 – 270.

Medina, J. (2013). *The Epistemology of Resistance*. Oxford: Oxford University Press.

Mcdowell, J. (1994). *Mind and World*. Cambridge, MA: Harvard University Press.

Mercier, H. and Sperber, D. (2011). 'Why do Humans reason? Arguments for an argumentative theory'. *The Behaviorial and Brain Sciences* 34(2), 57 – 74.

McGaugh, J. L. (2000). 'Memory-A century of consolidation'. *Science*, 287 (5451), 248 – 251.

McHugh, C. and May, J. (2018a). 'What is Reasoning?' *Mind* 127(505), 167 – 196.

McHugh, C. and May, J. (2018b). 'What is Good Reasoning?' *Philosophy and Phenomenological Research* 96(1), 153 – 174.

Moore, G. E. (1959). *Philosophical Papers*. New York: Routledge.

Mill, J. (2003). *On Liberty*. New Haven and London: Yale University Press.

Neta, R. (2013). 'What is An Inference?'. *Philosophical Issues* 23, 388 – 407.

Norman, A. (1997). 'Regress and the Doctrine of Original Epistemic Sin'. *Philosophical Quarterly* 47: 477 – 494.

Novaes, C. (2015). 'A Dialogical, Multi-Agent Account of the Normativity of

Logic', *Dialectica* 69(4),587 – 609.

Oakley, I. (1976). ' An Argument for Skepticism Concerning Justified Beliefs', *American Philosophical Quarterly* 13(3),221 – 228.

Plantinga, A. (2000). *Warranted Christian Belief*. Oxford: Oxford University Press.

Podlaskowski, A. and Smith, J. (2011). 'Infinitism and epistemic normativity', *Synthese* 178(3),515 – 527.

Pollock, J. (1974). *Knowledge and Justification*. Princeton: Princeton University Press.

Post, J. (1980). ' Infinite Regresses of Justification and Explanation ', *Philosophical Studies* 38(1),31 – 52.

Pritchard, D. (2009). *Knowledge*. Palgrave Macmillan.

Pritchard, D. (2012). ' Anti-Luck Virtue Epistemology.' *Journal of Philosophy* 109(3),247 – 279.

Pritchard, D. (2015a). ' Anti-luck epistemology and the Gettier problem.' *Philosophical Studies* 172(1),93 – 111.

Pritchard, D. (2015b). *Epistemic Angst: Radical Skepticism and the Groundlessness of our Believing*. Princeton: Princeton University Press.

Pryor, J. (2000). The Sceptic and the Dogmatist, *Nous* 34(4): 517 – 549.

Quinton, A. (1973). *The Nature of Things*. Boston: Routledge and Kegan Paul.

Rescorla, M. (2009a). 'Epistemic and Dialectical Regress', *Australasian Journal of Philosophy* 87(1),43 – 60.

Rescorla, M. (2009b). ' Shifting the burden of proof', *The Philosophical Quarterly* 59(235),86 – 109.

Rescorla, M. (2014). ' Can Perception Halt the Regress of Justifications?' in *Ad infinitum: New Essays on Epistemological Infinitism*. (Ed.) Turri, J. and Klein, P. Oxford: Oxford University Press, 179 – 199.

Roberts, R and Wood, J. (2007). *Intellectual Virtues: An Essay in Regulative Epistemology*. New York: Oxford University Press.

Russell, B. (1939). 'Education for Democracy', *Bulletin of the Department of Secondary-School Principals of the National Education Association* 23 (81),6 – 16.

Samuelson, P. , Jarvinen, M. , Paulus, T. , Church, I. , Hardy, S. and Barrett, J. (2015). ' Implicit theories of intellectual virtues and vices: A focus on intellectual humility,' *The Journal of Positive Psychology* 10(5), 389 – 406.

Shing, Y. and Brod, G. (2016). 'Effects of prior knowledge on memory: Implications foreducation', *Mind, Brain, and Education* 10 (3), 153 –

161.

Sloman, S. A. (1996). 'The empirical case for two systems of reasoning', *Psychological Bulletin* 119(1), 3 – 22.

Sienkiewicz, S. (2019). *Five Modes of Scepticism*. Oxford: Oxford University Press.

Sosa, E. (1991). *Knowledge in Perspective: Selected Essays in Epistemology*. Cambridge: Cambridge University press.

Sosa, E. (1997). 'How to Resolve the Pyrrhonian Problematic: A Lesson from Descartes', *Philosophical Studies* 85(2), 229 – 249.

Stanovich, K. (2004). *The robot's rebellion: Finding meaning the age of Darwin*. Chicago University Press.

Striker, G. (1980). 'Sceptical Strategies.' In *Doubt and Dogmatism: Studies in Hellenistic Epistemology*. Schofield, M., Burnyeat, M., and Barnes, J. (ed.)Oxford: Clarendon Press, 54 – 84.

Strawson, P. F. (1985). *Scepticism and Naturalism: Some Varieties*. New York: Columbia University Press.

Striker, G. (1996). *Essays on Hellenistic Epistemology and Ethics*. Cambridge: Cambridge University Press.

Stroud, B. (1984). *The Significance of Philosophical Scepticism*. Oxford: Clarendon Press.

Tobore, O. (2018). 'On Energy Efficiency and the Brain's Resistance to Change: The Neurological Evolution of Dogmatism and Close-Mindedness', *Psychological Reports*, 122(6), 2406 – 2416.

Triplett, T. (1990). 'Recent Work on Foundationalism.' *American Philosophical Quarterly* 27(2), 93 – 116.

Turri, J. and Klein, P. (2014). 'Introduction', in *Ad infinitum: New Essays on Epistemological Infinitism*. (Ed.) Turri, J. and Klein, P., Oxford: Oxford University Press, 1 – 18.

Turri, J. (2009). 'The Ontology of Epistemic Reasons', *Noûs* 43(3), 490 – 512.

Turri, J. (2013). 'Infinitism, finitude and normativity, ' *Philosophical Studies* 163(3), 791 – 795.

Turri, J. (2014). 'Creative Reasoning', in *Ad infinitum: New Essays on Epistemological Infinitism*. (Ed.) Turri, J. and Klein, P., Oxford: Oxford University Press, 210 – 226.

Vahid, H. (2011). 'Externalism/Internalism'' in S. Bernecker and D. Pritchard. (eds.) *The Routledge Companion to Epistemology*. London and New York: Routledge, 144 – 155.

Wang, J. (2017). 'Radical Scepticism, How Possible Questions and Modest

Transcendental Arguments', *International Journal of Philosophical Studies* 25(2), 210 – 226.

Wang, J. (2020). 'Scepticism, Closure and Rationally Grounded Knowledge: A New Solution', *Synthese* 197(6), 2357 – 2374.

Wang, J. and Yang, X. (2019). 'Intellectual Humility and Owning One's Limitation', *Fudan Journal of Humanities and Social Sciences* 12(3), 353 – 369.

Wang, S. and Morris, R. (2010). 'Hippocampal-neocortical interactions in memory formation, consolidation, and reconsolidation', *Annual Review of Psychology* 61, 49 – 79.

Wieland, J. (2013). 'Is Justification Dialectical?'. *International Journal for the Study of Skepticism* 3(3), 182 – 201.

Williams, J. (1981). 'Justified Belief and the Infinite Regress Argument', *American Philosophical Quarterly* 18(1), 85 – 88.

Williams, M. (1988). 'Scepticism without Theory', *Review of Metaphysics* 41(3), 547 – 588.

Williams, M. (1999). 'Scepticism', in *The Blackwell Guide to Epistemology*, ed. John Greco and Ernest Sosa, Malden: Blackwell, 35 – 69.

Williams, M. (2001). *Problems of Knowledge*. Oxford: Oxford University Press.

Williams, M. (2004). 'The Agrippan Argument and Two Forms of Scepticism', in *Pyrrhonian Skepticism*, ed. Walter Sinnott-Armstrong, Oxford: Oxford University Press, 121 – 145.

Williams, M. (2011). 'External World Skepticism and the Structure of Epistemic Entitlement', in *The Possibility of Philosophical Understanding*, ed. Bridges, J., Kolodny, N. and Wong W. Oxford: Oxford University Press, 43 – 62.

Williams, M. (2013). 'Skepticism, Evidence and Entitlement.' *Philosophy and Phenomenological Research* 87(1), 36 – 71.

Williams, M. (2014). 'Avoiding the Regress', in J. Turri and P. Klein. (eds.) *Ad infinitum: New Essays on Epistemological Infinitism*. Oxford: Oxford University Press, 228 – 243.

Williamson, T. (2000). *Knowledge and Its Limits*. Oxford: Oxford University Press.

Williamson, T. (2007). *The Philosophy of Philosophy*. Oxford: Blackwell.

Wittgenstein, L. (1969). *On Certainty*, (eds.) G. E. M. Anscombe and G. H. von Wright, (tr.) D. Paul and G. E. M. Anscombe, Oxford: Blackwell.

Wright, C. (1991). 'Scepticism and Dreaming: Imploding the Demon.' *Mind* 100(397), 87 – 115.

Wright, C. (2002). '(Anti-)Sceptics Simple and Subtle: G. E. Moore and John McDowell.' *Philosophy and Phenomenological Research* 65 (2), 331 – 349.

Wright, C. (2004). 'Warrant for Nothing (and Foundations for Free)', *Proceedings of the Aristotelian Society*, supp. 78, 167 – 212.

Ye, R. (2016). 'Misleading Evidence and the Dogmatism Puzzle', *Australasian Journal of Philosophy* 94(3), 563 – 575.

Zagzebski, L. (2003). 'The Search for the Source of Epistemic Good.' *Metaphilosophy* 34(1 – 2), 12 – 28.

爱默生著，蒲隆译：《爱默生随笔全集》，2015 年，北京理工大学出版社。

艾耶儿著，尹大贻译：《语言、真理与逻辑》，1981 年，上海译文出版社。

柏拉图著，詹文杰译注：《泰阿泰德》，2015 年，商务印书馆。

柏拉图著，王晓朝译：《柏拉图全集》，2017 年，人民出版社。

笛卡尔著，庞景仁译：《第一哲学沉思集》，1986 年，商务印书馆。

卢风、廖志军：《思想雾霾：独断理性主义批判》，《探索与争鸣》，2014 年第 9 期，43 – 49。

卢风：《独断理性主义：对话的障碍与民主的大敌》，《社会科学论坛》，2018 年第 2 期，18 – 28。

密尔著，许宝骙译：《论自由》，2019 年，商务印书馆。

塞克斯都·恩披里克著，包利民、龚奎洪、唐翰译：《悬搁判断与心灵宁静》，2017 年，北京：中国社会科学出版社。

王聚：《知识论析取主义，蕴含论题与根据难题》，《自然辩证法通讯》，2016 年第 5 期，28 – 34。

王聚：《无限主义和强推论创造主义的相容性研究》，《厦门大学学报（哲社版）》，2018 年第 1 期，第 165 – 172 页。

王聚：《无限主义与阿格里帕三难问题》，《自然辩证法研究》，2018 年第 2 期，第 3 – 8 页。

王聚：《哲学怀疑论的意义与限度——对当代彻底怀疑论的哲学治疗》，《世界哲学》，2020 年第 1 期，第 93 – 102 页。

王聚：《当代怀疑论》，2020 年，上海：复旦大学出版社。

王聚：《理解独断》，《社会科学》，2022 年第 6 期，第 17 – 23 页。

吴晓明：《黑格尔的哲学遗产》，2020 年，北京：商务印书馆。

西塞罗等著，魏亦昕译，梁中和编校：《怀疑的理性——西塞罗和学园柏拉图主义》，2017 年，华东师范大学出版。

亚里士多德，苗力田译：《亚里士多德全集》，1990 年，中国人民大学出版社。

图书在版编目（CIP）数据

无限主义与人类知识/王聚著. 一上海：上海三联书店，2022.8
ISBN 978 - 7 - 5426 - 7621 - 4

Ⅰ. ①无… Ⅱ. ①王… Ⅲ. ①知识论 Ⅳ. ①G302

中国版本图书馆 CIP 数据核字（2021）第 240812 号

本书出版与写作资助：复旦大学哲学学院；知识论视域下的无限主义"消解"与"重塑"（项目号：2018EZX002）

无限主义与人类知识

著　者/王　聚

责任编辑/徐建新
装帧设计/一本好书
监　制/姚　军
责任校对/王凌霄　邓　珩　张　瑞

出版发行/上海三联书店
　　　　（200030）中国上海市漕溪北路 331 号 A 座 6 楼
邮　　箱/sdxsanlian@sina.com
邮购电话/021 - 22895540
印　　刷/上海惠敦印务科技有限公司

版　次/2022 年 8 月第 1 版
印　次/2022 年 8 月第 1 次印刷
开　本/890 mm×1240 mm　1/32
字　数/240 千字
印　张/11.375
书　号/ISBN 978 - 7 - 5426 - 7621 - 4/B · 760
定　价/72.00 元

敬启读者，如发现本书有印装质量问题，请与印刷厂联系 021 - 63779028